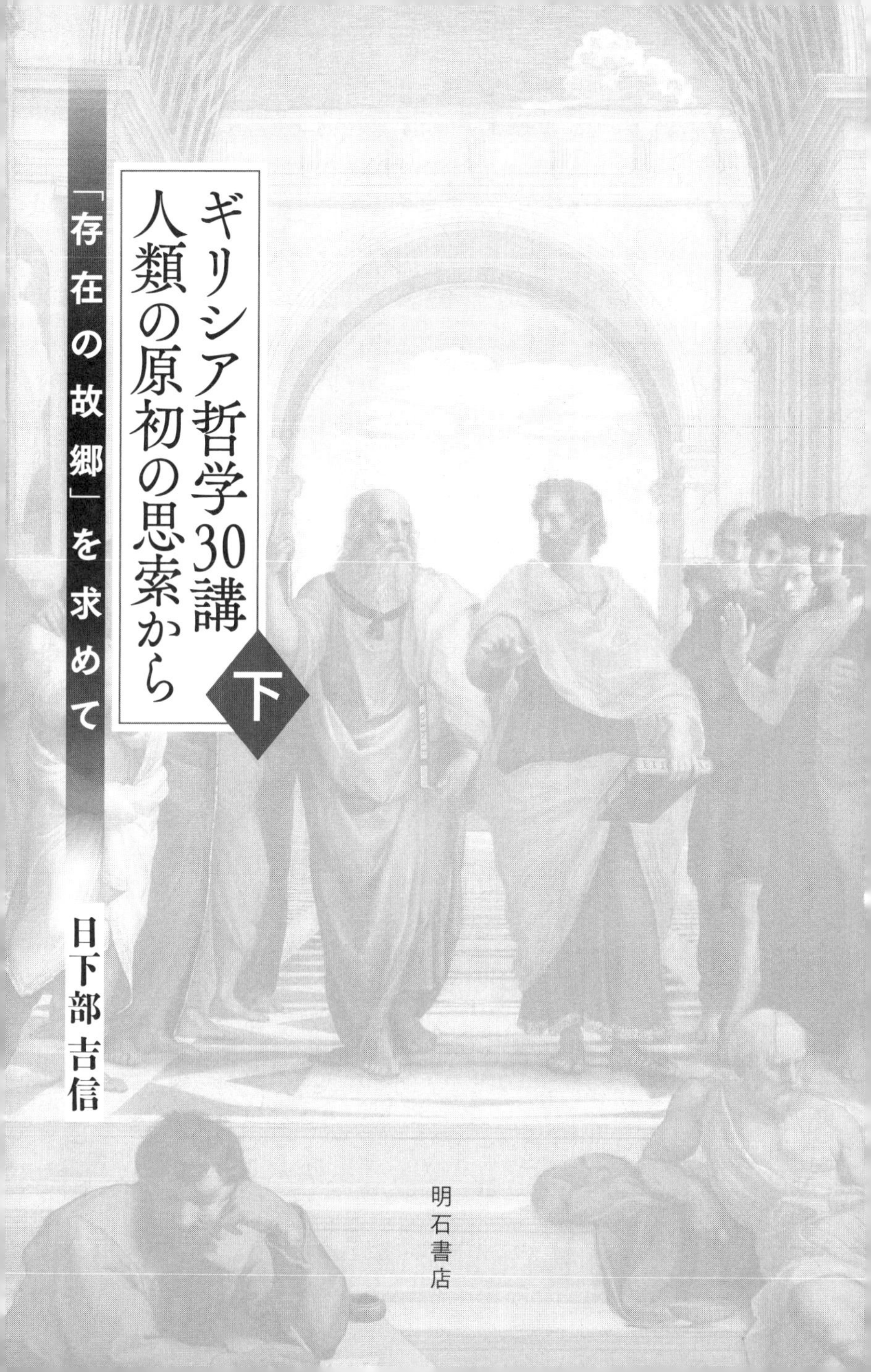

ギリシア哲学30講
人類の原初の思索から 下

「存在の故郷」を求めて

日下部吉信

明石書店

ギリシア哲学30講 人類の原初の思索から（下）――「存在の故郷」を求めて◎目次

『ギリシア哲学30講　人類の原初の思索から（上）――「存在の故郷」を求めて』もくじ

本書（下巻）に登場する主な哲学者生没年早見表

紀元前五〇〇　四五〇　四〇〇　三五〇　三〇〇　二五〇　紀元二〇〇　二五〇

ゴルギアス
前484年頃〜前375年頃／
言葉に淫した男。→第16講

プロタゴラス
前490年頃 〜前420年頃／
万物の尺度は人間である。→第18講

ソクラテス
前470年〜前399年／知って不正をなす者は
知らずになす者よりもよい。→第18講

エウクレイデス（メガラ派）
前450年頃〜380年頃／争論学派の祖。→第26講

プラトン
前427年〜前347年／われわれ人間は洞窟の奥に
壁に向かって坐らされている囚人にも等しい。→第19講

アリストテレス
前384年〜前322年／
存在はさまざまな意味で語られる。→第20〜23講

ゼノン（ストア派）
前334年頃〜前262年頃／
自然に一致して生きる。→第24講

エピクロス
前341年〜271年／死はわれわれに係わりない。→第25講

プロティノス
後204年頃〜270年頃／
一者＝神との合体がわれわれ人間に課せられた畢生の課題。→第27講

紀元 一六〇〇　一六五〇　一七〇〇　一七五〇　一八〇〇　一八五〇　一九〇〇　一九五〇

※人名、生没年、代表的な言葉または哲学の概略（あるいはギリシア哲学への言及）、詳しく扱う講義の順に記載。
※生没年については諸説あるものも含まれるが、著者・編集部の判断によった。

デカルト

1596年〜1650年／
合理主義哲学、近代哲学の祖。
「われ思う、ゆえにわれあり」。
確実性を求める主観性の志向性。
→第29講

カント

1724年〜1804年／
認識の本性と限界を画定すべく
批判哲学を創始。真理は先天的認識、
自己確信の知に局限された。→第29講

ヘーゲル

1770年〜1831年／
「西洋形而上学の完成」（ハイデガー）→第29講

フッサール

1859年〜1938年／現象学の創始者。
すべての知を意識の事実性に還元した（超越論的還元）。→第29講

ジャンケレヴィッチ

1903年〜1985年／「プラトンは、ただ一箇所を除いて、
死の真実は何も述べていない」→第28講

西田幾多郎

1870年〜1945年／「プラトンの哲学には個というものがない。
アリストテレスの個も意志的ではない」→第28講

ハイデガー

1889年〜1976年／
「存在の思索」→第29講・第30講

●紀元前３・４世紀ごろのギリシアと周辺諸国地図

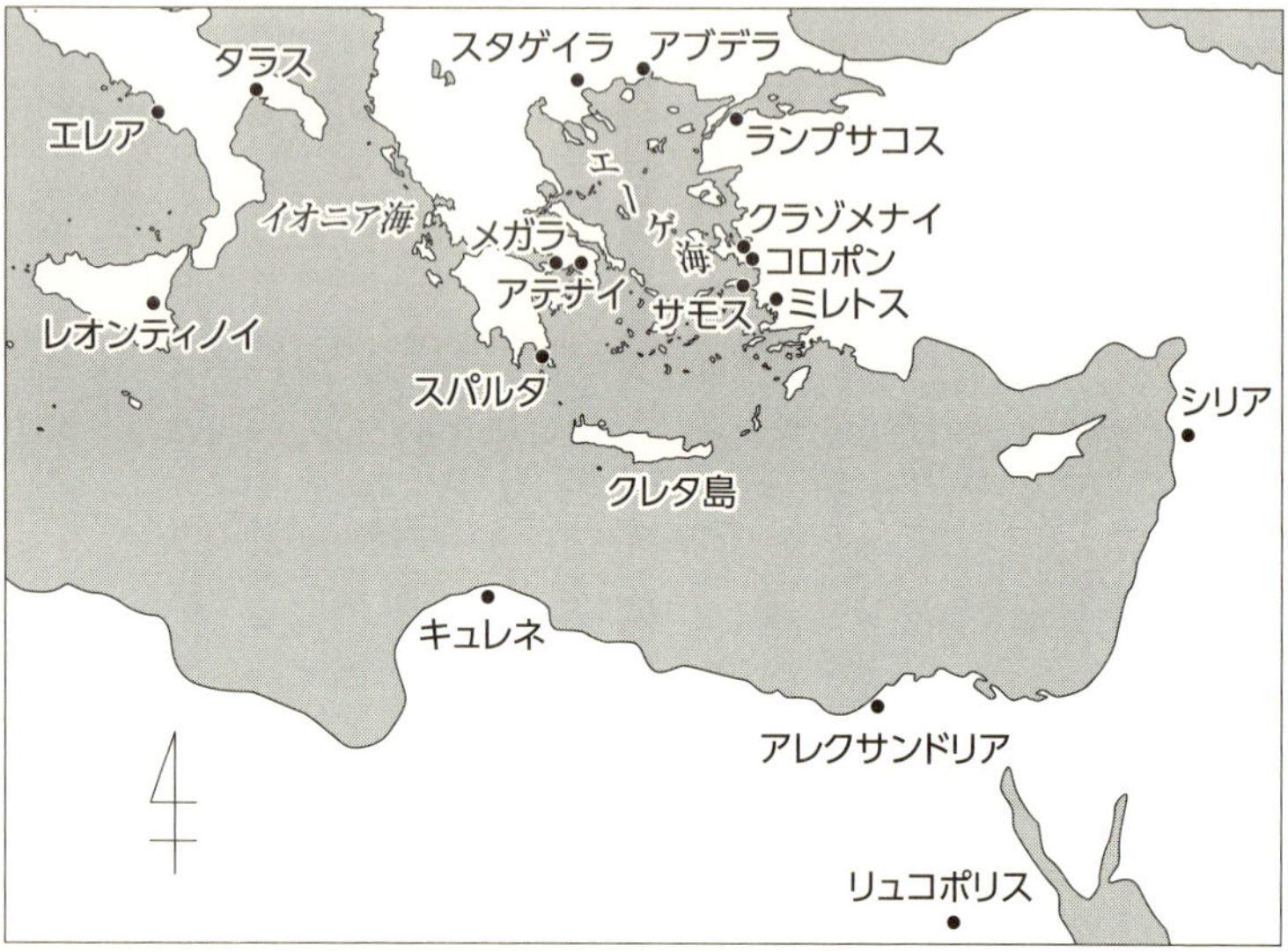

凡例

一、本書に収めた外国語文献からの訳は、訳者を示したもののをのぞき、すべて著者によるものである。
一、文中の〔　〕は、著者が補った部分を表す。

第16講 ゴルギアス

言語の虚性（Nichtigkeit）、否定性（Negativität）がその姿をあからさまにした顕著な事例、ソピスト、ゴルギアス。言語の虚性・非性（Nichtigkeit）という超個人的な否定性のダイモニオンに密かに淫した男。

否定性の哲学

言葉に淫した男、ゴルギアス。

否定性そのものの現出ともいうべき現象をわたしたちはエレアの哲学者ゼノンにおいて経験しました（第11講参照）。ソピストの時代に再度わたしたちは否定性がその姿をあからさまにした現場に遭遇します。言語の虚性（Nichtigkeit）、否定性（Negativität）に憑かれたソピスト、ゴルギアスであります。彼の哲学のニヒリズムともいうべき虚無性を彼の個人的な学説意図に解消してしまってはなりません。むしろゴルギアスは言葉の虚性と否定性にとり憑かれた人物であって、その虚無性の表出は彼の個人的意図をはるかに越えた強度と深度を示しているのであります。「何ものも存在しない。たとえ存在したとしても、われわれには知られない。たとえ知られたとしても、それを人に伝えることはできない」（断片B3）という彼の著『有らぬものについて、あるいは自然について』（Περὶ τοῦ μὴ ὄντος ἢ περὶ φύσεως）のおそらく冒頭に掲げられていたと思われるテーゼは、ゴルギアス自身はそれを「学説」として語っていると信じていたにせよ、ある一定の学説を表明したものではありません。彼のテーゼ、およびそれを証明する「論証」なるものは、何ら学説ではなく、「ない」の表白でしかないのであります。要するにゴルギアスは「ない」を語りたかったのであり、彼のテーゼの展開は「ない」を語るためのものでしかなかったといって過言でないでありましょう。彼のテーゼは否定性の表白でしかなく、そこでは言語の虚性（Nichtigkeit）そのものが浮かび出ているのであります。そこではゴルギアスが語っているというよりは、むしろ否定性が彼を駆って語らせていたといった方が真相に近いでありましょう。いわば言語の虚性（Nichtigkeit）、否定性（Negativität）がゴルギアスという一個体を通して現れ出ているのであって、ゴルギアスは否定性が現れ出るための通路、存在の否定性が自らを表出させるための手段となってしまっているのであります。「人間を通して存在の深い真理が現れる」（梅原猛）のであり、「ゴルギアス」は否定性が自らを表出するための現場となった男なのであります。ゴルギアスを駆り立てて前述のテーゼを主張させたもの、それは言語の虚性（Nichtigkeit）、否定性（Negativität）という超個人的な否定性のダイモニオンなのであります。

　ゴルギアスは他のソピストとは異なり、「徳の教師」（ἀρετῆς διδάσκαλος）とは称しませんでした。「徳の教師」というのがソピストたち一般の公称でしたが、むしろそのような公称を軽蔑していたふしがあります。この点にゴルギアスが他のソピストとは一味違うソピストであったことが端的に示されています。プラトンもそのことに気づき、メノンをして次のように語らせています。

プラトン（『メノン』95 C）
ソクラテスよ、わたし〔メノン〕がとりわけゴルギアスに驚くのはそのことで、彼がそのように〔すなわち徳の教師であると〕公言するのを聞くことは決してないでありましょう。むしろ他の連中がそのように公言するのを聞くと笑いますからね。そうではなく、彼は語ることに秀でた者にしなければならないと考えているのです。

ソピスト、ゴルギアスが約束したものは徳ではなく、言論であります。「語ることに秀でた者にする」との約束のみを掲げて彼は活動しました。「説得術こそすべての技術に勝るものである」（プラトン『ピレボス』58 A）というのが彼の信念でした。いわば彼は言語のみを取り、他の技術や徳はすべて考慮の外に置いたわけですが、そこには言語の本質に対するひとつの洞察があったとわたしは思います。言語の本質は、第1講の「言語」のところでも述べましたが、差異（difference）であり、否定性（Negativität）であります。そしてその否定性こそ力であることを彼は見抜いたのであります。しかもその力は超人的ともいうべきものであり、そこに計り知れない力が秘められていることを彼は見て取ったのであります。「言葉は強大な支配者である」とは彼自身の言葉であります（ゴルギアス『ヘレネ頌』8）。おそらくゴルギアスの実感なのでありましょう。「何なりと題材を投げてよこすがよい。何でも答えてみせよう」（プラトン『ゴルギアス』447 C）と彼は豪語していますが、否定性というこの超個人的な言語のダイモニオンと一体化すればどのようなことにも対処できるとの彼の密かな確信がこの高言には表現されています。言語の否定性に身を委ねる決心を彼はどこかでしたのでありましょう。言語の底知れない否定性の力を感知し、どこかでその魔力に自らを委ねる決心をしたのであります。キケロはゴルギアスを「言葉に淫する」と形容していますが（キケロ『弁論家』62, 176）、ゴルギアスの本質を的確に言い当てた形容であります。言語の虚性（Nichtigkeit）という超個人的な否定性のダイモニオンに密かに淫した男、それがソピスト、ゴルギアスなのであります。かくして言語の否定性と一体化したゴルギアスはもう誰にも止められない存在と化してしまいました。民衆の説伏に並々ならぬ自信を持っていた弁論家イソクラテスですらゴルギアスにはお手上げだったようで、「何ものも存在しないという大胆な論を展開したゴルギアスを一体どのようにして説伏できようか」（『ヘレネ頌』3）とは彼の感想であります。

世界は否定性を嫌う。

しかしこの否定性のダイモニオンとソクラテス、プラトンは戦わねばなりませんでした。否、ギリシア世界一般が戦わねばなりませんでした。彼らはポジティブな立言を欲したし、また世界を救出するためにはポジティブな立言を立てねばならないことを本能的に知っていたからでありましょう。世界の設立はポジティブな意味の設立でもあります。立派なことをいうということはポジティブなことをいうことであります。世界はどこまでもポジティブな意味の設立を企投します。否定性を極力排除し、ポジティブのみで設立された世界、否、ポジティヴィテートのみで立ち上がろうとしているような世界、それがアメリカ社会ですが、アメリカ人のあの過剰なポジティヴィテートにはどこかついていけないものを感じるのはひとりわたしのみでしょうか。社会というものにはどこかアメリカ的な側面があって、社会的事業といわれるものは、これを哲学的に見るなら、ポジティブな意味の設立の企投なのであります。社会はその本性からして否定性を嫌います。社会はどこまでも肯定性の企投を志向する存在であり、その執拗性は過激派やテロリスト集団のよく知るところでありましょう。彼らは社会の肯定性原理に挑戦し、そして絶えず敗退しているのであります。実存主義の哲学が社会と相容れないゆえんもまたそこにあります。サルトルによれば詩人は常に負ける方を選ぶのだそうですが、おそらくそこには社会のこのしつこい肯定的志向性に対する嫌悪と無言の抵抗があるのでありましょう。社会はこのようにどこまでも肯定的企投ですが、ゴルギアスを通して現出しつつあった否定性はそういった企投を一気に無化し、根こそぎにせずにいない性格のものだったのであります。この否定性との戦いは巨大かつ不気味なもので、まともに対処したのではとうてい勝ち目がないことをソクラテスは予感したに違いありません。なにせ相手はゴルギアスという一個人ではないのであります。言語という超個人的存在の本性である否定性なのであります。ソクラテスやプラトンが、否、彼らのみならず、一般にギリシア人がゴルギアスを「ソピスト」として断罪したゆえんであります。

「ソピスト」というのはこういった巨大な否定性を収監するために設えられたカテゴリーでもあって、排除し切れない以上、どこかにそのあり場所を設けねばなりません。一般に社会が犯罪者や破綻者に犯罪を抑止しつつ存在を許容できるような居場所を設けるように、ギリシア哲学は「ソピスト」というカテゴリーを設けて、そこにこの巨大な否定性のダイモニオンを収監したのであります。「ソピスト」というレッテルを貼るということは、まともに相手にしないということの宣言であります。ソクラテス、プラトンはゴルギアスと戦ったというよりは、ゴルギアスを回避したのであります。「ゴルギアス」はひとつの現象であって、一個人ではありません。それは存在のひとつの現出ともいうべき現象だったのであります。このような巨大な否定性の出現に当面したとき、それは止をえない仕儀だったという気がしないわけでもありません。ここにわたしたちは言語の虚性・非性（Nichtigkeit）がその巨大な相貌を現した例と、とにかくもギリシア世界がそれに対処した、その方策を見るといわねばなりません。ソクラテス、プラトンのソピスト攻撃とその一応の成功の裏には、ギリシア世界の深い自己救済本能があったのであります。

ソクラテス、プラトンの対処法。

それにしてもソクラテス、プラトンのソピスト攻撃の巧みさにはいつも感心させられます。言語の実体は差異であり、否定性の構造であるがゆえに、現象としての言葉にも常にある種の虚性、空しさが伴わずにいません。その点をソクラテス、プラトンはうまく突いたのであります。多言を弄する者は空しい存在と見られる危険性を常に抱えています。「巧言令色、鮮矣仁」(『論語』学而第一、三)。この点をうまく突き、言葉の技術者たるソピストたちを一般に空しい存在と思わせることにソクラテス、プラトンは成功したのであります。ゴルギアスも、他のソピスト同様、ソクラテス、プラトンのこの術中にはまったわけですが、しかしその責任の一半は彼自身にもあります。『ヘレネ頌』では不倫を弁護したり、大見得を切ってオリュンピアで全ギリシアの和平を説いたところ、「自分の妻と愛人の間の調停もつかず、家庭内の平和すら実現できていないような男が全ギリシアの和平を説くなど、お笑いである」(プルタルコス『結婚訓』43 p. 144 B C) と笑われてしまうなど、深刻な真理を語る哲学者とはとうていいえないような言動が彼には目立つからであります。しかしこの軽薄さ、軽佻さの下に巨大な虚性、存在の否定性が隠れていたとすればどうでありましょうか。軽薄さの下に存在の真理が隠れているというような例はよくあるのであります。否、むしろ軽薄さこそしばしば真の深刻さの表現なのであります。「ヨーロッパのニヒリズム」を語ったニーチェがツァラトゥストラを踊らせたゆえんであります(「舞踏者ツァラトゥストラ」参照)。テーゼ：真理は軽薄さと相携えて現れる。ゴルギアスもまたその一例であります。しかしゴルギアスが語ったことに真理があったというよりは、「ゴルギアス」そのものが真理のひとつの現れだったといった方が真相に近いでありましょう。そしてそれはまさに存在の真理だったのであります。ゴルギアス個人はたしかに一ソピストであって、哲学者というほどの者でなかったかも知れません。この点はソクラテス、プラトンのいう通りであるとしておきましょう。しかし「ゴルギアス」という現象はまさに存在の真理の現れそのものであり、そういう意味において哲学そのものだったのであります。

哲学は本来存在の真理の現れそのものであるべきものであり、また存在の真理がそこに現出するまさにそのDa（現）たるべきものであるはずです。何度も申し上げますが、存在の真理は否定性でありまず。そういう意味では「ゴルギアス」は哲学そのものでした。言語の虚性に憑かれることによって図らずも存在の真理の現出の現場になった男、それがソピスト、ゴルギアスなのであります。これはギリシアにおいて存在の真理がはからずも露呈した顕著な一例ですが、わたしたちは初期ギリシア哲学の現場においてこのような存在の真理の露出を何度も目にするのであります。ゴルギアスもそのひとつのケースということができます。この巨大な否定性に比すれば、ソクラテスのイロニーなどは極めてちっぽけな否定性でしかなかったといわざるをえません。ゴルギアスの否定性は存在の否定性であるのに対し、ソクラテスのそれは主観性に使われた否定性でしかないからであります。ソクラテスはイロニーという形で否定性を使用しました。しかしゴルギアスは否定性に支配され、また自らも否定性に帰依することによって、むしろ否定性に使用されたのであります。主観性が使った否定性など、存在の否定性に比すれば、何ほどのものでもないのであります。ソクラテスは強い主観性であり、彼が存在に使われることなど原則不可能でした。

言語のニヒルに憑かれた男ゴルギアスもなおひとりの生きたギリシア人であった。

しかし言語の虚性・否定性に憑かれた男、ゴルギアスもなおひとりの生きたギリシア人でした。ペルシア帝国という強大な異民族の脅威のもとにあってなお僚邦相争うギリシアの現状を憂え、その愚かなることを訴えています。「異民族に対する勝利には頌歌を求め、ギリシア人に対する勝利には哀歌を求める」（ピロストラトス『ソピスト伝』I 9. 5）というゴルギアスの姿にニヒリストのそれを見ることは不可能であります。「何なりと題材を投げてよこすがよい。何でも答えてみせよう。……それがギリシア語の質問である限り」（ピロストラトス『ソピスト伝』I 1、プラトン『メノン』70 B）と吹いて、その晩年テッサリアのラリッサあたりをさすらったソピスト、ゴルギアスもその心底においてはギリシア民族のゆく末に深く想いを致すギリシア人であったという事実は、人間というこの現存在は一義的な規定を許さない重層的存在であることをわたしたちに強く印象づけずにいません。言語のニヒルに憑かれた男、ゴルギアス自身は、その心底のところではニヒリストでなかったであります。彼はなおギリシア民族という潜在的存在に属するイオニア人という一個の生きた存在だったのであり、根底のところでは淫した言葉を裏切っています。この点にわたしは古代のニヒリズムの、近代のニヒリズムとの本質的な差異を見るものであります。近代の主観性が肯定的言辞を弄するときも、その下にあるものが底知れないニヒルとその仮装であることに気づかされ、愕然とするというようなことがないでありましょうか。実は主観性こそしばしばそこに一点の救いも見出せないような真のニヒルなのであります。あるいは、虚無（ニヒル）を分泌しつづけずにいない原理なのであります（サルトル『存在と無』参照）。この主観性の虚無性（ニヒル）に気づいた哲学者こそ、ニーチェであります。彼は「ヨーロッパのニヒリズム」を語りました。あるいはサルトルであります。しかし前者はそれと対決し、後者はそれを自らの哲学としました。いずれにせよ主観性に存在が宿ることは決してないのであって、両原理は根本的に対立する調停不能な原理なのであります。わたしたちはこの観点から二五〇〇年の西洋形而上学を存在史的（seinsgeschichtlich）に問い直さねばなりません。それが本講義の課題であるとご理解ください。

ゴルギアスの存在が存在論的にどのような意味を持つか、考察しました。わたし自身はゴルギアスの議論を「ソピスト的詭弁」とみなして哲学の埒外に置くよりは（通常の『哲学史』においてはそのような扱いしかなされていないようですが）、むしろそこに存在の深い真理がその姿を垣間見せた哲学的命題として受け止めるべきであると考えています。ゴルギアスのテーゼからむしろわたしたちは一見堅固に見える肯定性の下に否定性ないし虚性の広大無辺な無底（Ungrund）が広がることを感得するのであります。わたしたちが立つ足場は一般に考えられているほど強固でも堅固でもないのであります。強固な土台そのものと思われている大地の下にも流動してとどまることを知らないマントルのうねりがあるではありませんか。地震はときどきこのことをわたしたちに思い出させますが、地震はこの哲学的真理をわたしたちに考えさせるまたとない機会であり、哲学的生起であるといって過言でないでありましょう。ハイデガーがその哲学の最終局面において「存在」（Seyn）を「根拠」（Grund）であると共に「深淵」（Abgrund）でもあると語るようになったゆえんであります（ハイデガー『根拠の本質について』参照）。否定性こそが存在の真理であり、ゴルギアスの否定性の哲学はそのことを示唆しています。

コラム：**ソピスト、ゴルギアス。**

ゴルギアス（Gorgias 前四八四年頃－三七五年頃）はシケリア島のレオンティノイの人。オリュンピオドロスの記述から推定される彼の生年は前四八四年頃ですが（オリュンピオドロス『プラトン「ゴルギアス」注解』p.112）、この年数がどこまで正確かは分かりません。ただ前四二七年に公の使節のひとりとしてアテナイを訪問したというディオドロスの報告は確かな根拠をもってなされたものと考えられています（ディオドロス『世界史』XII 53, 2)。非常に長生きし、一〇八年ないし一〇九年生きたそうであります。プラトンの記述から、彼は弁論に卓越した才能を有する人物であったことが窺われます。晩年はテッサリアのラリッサあたりをさすらったと想像されています。

本論でも述べたように、彼はその著『有らぬものについて、あるいは自然について』（Περὶ τοῦ μὴ ὄντος ἢ περὶ φύσεως）の中で、次の三段階にわたってニヒリズムともいうべき懐疑を展開しました。

(一)何ものも存在しない。(二)たとえ存在したとしても、人間には把握されない。(三)たとえ把握されたとしても、人にそれを伝えることはできない。

最初の何ものも存在しないというのは次の理由による。

もし何かが存在するとするなら、「有るもの」（τὸ ὄν）があるか、「有らぬもの」（τὸ μὴ ὄν）があるか、「有るものと有らぬもの」（τὸ ὂν καὶ τὸ μὴ ὄν）があるかのいずれかでなければならないが、まず第一に「有るもの」は存在しない。なぜなら「有るもの」が存在するとするなら、それは永遠であるか、生じたものであるかでなければならないが、一方永遠であるなら、それは始めを持たず、したがって無限でなければならないがゆえに、どこにも存在しえないであろうからである。およそ存在するものはどこかに、すなわち場所の内に存在しなければならないが、無限なものを含む場所といったものはありえない。少なくとも含まれるものより含む場所の方が大きくなければならないであろう。それゆえ無限なものは場所の内には含まれえず、どこにも存在しえないがゆえに、およそ存在しない。他方、もしそれが生じたものであるなら、それは「有らぬもの」から生じたのでなければならないであろう。「有るもの」からであるとするなら、それはすでに永遠にあるのであるから、生じるということは不可能である。しかし「有らぬもの」（無）からは何ものも生じることはできない。したがって「有るもの」

が生じるということはありえず、それゆえそれは存在しない。また「有らぬもの」も存在しない。もし「有らぬもの」が存在するなら、「有らぬもの」は「有るもの」であることになってしまうであろう。だがこれは不合理である。さらにまた「有るもの」と「有らぬもの」が共に存在するということも不可能である。「有るもの」も存在し、「有らぬもの」も存在するとするなら、「有るもの」と「有らぬもの」は存在するという点においては同じであることになる。すると、「有るもの」は「有らぬもの」であり、「有らぬもの」は「有るもの」であることになり、これは矛盾である。

第二の、たとえ何ものかがあるとしても、われわれはそれを認識することも考えることもできないというのは次の理由による。

もし「有るもの」が考えられるとするなら、考えられるということは「有るもの」の属性であることになる。そうすると、この考えられるという属性は「有らぬもの」には属さない。ある属性が対立するものの一方に属すなら、他方には属しえないからである。しかるに「有るもの」と「有らぬもの」は対立するものである。したがって「有らぬもの」は考えられないことになる。ところがこれは事実に反する。なぜならスキュラやキマイラなど、多くの「有らぬもの」が実際には考えられているからである。さらに考えられるということが「有るもの」に属すのであれば、逆にまた有るということが考えられるものに属しもする。そうすると、考えられるものはすべて有ることになろう。だがこれは事実に反する。「人間が飛ぶ」とか「戦車が海上を走る」といったことも考えられるからである。ゆえに「有るもの」は考えられることも、認識されることもできない。

第三の、たとえそれが認識されたとしても、われわれはそれを人に伝えることはできないというのは次の理由による。

われわれが人に伝える手段とするものは言葉であるが、言葉はそれが表現する対象とは異なる。したがってわれわれが伝えるものは言葉であって、その対象ではない。どうしてわれわれは言葉（音）によって色を伝えることができるであろうか。われわれの耳は言葉（音）は聞くが、色を聞くことはできないからである。また言葉や徴表によって作り出される表象がすべての人において同じであるという保証はどこにもない。それゆえわれわれは、たとえ認識したとしても、それを人に伝えることはできない。

（セクストス・エンペイリコス『諸学者論駁』Ⅶ 65－87 からのパラフレーズ）

ゴルギアスは以上のような段階を踏んでニヒリズムともいうべき徹底した懐疑論を展開したソピストとして知られていました。

第17講 ソピスト

——存在の残響——

本講では前五世紀後半の古代ギリシア社会の特殊現象ともいわれるソピスト（σοφιστής）という現象を取り上げ、考察します。ソピストたち（σοφισταί）の存在史的意味について太古的概念である自然概念（ピュシス）をベースにして省察を加えたいと思います。

本講義でのソピスト論は存在と主観性という西洋形而上学に通底する二大原理の対立に定位したその存在史的意味の解明を目指した考察であり、これまでの『哲学史』で論じられてきたような一律ネガティブなソピスト論とは異なるものになることを最初にお断りしておきたいと思います。これまで総じて消極的にしか論評されてこなかったソピスト像はソクラテス・プラトン哲学を絶対視する中ではじめて浮かび上がってくるソピスト像であり、偏っています。ソピストという現象の中にこそアテナイという都市環境の中で存在（ピュシス）が、歪な形においてではあれ、なお閃き出ていたとすればどうでありましょうか。ソピストはアテナイの啓蒙的状況下の中にあって深層から鳴り響いていた存在の残響なのであります。ソピストがある種存在の現出であったからこそ、ソクラテス、プラトンはあれほどにも彼らを悪し様に酷評し、否定しなければならなかったのではないでしょうか。彼らの対立の根本性を認識しなければなりません。

技術家集団、ソピストたち。ソピストたちの本性は彼らのテクネー性にある。テクネー性の表出、それがソピストという現象である。そういう意味においてソピストは現実性そのものであった。超越的志向性vs現実的志向性。

技の人ヒッピアス

「ソピスト」（σοφιστής）と呼ばれた人たちの多くが弁論術（ῥητορικὴ τέχνη）を主な生業としていますが、弁論術はまさに言葉の技術であり、テクネーはソピストたち一般の本性であったといって過言でないでありましょう。プロタゴラスはもちろんのこと、ゴルギアスもヒッピアスも、プロディコスもトラシュマコスも、カリクレスもアンティポンも、それぞれ己が表現に創意工夫を凝らした人たちでした。「弱き論を強くする」（アリストテレス『弁論術』B 24, 1402 a 23）と請合っています。近代社会を根本的に規定するものは、ハイデガーによれば「技術」（Technik）ですが、前五世紀の古代ギリシアにテクネーに生きた一群の人々が出現したことがその時代状況を今日の世界のそれに極めて似たものにしたゆえんのものだったのではとも考えられます。ソピスト（σοφισταί）というのは技術家集団であって、彼らはテクネーに生きた人々なのであります。そういう意味において彼らは現実性そのものでした。テクネー的知の本質は何よりも存在との応答の内に開示される現実的知であるという点にこそあるからであります。

そういった技術家集団の中でも、その象徴的人物というべきはエリスの人、ヒッピアス（前五世紀の後半活躍、ソクラテスの同時代者）であり、彼は万般に通じる自らの技を誇っています。オリュンピアに現れたときのヒッピアスの出で立ちにソピスト、ヒッピアスの本性が雄弁に示されています。彼は斬新な姿で現れたわけですが、その彼が身に着けていたものはすべて自身の手作りであったとのことで、指輪、印章、削りナイフ、香油壷、サンダル、上着、下着、ベルト、要するに彼が身に纏っていたものすべてがそうでした。ソクラテスは驚きの表情をもってヒッピアスの自慢話を聞いています。あるいは驚いた風をもって聞いています。以下のソクラテスの報告の底に流れるイロニカルな趣に鈍感であってはなりません。

プラトン（『ヒッピアス（小）』368 B）

いずれにせよ君〔ヒッピアス〕は大多数の技術にわたって誰よりも知恵ある人なのだ。いつか君がアゴラの両替商の店先で自身の多くの羨むべき知恵の数々を仔細に語って自慢するのをぼく〔ソクラテス〕が聞いたところではね。君がいっていたところでは、君がかつてオリュンピアへ赴いたときにその身に着けていたものはすべて自身の手作りであったということだった。第一に君がはめていた指輪は君自身の作品であるとのことで、それによって君は指輪を刻む術を知っているということを示していたのだ。またその他、印章も君の作品だし、垢すりや香油瓶も君自身が作ったものであるということだった。さらに君が履いていたサンダルも自分で作ったし、その服も下着も自分で織ったと君はいっていた。そして誰もが尋常事でないし、また最大の知恵の証左だと思ったのは、君が身に着けていた下着の帯はペルシア人がしているような高価なものであるのに、それも君が自分で織ったといったことだ。その上さらに君は叙事詩や悲劇やディチュランボスといった作品ばかりか、散文の方でもあらゆる形で構成された多くの論を持っていったということだった。今ぼくが語った技術に関して君は他の人々に抜きんずる知識の持ち主としてかの地に赴いたわけであるが、韻律や音階、文字の正しさについてもそうであり、さらにそれら以外にも非常に多くのものについて、そうであったということだ。ぼくが記憶しているところではね。

ソクラテスはどこまで本気なのかとおそらく人は問わずにおれないでありましょう。ソクラテス的知の志向性がテクネーの志向性と真逆の関係にあることは次講でプロタゴラス的知と対比させて論じたいと思いますが、しかしそれでもそれもひとつの「知」である以上、それに対しても一定の考慮は払わねばならなかったということでしょうか。しかしそれに対する彼の言及は、右のごとく、どこまでもイロニカルであらざるをえなかったということでしょうか。

しかしこの言及の底に流れる精神はそのような消極的なものではおそらくないとわたしは思います。わたしはここで語られているソクラテスの言葉に深い皮肉と敵意を見るものであります。冷やかすような文言の内にこそ、深い敵意が秘められているものであります。そしてそれがソクラテス的イロニーなのであります。ここでのそれのみならず、一般にソクラテスのイロニーには深い敵意が秘められており、その点にこそソクラテス哲学の本質が明瞭に現れ出ていたとわたしは見ます。ソクラテス的イロニーを対話の相手に無知を自覚させる対話術の一階梯とのみ位置づけて事足れりとする『哲学史』に一般的に見られるソクラテス解釈は、ソクラテスの敵意を中和化する作業以外の何ものでもなく、ソクラテスの抽象化といわざるをえません。具体的ソクラテスは相手の無知を暴露して喜んでいるあのような無邪気な男では断じてないのであって、彼は深い敵意を秘めた哲学者なのであります。主観性の中には必ず敵意と攻撃性があります。また不信があります。存在に対する敵意が主観性には根深く根づいているのであって、その屈折した哲学的表現が、ソクラテスの場合には、イロニーなのであります。イロニーに哲学者ソクラテスの本質を見るキルケゴールのソクラテス解釈は一面正当であります（キルケゴール『イロニーの概念』参照）。しかしキルケゴールはソクラテスのイロニーの本質を見抜いていません。ソクラテスのイロニーはキルケゴールのいうような実体性のない虚性の表出に尽きるものでは断じてないのであって、敵意という極めて実体性のある原理の、それこそイロニカルな表現なのであります。実存主義の哲学が一般にそうであるように、キルケゴールは柔弱な哲学者であります。彼は実体性を嫌悪します。実体というのは存在の内実を含む重い概念であり、軟弱な哲学者キルケゴールは本能的に自らを実体性概念の重圧から放免しようとしているのでありましょう。彼の最初の著作である学位論文『イロニーの概念』がそのことを典型的に示しています。コペンハーゲンの王立図書館の中庭にある彼の坐像に面したとき、わたしはこのことを悟りました。

なぜソクラテスはソピストたちに敵意を抱かざるをえなかったのか。

したがって問題は、なぜソクラテスがあれほどにも技の人ヒッピアスに、また一般にソピストたちに敵意を抱かざるをえなかったかということなのであります。それはソクラテスが主観性であり、ソピストたちが一般にまだ存在の残響だったからではないでしょうか。ソクラテスのソピストに対する敵意は主観性の存在に対する敵意の一表現だったとわたしは考えます。主観性の存在に対する根深い敵意に鈍感であってはなりません。おそらくこのしつこい敵意に気づいたからこそ、アテナイはソクラテスを死刑という最もラディカルな方法で排除したのでありましょう。おそらくそれ以外の方法ではあのような根深い敵意は排除されえなかったに違いありません。ソクラテスの哲学はごまかしや妥協を許さない絶対性の哲学であり、それを排除するには極刑という絶対的方法以外になかったのであります。アテナイが死刑という最も極端な方法を採らねばならなかったという事実こそ、ソクラテス哲学の本質を何よりも雄弁に証言しているのであります。ソクラテスの処刑を『哲学史』は一律に「不当」という論調で語りますが、あれが不当であったのかどうかは深い哲学的問題であります。ソピスト攻撃はソクラテスにとってたまたまのものだったのではなく、ソクラテス的精神の根幹に係わるものだったのであります。

ヒッピアスは典型的なテクネーの人でした。少なくともプラトンは対話篇『ヒッピアス（小）』においてヒッピアスを典型的なテクネーの人物として登場させています。プラトンはこの対話篇において自分たちの哲学（超越的志向性の哲学）のテクネー的知との違いを際立たせようとしたのでありましょう。プラトンはヒッピアスをソピストの代表者に仕立て上げ、そして彼を相手に対論することによってテクネー的知との対決を試みたのであります。一介のソピストでしかなかったヒッピアスを主人公に仕立てた対話篇をプラトンがわざわざ作成した理由はここにあります。

いずれにしてもヒッピアスは器用な人物だったのであります。器用さはソピスト一般の共通特徴であり、彼らの生業とした弁論術そのものが言葉の器用さの術であります。ソピストの共通本性はテクネー性なのであります。彼らの思想はイデオロギーではありません。また本質追求の哲学でもありません。テクネーの本性の言語的表現がいわば彼らの「哲学」であり、テクネー的志向性が彼らの志向性なのであります。したがってその語るところの共通特徴は相対性、平板性、平明性、公平さ、本質に対する判断停止、真理に対するこだわりのなさ、要するに原理・本質に対する無関心さであり、この性格がソクラテス、プラトンを苛立たせずにいなかったゆえんのものなのであります。テクネー性は物事に即した現実的志向性であるだけに、それは絶対的な徳および知識を希求するソクラテスの超越的志向性に対する原則的否定であらざるをえないからであります。しかもそれは期せずしての否定であって、意図されたものではありません。テクネー的志向性そのものが主観性の超越的志向性への期せずしての反論なのであります。テクネー的志向性の内には主観性の放下が含まれており、またそれが前提となっています。

技術はどこまでも物事の本性にしたがわねばなりません。テクネー的志向性は物事との応答の内に開示されるいわば存在の思索であって、そこでは主観性は立ち退かざるをえません。そこではむしろ存在が立ち現れてきます。テクネー的志向性は存在の立ち現れの承認なのであります。否、むしろ存在の立ち現れへの迎合であり、言い換えれば、存在への帰依なのであります。存在に寄り添わずしてどうしてテクネーは己を実現することができましょうか。

　ソピストたちのあの無邪気なテクネー的志向性の内にすべてのものを己の前に立てる主観性の超越的志向性に対する原理的否定が表現されていたのであります。そうであるだけにソピストたちの跳梁跋扈、それは他ならぬテクネー的志向性の自己主張であり、存在の立ち現れへの迎合ですが、それはそれだけ一層ソクラテス、プラトンを苛立たせずにおきませんでした。存在の立ち現れはそのまま主観性の否定を意味するからであります。その存在が自己の志向性に対する無言の反論であるようなもの、のみならず自己の本性の暴露とならずにいないもの、そのようなものの存在がどうして許容できましょうか。しかもそれらが無邪気に明るく自己主張するにいたっては、どうしてそれを座視することができましょうか。ソクラテス、プラトンが彼らを許せなかったゆえんであります。ソクラテス、プラトンの歯ぎしりが聞こえてくるようであります。

　かくしてソクラテス、プラトンは猛烈なソピスト攻撃に立ち上がったわけですが、プラトンの対話篇に見られるソクラテス、プラトンの異常なまでのソピスト攻撃こそわたしたちの注目すべき点であり、そこにこそ主観性の哲学の本性が見紛いようもなく現れているといわねばなりません。何度もいいますが、ここで指摘しておかねばならないことは、ソクラテス、プラトンがソピスト攻撃に立ち上がったのであって、ソピストたちが立ち上がったのではないということであります。ソピストたちにその必要性はありませんでした。にもかかわらず彼らは攻撃されねばならなかったわけで、ソクラテスの深い敵意を蔵したイロニカルな攻撃に当面しとき、ソピストたちとしてはただ当惑する以外になかったのではないでしょうか。

主観性の告発的眼差にさらされた不運な人たち、ソピスト。

プラトンはソピストを「若者を狩って報酬を得る者」とか「知の輸入業者」あるいは「小売業者」、「自作品の販売業者」、「言論の競技者」、「論争して金儲けする者」、「実物を真似て見せかけの像を作る一種のいかさま師」などと酷評し（プラトン『ソピステス』231 D, 235 A）、クセノポンにいたっては「売春婦」とまで口汚く罵っていますが（クセノポン『ソクラテスの思い出』I 6, 13）、なぜそれほどまで悪し様にいわれねばならないのか、おそらくソピストたちにはよく分っていなかったに違いありません。基本的にこだわりを持たない現実主義がソピストたちの基調だからであります。ソピストたちは極めて現実的な常識人であって、そのような彼らにとって教授に対して対価を求めるのはごく自然なことでした。高額の報酬を要求したとしてソピストたちはソクラテスから激しく非難されていますが、「なぜ」というのがソピストたちの率直な気持であったであろうと想像されます。技術は現実的知であり、物事との応答の内に生きるテクネーの人は現実的であらざるをえないのであります。対価は現実性そのものであります。もしこれが否定されねばならないとするなら、今日の現実世界はなり立ちません。何度もいいますが、テクネーの知は事物との応答の内に開示される知であって、テクネー的志向性は現実性そのものなのであります。現実こそがソピストたちの世界なのであります。したがって現実的知こそが彼らの目標なのであります。そして現実的知の原理はユーティリティー（有用性）であります。ソピストたちの知が近代のプラグマティズムに近い様相を呈するゆえんであります。そのような現実的志向性の人々、言い換えれば、健全な常識人のソピストたちにしてみれば、ソクラテス、プラトンの罵りには唖然とする以外になかったでありましょう。ソピストたちの素朴さと対比するとき、ソクラテス的原理の異常さ、非現実性が鮮明に浮び上がってきます。イデア的意味対象との結合関係の内に拘束された志向性はそれ自身烈しい超越的志向性とならざるをえませんが、超越性は現実性の否定であらずにいません。ここに現実性と超越性のおそらく哲学史における最初の明確な対立が鮮明な形で現れ出ていることに盲目であってはなりません。現実性の否定であらざるをえない超越的志向性をニーチェは「背後世界論者」として激しく罵っていますが、『ツァラトゥトラ』の基本モチーフのひとつは超越性（霊的世界）に対する現実性（ニーチェの言葉では「大地」）の復権でした。これをニーチェは「一切価値の転換」として語りました。しかもソクラテスの場合のようにその超越の対象が倫理的対象であるとき、それに向かう志向性は当然告発意識を伴った強い志向性として立ち現れずにおらず、そういった志向性を表現する哲学は現実性を糾弾する哲学とならずにいません。そのような主観性の告発的眼差にさらされた不運な人々がソピストと呼ばれる人たちだったのであります。プラトンが罵詈雑言を浴びせれば浴びせるほど、わたしはむしろソピストたちに共感を表明せずにおれないと、率直に申し上げておきたいと思います。

　近代世界の現出の根拠を近代のテクノ・サイエンスにのみ見る見方がありますが、そういった見解は必ずしも正鵠を得ているとはいえません。テクネー（τέχνη）は手段であって、その手段を使った原理があるのであります。技術そのものは外面的、無関心的原理であり、近代世界をゲステル（Gestell）として立ち上がらせるだけの駆動力は持ちません。世界をゲステルとして立ち上がらせるにはそれなりの駆動力を持った原理がなければならず、それは、テクノロジーというよりは、それらテクネーの背後で作動していた原理にこそあるのであります。それは主観性（Subjektivität）と主観性を原理とするMachenschaft（工業性）であって、そういったヘブライ的主導原理が本来外面的、無関心的原理であるテクネーを駆って近代世界をゲステルとして出現させたゆえんのものなのであります。今日の大都市空間に立ち上がったあれら巨大ゲステルを見るとき、その駆動力がいかに強大であるか実感されます。また強大でありつづけていることが確認されます。本来職人の手元にあったテクネーをテクノロジーという近代的原理として現出させたものは巨大な主観性（Subjektivität）に他ならず、もしそういった強力な原理がテクネーの背後で作動しなかったなら、テクネーはなお職人の手元にありつづけていたことでありましょう。世界を巨大ゲステルとして立ち上がらせるというようなことは決してなかったでありましょう。

ハイデガーはギリシアのテクネーは存在に即した知であったことを強調しています（ハイデガー『技術への問』全集、第七巻参照）。そこには存在への帰依がまだ生きていました。テクネーは、先にも述べたように、存在との応答の内に開示されるいわば存在の思索だからであります。そのようなテクネーを近代的テクノロジーという故郷喪失的原理と化し、存在から遊離させたもの、そして存在から解き放たれたテクノ・サイエンスによって世界を巨大ゲステルとして立ち上らせ、世界の総体を「総動員体制」（Totalmobilisierung）（ユンガー）のもとに動員したもの、それは、何度もいうように、主観性原理（Subjektivität）に他なりません。今日の地球をあまねく主導している原理は主観性（Subjektivität）とそれに基づくMachenschaft（工業性）であり、その結果、地球は全体として工場になってしまいました。今日では農場すら「工場」です。Machenschaft（工業性）はヘブライズムの第一命題ですが（『モーゼ五書』の第一命題は「神が世界を造った」ということであります）、そのMachenschaft（工業性）の背後にある原理もまた主観性（Subjektivität）なのであります。近代世界は躊躇するプロタゴラス（技術）をソクラテス（主観性）が無理やり駆り立てて生み出させた恐るべき怪物なのであります。主観性（Subjektivität）とそれに基づくMachenschaft（工業性）が怪物的原理であることをわたしたちは肝に銘じねばなりません。

ノモスとピュシス

ソピストの活躍した前五世紀の後半にことさらに顕在化したノモスとピュシスの対立もまた主観性と構造的自然概念（ピュシス）の対立の一表現に他ならない。

前五世紀の後半にピュシス（自然）がノモス（法、定め）やテクネー（技術、技、技巧）との対立関係の中で現れてくるのをわたしたちはしばしば目にしますが、また特にこういった対立の構図においてギリシアの自然概念を語るのが『哲学史』の定番ともなっていますが（例えばF・ハイニマン『ノモスとピュシス』参照）、この場合でもピュシスは決してポジティブな対象概念としてノモスやテクネーとの対立の構図の中で姿を現していたわけではないということを指摘しておきたいと思います。

ノモス vs ピュシス

ソピストの活躍した前五世紀の後半のギリシア古典期における最も顕著な現象は、前述のように、ピュシスがノモスやテクネーといった人為性との対立関係の中で際立ってくることであります。ところで人為とは人間のアクティブな働きかけであり、その背後には主観性があります。前五世紀の後半は主観性が自覚され、プチ主観性がさまざまな形で立ち現れ、跳梁跋扈する時期ですが、不思議なことに、それと共にピュシスもまたことさらに顕在化してくるのであります。しかしその場合でもピュシスはそういった主観性に対する否定性として現れてくるだけで、その実体が何であるかを示すことはほとんどないのであります。たとえばソピストのヒッピアスが、「法は自然に反した多くのことを強制する人間の僭主（τύραννος τῶν ἀνθρώπων）」（断片Ｃ１）であるとして、ノモスにピュシスを鋭く対立させ、またアンティポンが「法の掟は付け足しであるが、自然の掟は必然的である」（断片B 44）として、「法の掟」（τὰ μὲν τῶν νόμων）に対して「自然の掟」（τὰ δὲ τῆς φύσεως）を対置する場合でも、その「ピュシス」の語るものはノモスの人為性の裏返し以上のものではほとんどありえていません。「しからば君のいうピュシスとは何であるか」と問われても、ヒッピアスもアンティポンもそれに対して何ら明確な答えを持ち合わせてはいなかったでありましょう。人為性に対する自生的存在ないしは自生的体系として漠然とピュシスは想定されているのですが、この概念は実はポジティブな対象概念ではなく、その見掛け上の対象的、肯定的性格とは裏腹に、その実体は否定性でしかないのであります。したがってそれは人為性との対立の中でしか意味を発揮しえていません。というのも、「ピュシス」と呼ばれる自生的存在を対象として取り出しえた者はいないからであります。またそういったことは何人にも果たしえぬ課題であったでありましょう。ピュシスはその実体は対象ではなく、虚的な存在でしかないがゆえに、それを対象として取り出すなど原則不可能だからであります。したがってノモス（法）に対してピュシスが対置されるといっても、対立物としては何も対置されていないも同然なわけであります。しかしそれにもかかわらずヒッピアスやアンティポンの主張は明快であり、即座に人々に了解されるのであります。しかも彼らの主張は告発の性格を帯びており、そこには怒りさえ感じられます。そして聞き手もそれをそのようなものとして受け取っています。したがってそこにはたしかにある何ものかが顕在化しているのですが、そこに顕在化しているものは実は人為性とその恣意性格、その卑小さ、その素性のいかがわしさに対する意識、要するに主観性（Subjektivität）に対する告発意識、反発意識であって、本来公共的なものであるべきノモス（法）がそういったもので汚染されていることに対する耐え難さなのであります。またノモス（法）といっても、その程度のものでしかなくなっているという認識なのであります。そしてそれに対する対立項として、とにかくもピュシスが呼び出されているのであります。

したがってここで真にピュシスに対立しているものは実はノモスではありません。ノモス（法）はヘラクレイトスにおいては「共通の神的なロゴス」（ὁ κοινὸς λόγος καὶ θεῖος）をポリスにおいて表現するものとして、この構図においてはむしろピュシスの側にあり、鋭く主観性に対置されていました。法律解釈者ヘルモドロスを追放したことでヘラクレイトスはエペソスの市民たちを激しく罵倒していますが、それは彼がエペソスにおいて主観性の芽生えを感じ取ったからであり、主観性が跳梁跋扈し、主観性がポリスの公的な法（ノモス）をないがしろにし、あまつさえそれに勝ろうとするのを見たからでありま す。まさにそのことがヘルモドロスの追放ということでした。

ディオゲネス・ラエルティオス（『ギリシア哲学者列伝』IX 2）／**ストラボン**（『地理書』XIV 25. P. 642）

「エペソスの連中は、成年に達した者はすべて首を縊って死ねばよいのだ。そしてポリスはこれを未成年の者に委ねたらよいのだ。彼らは、ヘルモドロスという自分たちの中で最も有為な人物を、われわれのもとには最も有為な人物などいなくてよい、そんな者がいるなら、他のところで他の人たちと一緒に暮らしたらよいのだといって、追放したのだから。」

ヘルモドロスはエペソスの法律解釈者であり、またエペソスを追放された後ローマにいたって、ローマ法の祖となったと伝承される人物であります。伝承の真偽はともかくとして、ヘルモドロスはまさにヘラクレイトスにとって公的な法（ノモス）の代弁者であり、象徴だったのであります。そのヘルモドロスを追放するということは、主観性が公的なロゴスに立ち勝り、それをないがしろにするということであり、ヘラクレイトスのとうてい座視しうるところではありませんでした。ヘラクレイトスは断固ノモス（法）を守る立場に立つ哲学者でした。「市民は城壁を守るように、法を守るために戦わねばならない」（ヘラクレイトス、断片B44）と彼は訴えています。「人間の法はすべて神の一なる法によって養われている」（ヘラクレイトス、断片B144）というのが彼の信念でした。ヘラクレイトスにとってノモス（法）は人間のこしらえものなのではありません。ましてや主観性の手先などでは断じてないのであって、むしろそれは存在の真理（ロゴス）であり、「共通の神的なロゴス」のポリスにおける現れに他ならないのであります。しかしソピストの時代にいたってノモス（法）が人為的なものでしかないことが暴かれたとき、換言すれば、それが主観性のこしらえもの、その手先でしかなくなっていることが意識されたとき（まさにこのことがソピストの時代に起った）、それに鋭くピュシスが対置されねばならなかったのであります。ヘラクレイトスにおいてはノモスはピュシスの側にあり、それに主観性が対置されました。この構図がソピストの時代になって逆転しました。彼らにとってはノモスは主観性の側にあるのであります。それゆえそれにピュシスが対置されねばならないのであります。ここではノモス（法）をめぐって世界が一変してしまっているのであります。

ピュシスの残響、ソピストたち。

ソピストたちによるピュシスの対置は、要するに、主観性（Subjektivität）に対する告発意識の現れなのであります。これは実に奇妙な現象といわねばなりません。ソピストたち自身が前五世紀の後半の主観性の芽生えによる現象であり、主観性の跳梁跋扈ともいえますが、ところがその主観性に彼ら自身が耐えられないのであります。このことは何を意味するのか。彼らはソクラテスのような確信した主観性でなかったのであります。主観性を自らの原理とするまでには彼らはまだいたっていなかったのであります。彼らは主観性でありながら、まだ主観性を原理とすることを決意した存在ではなかったということであります。彼らの中ではピュシスの呼び声がなお反響していたのであります。法や宗教や社会規範は所詮人間のこしらえもの、主観性の手先でしかないという意識が目覚めるや、それらを告発せざるをえなかったというところに、わたしたちは彼らの根底においてなお潜在層から語りかけている構造的な自然概念（ピュシス）の執拗な呼び声を聴き取るのであります。そのことを百も承知でなお法を契約として正当化する近代人と対比するとき、彼らの立つ位置が一層はっきりします。

「契約」は基本的にプラグマティックな観念であり、すべてを人間の相互関係の中で処理することを決断した近代の主観性の哲学の基礎概念であって、その実質意味するところは彼らの哲学からの存在ないし自然（ピュシス）の排除なのであります。存在（Sein）ないし自然（ピュシス）を徹底的に排除して、法や国家を社会的関係の中でのみ根拠づけようと決意したときに持ち出される概念が「契約」なのであります。ここに、あくまでも存在（Sein）ないし自然（ピュシス）から離脱しようとする近代の啓蒙主義哲学の根深い執念が見られます。しかし「契約」は所詮存在から遊離した仮構概念でしかなく、いってみれば偽装であります。というのは、契約した覚えのある者など誰もいないからであります。近代社会はその根幹からして偽装社会なのであります。ところが、そのような近代人とは異なり、ソピストたちはその本来性においてはなお自然（ピュシス）の系譜に属する「哲学者たち」だったのであります。彼らの中ではまだピュシスが鳴り響いていました。ソピストたちを「ソピスト」というレッテルを貼って哲学者のカテゴリーから排除するのは、「哲学者」という名称を主観性の哲学者に限定した場合にのみ妥当することであって、主観性の哲学の一方的な排除といわざるをえません。従来のソピスト解釈のように、彼らをただ跳梁跋扈するプチ主観性としてのみ記述し、都会ズレした破壊的な自由思想家しかそこに見ないなら、彼らの本質を見誤ることはもちろんのこと、その歴史的意味に対して不当をなすことになるでありましょう。彼らの活動の舞台となった啓蒙期のアテナイという都市環境に彼らを同化させてしまうなら、彼らの真の本質は逃されてしまわざるをえないでありましょう。

しかし、意外なことに、ソピストたちはたいてい田舎町の出身者なのであります。彼らにはどこかに田舎人特有の虚勢と都会人に対する意識のようなものが感じられます。また啓蒙期のアテナイといっても、それを近代の啓蒙概念と等置してはなりません。そもそも「アテナイの啓蒙」と「近代の啓蒙」は同じでないのであります。のみならず、「ソピスト」という彼らの身過ぎ世過ぎの生業でのみ彼らを見るなら、ソピストという現象の真の意味は見過ごされてしまわざるをえないでありましょう。啓蒙的都市環境の中に立ち現れた主観性でありながら、潜在層からなお呼びかけてくる自然概念（ピュシス）の声によって自らを告発せざるをえなかった矛盾した意識がソピストという存在なのであります。主観性でありながら、未だ主観性という自覚に立ちえなかった意識がソピストたちなのであります。「ソピスト」という現象はそういった根源の動向を垣間見せる生起なのであります。

主観性、この救い難い原理。

はっきりいえることは、一般にソピストたちは自虐的な存在であったということであります。しかしこの自虐性の内にこそ、ひねくれた形においてではあるが、存在の真理がなお閃き出ていたとすればどうでありましょうか。なぜソクラテスやプラトンがあれほどにも悪し様にソピストたちを罵らねばならなかったのか、ここにその秘密はあります。あの尋常ならざる排斥によって、ソピストたちがなお存在の声であることをソクラテス、プラトン自身が誰よりも明確に認めているのであります。いずれにせよ、主観性は否定性を招かずにいない原理であるということ、このことであります。主観性は己が身に告発を招来せずにいません。ここに主観性のいわば宿業性があり、救い難さがあります。目覚めた主観性であるわたしたちはこのことをよく承知しており、自らに向けられる否定性を何とか回避しようと日々悪戦苦闘してはいないでしょうか。自らが主観性であることを仮装し、消し去ることに日々苦労してはいないでしょうか。わたしたちが主観性である限り、この苦労から放免されるなどということはおそらくないでありましょうが。

　したがって彼らの告発の中で真に対立していたものはノモスとピュシスではなく、主観性とピュシスであります。ノモスはピュシスの側に立つこともあれば（ヘラクレイトス）、主観性の側に立つこともある（ソピスト）のであります。そしてその対立関係の中でピュシスがとにかくもポジティブな意味対象となって浮かび上がっているのであります。しかし、繰り返していいますが、ここで見間違えてはならないことは、主観性と自然という二つの実的な対象がまずあって、それらが対立しているのではないということであります。ここではそのような気の抜けた対立関係が語られているのではありません。対立意識はもっと根深いものであり、抜き差しならないものであって、主観性に対する根強い不信感、警戒感、嫌悪感、猜疑心、主観性を告発すべきとする前反省的意識がそこにはあるのであり、それにこの対立は根ざしていたのであります。したがってここでは対立の方が先であります。言い換えれば、対立の構造、差異の構造がむしろ先にあって、その構造の中で、この場合にはノモスとピュシスが対立項として浮かび上がっているのであります。主観性との対立の構図の中でピュシスが一定の役割を果たす、そういう構造がそこに存在していたのであります。そしてそういう構造をギリシア人はその言語の発生以来潜在的意識として持ちつづけていたのであります。したがって自然概念（ピュシス）はギリシア人にとっては何よりも主観性との対立性をその内に蔵した構造として深く意識下に伏在する、そのような潜在的な意味層であったということができるでありましょう。しかもここではピュシスは主観性に対する否定性でしかありませんでした。もっとも「主観性」という概念はギリシア人には言語的に未知の概念でしたので、自覚的にこのことが意識されていたわけではありません。それでもこの対立意識、差異意識は実に根深く、執拗であり、ギリシア哲学のさまざまな局面においてしばしば顕在化するのであります。

自らを嫌悪し、自らに吐気せざるをえないとは、主観性（Subjektivität）というこの原理は何という救い難い原理なのでしょうか。ヘラクレイトスが世界大火でもって人類を焼き亡ぼさざるをえなかったことを想うとき、ニーチェが三度の吐気をもって人類を否定せざるをえなかったことを想うとき、またハイデガーが近代社会に対して「存在の見捨て」（Seinsverlassenheit）を通告せざるをえなかったことを想うとき、わたしたちは主観性（Subjektivität）というこの原理の救い難さを痛感せざるをえません。果たして人間はどこまで主観性なのでしょうか。言い換えれば、人間はどこまで救い難いのでしょうか。

第18講 プロタゴラスvsソクラテス

ソピスト、プロタゴラス。プロタゴラスの本性はそのテクネー性にある。そういった彼の本性がソクラテス・プラトン主義と相容れなかった。ソクラテスの定義術。徳と知識の絶対主義者ソクラテス。ソクラテス的志向性の問題性。

ソクラテスvsプロタゴラス

ソピストたちは一般にテクネーの人々であったとのことを前講で論じましたが、プロタゴラスはその典型でした。その意味からしてもプロタゴラスをソピストの代表格とする位置づけは不当でないでありましょう。プロタゴラスがテクネーの人であったことは彼の出自が雄弁に物語っています。彼はもとはアブデラの木材運搬人夫であって、その材木の積み方が見事であったのに感心したデモクリトスによって引き取られ、教育されて、ソピストとして立つようになったといわれます。

アテナイオス（『食卓の賢人たち』VIII 354 C）

同じ手紙の中でエピクロスはまたプロタゴラスについてこんなことをいっている。このソピストは最初は運び屋、木材運搬人夫であったが、デモクリトスの書記になった。そのそもそものきっかけはその独特な木材の積み上げ方であって、それに感心したデモクリトスが彼を引き取り、ある村で文字を教えたのである。そしてそこからソピストとして活動するようになったというのだ。

ディオゲネス・ラエルティオス（『ギリシア哲学者列伝』IX 53）

また人々がその上に荷物を載せて運ぶ肩当てを発明したのも彼〔プロタゴラス〕であり、このことはアリストテレスが『教育について』の中で述べているところである。というのも、エピクロスもあるところで述べているように、彼は〔木材〕運搬人夫だったからである。木材を上手に束ねているところを目にとめたデモクリトスがそのプロタゴラスを引き取ったのである。

ヘシュキオス（『人名辞典』）

プロタゴラスはアルテモンを父とするアブデラの人。彼は荷物運搬人夫であったが、デモクリトスと出会って哲学を始め、やがて弁論術に赴いた。

もちろんアリストテレスとエピクロスを典拠とするアテナイオス、ディオゲネス・ラエルティオス、およびヘシュキオスの以上の記事は、プロタゴラスをソクラテスの年長者とし、デモクリトスをそのソクラテスより年少とする通常の『哲学史』に見られる年代設定から見れば「アナクロニズム」ともいうべきものでしょうが（田中美知太郎著『ソフィスト』講談社学術文庫、35頁参照）、しかしプロタゴラス哲学の本性をよく物語る逸話ではあります。わたしは、どちらかといえば、近代の『哲学史』の「科学的実証性」なるものよりも、むしろこの逸話の方を採りたい気持であります。近代の『哲学史』の年代設定はいわれるほど科学的でも実証的でもあるようにはわたしには思えません。その根拠とされる古代の学説誌家たちの報告は半ば伝説の伝承といった性格のものが大半であり、たいてい「科学的」といえるような実証性は具えておらず、そのいずれを典拠とするにせよ、その客観性には常に疑問符が付きまとうように思われるからであります。古代の学説誌家たちに、近代の「学」（Wissenschaft）がことさらに求めるようになった客観性、実証性という観念はありませんでした。唯一の例外はアテナイの歴史家トゥキュディデスでしょうが、ためにトゥキュディデスの『歴史』は、その事実性への拘りの結果、本質記述という点においてヘロドトスのそれに比して見劣りするものになっています。また「面白さ」という点でヘロドトスにはるかに及ばないものになってしまっています。

　したがって古代の学説誌にことさらに近代的な実証性を求めるのは筋違いといわざるをえませんが、それでも学説誌は伝承の歴史的本質、歴史的アプリオリーともいうべきものはよく伝えてきたように思われます。歴史的本質、歴史的アプリオリーが、伝承の外的事情の如何にかかわらず、自らを保存し、自らを確実に伝達する威力を有することはわたしたちが歴史や哲学の伝承において見紛いようもなく目撃するところであります。『ディオゲネス・ラエルティオス』が今日もなお西洋最大の古典として読みつづけられるゆえんは、そこにある種の歴史的本質が読み取れるからではないでしょうか。『ディオゲネス・ラエルティオス』の記述を客観性、実証性という観点で評価する哲学史家はいないでありましょう。客観性、実証性という観点から見れば大きな疑問符を付さざるをえませんが、それでも『ディオゲネス・ラエルティオス』は読みつづけられるのであって、その理由は、そこにある種の真理・本質が看取されるからでありましょう。歴史的本質、歴史的真理に対する感性は近代の哲学史家のそれより古代の学説誌家たちのそれの方が勝っていたのではないかとすら思われます。彼らは明らかに歴史的本質、歴史的アプリオリーに対する感性と眼力を有していました。どちらを採るかといわれれば、ニーチェと共に、わたしはツェラーより『ディオゲネス・ラエルティオス』の方を採ることを推奨するものであります。若き古典文献学者ニーチェの研究対象は『ディオゲネス・ラエルティオス』でした。『ディオゲネス・ラエルティオス』研究によって彼は師のリュチェル教授の評価を得、若干25歳にしてバーゼル大学の教授に推挙されたのであります。ディオゲネス・ラエルティオスの本質把握の力がニーチェの古典文献学に対する情熱と才能を引き出したのでありましょう。客観的事実、実証性へのこだわりはかえって本質に対する目を曇らせてはいないでしょうか。そこに近代の実証科学が陥りがちな陥穽があります。そのような疑問符の付く「科学」（science）より、ここではプロタゴラスの本質を的確に表現すると思われる前掲の逸話の方を採りたいと思います。それほどにもこの逸話はソピスト、プロタゴラスの本性をよく物語っているのであります。

　プロタゴラスの本性は、木材であれ、言葉であれ、それらを見事に操るテクネー性にあるのであり、そのことがソクラテス、プラトンの意に沿わなかった当のことなのであります。テクネーは物事の実体・本質には係わりません。そのありように係わるだけです。原理・本質に対する無関心さ、冷淡さがテクネーの本性なのであります。本質に無関心であるようなものは「哲学」と呼ぶに値しないというのがソクラテス、プラトンをはじめとする「哲学者たち」の困った信念であって、人類がこの「信念」から脱するをえたのはごく最近のことであります。ソシュールの差異の言語論とそれを踏襲したデリダの現前の形而上学批判の本質に対する破壊力は計り知れないものがあります。哲学が本質主義という二千数百年来の呪縛から解放されつつある今日の歴史的状況に立ち会う機会に恵まれたことをわたしは心から喜んでいるものであります。

プロタゴラスのテーゼ

「万物の尺度は人間である。あるものについてはあるということの、ないものについてはないということの」（πάντων χρημάτων μέτρον ἐστὶν ἄνθρωπος, τῶν μὲν ὄντων ὡς ἔστιν, τῶν δὲ οὐκ ὄντων ὡς οὐκ ἔστιν.）（プロタゴラス、断片B 1）。

すなわち各人のそれぞれが真理判定の尺度であり、意見が一致しない場合、それに照らしてある人が正しく、ある人は正しくないといいうるような絶対的・客観的知識といったものはないというこのプロタゴラスの『真理あるいは打倒論』（Ἀλήθεια ἢ Καταβάλλοντες）の冒頭に掲げられていたといわれるテーゼは、絶対的・客観的知識の、穏やかな、しかし断固とした拒否であります。神々に関する彼の命題もまたそうであって、「神々については、彼らが存在するとも存在しないとも、またその姿がどのようなものであるかも、わたしはいうことができない。なぜならそれを知ることを妨げるものが多いから。すなわちそれは見ることができないのみならず、人間の命も短いから」（プロタゴラス、断片B 4）とプロタゴラスはその著『神々について』（Περὶ θεῶν）の冒頭においていいます。

要するにプロタゴラスのテーゼは、神に関しては判断停止、真理・認識に関しては主観主義、相対主義であり、これらのテーゼの語らんとするところは、絶対的・客観的知識の否定、そういった絶対的なものを希求する志向性の拒否なのであります。プロタゴラスのテーゼにはイデア的意味対象を志向する超越的志向性に対する冷淡さが表現されているのであって、これはまさに彼が基本的にテクネーの人であったことの証であります。テクネーは物事の実体・本質に対して無関心なのであります。テクネーをベースとする命題には原理・本質に対する無関心性、冷淡さがつきまといます。というより、それがテクネーの本性なのであって、テクネーは物事の本質には係わりません。そのありように係わるだけです。テクネーの本性はソクラテス主義、プラトン主義の超越的志向性に対する原則的否定なのであります。

プロタゴラスの前掲の二テーゼはまさにそういったテクネー的志向性の命題的表現なのであります。したがってプロタゴラスがソクラテスに反対したというよりは、テクネー性そのものがソクラテス主義を否定していたといった方が真相に近いでありましょう。プロタゴラスはテクネー性の現出の現場になったソピストなのであります。言い換えれば、「プロタゴラス」はテクネー性そのものでした。そういう意味においてプロタゴラスもまた存在の一側面の一表現となった人物といって過言でないのではないでしょうか。プロタゴラスは温厚な人物であって、彼に対抗意識はほとんど見られません。ましてや人を攻撃する気持などは微塵もありません。にもかかわらずソクラテスは彼を許すことがどうしてもできなかったわけですが、それはプロタゴラスの存在そのものがソクラテス主義の否定を意味していたからでありましょう。その存在が自らに対する否定と受け取られるとき、そこには深刻な対立意識が生まれずにいないのであって、プロタゴラスの存在そのものがソクラテス的志向性の否定だったのであります。

テクネー的志向性

テクネーの志向性は物事に即したそれであります。ギリシア的テクネーの知は物事との応答の内に開示されるいわば存在の思索なのであります。したがってそれはイデア的意味対象を志向するソクラテスの超越的志向性とは自ずとその本性を異にせざるをえません。超越的志向性は「前に立てる」（Vorstellen）ことを本性とする主観性の志向性だからであります。この差異意識がソクラテスの心中にあったものであり、テクネーをベースとするプロタゴラス的志向性はソクラテスにとってはイデア的意味対象に向かう自らの志向性の否定以外の何ものでもなかったのであります。なぜソクラテスやプラトンが平明な命題の主唱者に過ぎない常識人のプロタゴラスにあれほどむきになって反発しなければならなかったのか、その秘密はおそらくここにあります。徳と知識の絶対主義者ソクラテスの哲学はとにかくも絶対的な真理・知識に向かっての突進ということができます。そこには絶対的なものを希求するソクラテスの必死の形相が見て取れます。ソクラテスが人を煙に巻くようなひょうきんな態度を取ることがしばしばあったにしても、その裏にある彼の狂信的ともいえる確信的志向性を見逃してはなりません。それこそまさにすべてのものを対象として「前に立てる」（Vorstellen）主観性の性であり、ましてやイデア的意味対象を前に立てるソクラテス的主観性はそれに向かって一直線に突き進まざるをえませんでした。

主観性が強ければ強いほど、対象を志向する超越的志向性もまたそれだけ強烈となります。それが主観性（Subjektivität）の本性であって、主観性がこの本性から逃れることはできません。絶対的な真理・知識の希求者ソクラテスはそれほどにも強い主観性だったということであります。したがってそういった志向性に対する無関心・冷淡さは、ソクラテス的主観性に対する、穏やかな、しかし断固とした拒否と受け取らざるをえません。プロタゴラス自身の意図はどうであれ、彼の常識性が絶対的なものを希求するソクラテス的主観性の志向性の否定であらざるをえないのであります。「ソクラテスよ、なぜ君はそんなにもむきになるのかね」と、プロタゴラスというよりは、プロタゴラスのテーゼは語っているのであります。これは絶対的な真理・知識にいたらんと苦闘する者に対する痛烈な皮肉であり、ソクラテス、プラトンがプロタゴラスを許せなかったゆえんであります。

主観性は立ち止まることを自らに許すことのできない原理であるだけに、絶対的なものを希求する志向性に対する冷淡さを見るだけでも、自己に対する拒否、自己の完全な否定と受け取らざるをえず、容認できないのであります。ソクラテスのプロタゴラス攻撃からは、むしろソクラテスの思い詰めた姿が垣間見えてきます。プロタゴラスと比較すればするほど、ソクラテスの狂信性が炙り出されてくるのであります。ソクラテスの本質が何であるか、あらわになってくるのであります。それは主観性（Subjektivität）の本性そのものであって、ソクラテスのプロタゴラスに対する異常ともいうべき反撥にわたししたちは絶対的なものに向かって突き進まざるをえない主観性の性を見て取らねばなりません。それこそが主観性の本性であり、どこまでも対象志向的に突き進まざるをえないところに主観性のいわば宿命があります。主観性はそういった志向性の不在を見るだけでも、自らに対する否定と受け止めざるをえず、苛立ちを隠すことができないのであります。ソクラテスをしてプロタゴラスをあれほどにも非難、攻撃させたもの、それは没主観性に面したときの主観性の苛立ちであります。主観性はそのままで泰然自若としていることのできるような原理ではないのであり、主観性にはそれ自身にとってもどうしようもない前方への志向性が植え付けられています。主観性が「前に立てる」（Vorstellen）原理である以上、そのことはいわば主観性の宿命なのであります。主観性がこの志向性から逃れることはできません。対象として前に立てる志向性そのものが主観性（Subjektivität）だからであります。

ソクラテス的志向性

ソクラテス哲学の方法、定義術。

それにしても、ソクラテスにおいてどうして絶対的なものを希求する超越的志向性があれほどにも過激化したのでしょうか。それは第一にはソクラテスがピュタゴラス以来の強い主観性であったということでしょうが、それ以外にも彼が採用した哲学の方法にもその理由は求められねばならないでありましょう。

ソクラテス哲学の方法は対話（διάλογος）であります。対話（ディアロゴス）とは διά - λόγος の謂であり、これはロゴスが二つに割れることを意味しています。すなわちロゴスが二つに割れ、二つに割れたロゴスが互いに対立し、競合し合いながら次第に高め合っていき、最終的に物事の概念規定（定義）にいたろうとする概念の方法がソクラテス哲学の方法であります。しかもその際ソクラテスは常に個々の具体的な事例を検討することによってその普遍的な概念規定（定義）を獲得しようとしました。個々の事例の帰納から普遍的な概念規定（定義）にいたらんとするのがソクラテスの方法であり、アリストテレスは帰納法（ἐπακτικὸς λόγος）と普遍的定義術（τὸ ὁρίζεσθαι καθόλου）をソクラテスの創始に帰しています（『形而上学』第十三巻、第四章 1078 b 27）。

ところで、善、正義、勇気、美などの定義を求めるソクラテスの方法は、善それ自体、正義それ自体、勇気それ自体、美それ自体の存在を予想し、それらを前提としています。定義が目指すものはあくまでもそれ自体の規定でなければならないからであり、定義は必然的に善それ自体、正義それ自体、勇気それ自体、美それ自体を目指さずにいない性格を有しているのであります。たとえば「善とは何か」と問われた場合、ある人はそれを「快である」といい、他の人は「思慮である」というかも知れませんが、それらが善の満足すべき定義でないことは直ちに明らかとなります。なぜなら善き快もあれば悪しき快もあり、善き思慮もあれば悪しき思慮もあるからです。たとえば泥棒の思慮といったものもあるでありましょう。泥棒も思慮深い者は一層多く盗むでしょうから、そのような場合には思慮はそれだけ悪しきものであることになります。したがって善を定義するにはこういった諸々の善きものを挙げつらうだけでは十分でなく、善それ自体が求められねばなりません。善それ自体のロゴス的規定でなければ善の定義になりえないのであります。ソクラテスの定義術は、それゆえ、暗黙の内に、善それ自体、正義それ自体、勇気それ自体、美それ自体の存在を前提とし、それらを予想しているのであります。言い換えれば、ソクラテス的定義術は自体的存在（αὐτὸ τὸ ὄν）を予想してはじめて意味を持つ方法なのであります。

したがってソクラテスにとっては自体的存在（αὐτὸ τὸ ὄν）の存在は議論以前の前提でなければなりませんでした。自体的存在は、その想定自体がまずもって議論されねばならないはずのものでしょうが、ソクラテスの場合には絶対的な前提であり、それがあってはじめて定義術は意味を持つのであります。定義は自体的存在そのもののロゴス的規定でなければならないがゆえに、定義の試みと自体的存在の想定はほとんど同義なのであります。定義を目指すということは自体的存在を目指すということであります。したがってソクラテスにとっては、定義を目指す以上、諸々の善きもの、諸々の正しい行為、諸々の勇敢な行為、諸々の美しい物とは別に、善それ自体、正義それ自体、勇気それ自体、美それ自体があらねばなりませんでした。あらねばならない以上、あるのであります。これは一般の知性にとっては飛躍かも知れませんが、定義術の有効性を信じて疑わないソクラテス的知性にとっては確信なのであります。定義術を哲学の方法として選んだ瞬間に、また定義の実現を信じた瞬間に、自体的存在の存在はすでに認知されてしまっているのであり、前提となっているのであります。自体的存在の存在を前提とする哲学であるという点にソクラテス哲学のポイントがあります。自体的存在は定義術の要請であるはずですが、ソクラテスの場合にはそれが逆転し、自体的存在がむしろソクラテス的定義術を保証し、ひいてはソクラテスの対話術、ソクラテス哲学を支えるものとなっているのであり、ここにソクラテス哲学の発生のメカニズムがあります。ソクラテス哲学は自体的存在（αὐτὸ τὸ ὄν）の定立の上に立つ哲学なのであります。否、むしろ自体的存在の完全な支配下にあり、その強力な威力の内に拘束された哲学であったといった方が適当かも知れません。

「知って不正をなす者は知らずになす者よりもよい。」（ソクラテス）

このことを確認するとき、「知って不正をなす者は知らずに不正をなす者よりもよい」という一見反語的とも見えるソクラテスのテーゼ（プラトン『小ヒッピアス』376 B、『法律』X 860 D 参照）もまた容易に理解されるでありましょう。善を知る者に善を行なわせることは容易ですが、善を知らぬ者に善を行わせることは不可能だからであります。そもそもソクラテス的観点からすれば、善それ自体を知っていて、それを選ばないなどということは、もしそれが冗談でないとするなら、まったく考えられないことなのであります。そういったこともしばしば見受けられることではないかという指摘、たとえばアリストテレスの「非随意的行為」（τὸ ἀκούσιον）の議論はソクラテスに対する何らの反論ともなりません。ソクラテス的観点からすれば、そのようなことが可能であるのは善のドクサの場合であって、善のエピステーメの場合には考えられないのであります。善のエピステーメとは善それ自体の知であります。善はすなわち幸福（εὐδαιμονία）であることにソクラテスは何らの疑いも持ちませんでした。いずれも「よい」（εὖ）ということの表現だからであります。それゆえ善それ自体、すなわち幸福そのものを知っている者が、それを選ばないで、その反対を取るなどということは、気が狂っているとしかいいようがないからであります。否、むしろ不合理であります。善の知識から善の行為が生まれるのは、ソクラテスにしてみれば、論理的前提から帰結が導来されるのと同様に必然的なことなのであります。これは高度な意味で論理的必然であります。ここではロゴス（論理）がソクラテス哲学に味方しています。ソクラテス哲学がロゴスと相携え合うゆえんでありましょう。それゆえソクラテスによれば、人が善となるのは、すなわち有徳となるのは、善それ自体を知りさえすればすむことでした。ここから「徳は知識である」という規定が生まれることになります。ソクラテスによれば、「善それ自体を知る」ことと「善である」ことはイコールなのであります。善それ自体を知っている者がそれを取らないということ、言い換えれば、善なる者にならないということは不合理だからであります。人が不善であるのは、すなわち不徳であるのは、意志に起因することではなく、無知（ἀμαθία）に由来することであるとソクラテスはいいます。善の知識はすなわち善の存在なのであります。ここでは知識と存在が合体しており、ある意味で近代哲学が求めつづけた「認識と対象の一致」（adaequatio intellectus et rei）のテーゼが実現されてしまっています。主観性によって生じた認識と存在の間の亀裂こそが近代の認識の哲学を総じて突き動かしていたその当のものでした。近代哲学にとっては認識と存在の一致はどこまでも理念でしかありませんが、ソクラテスにとってはそれが現実なのであります。

超越的志向性の哲学

ところで、本質規定をひたすら目指してきたプラトン、アリストテレス以来の西洋形而上学もまた自体的存在（αὐτὸ τὸ ὄν）を当然の前提とするソクラテス哲学の延長線上にあり、この呪縛のもとにありつづけたのであって、このことはフッサール現象学にいたるまでそうであり、デリダの現前の形而上学（métaphysique de la présence）に対する批判によってはじめて哲学はこの呪縛から醒めるを得たのであります。概念規定を本質とする西洋哲学がソクラテス以来連綿としてつづいてきたということであります。これを言い換えれば、西洋形而上学はロゴスに支配されつづけた哲学であったと総括しなければならないでありましょう。これはたまたま採用された方法がその哲学内容をも規定してしまった最も顕著な事例であります。かくしてソクラテス哲学にとって自体的存在（αὐτὸ τὸ ὄν）の存在は絶対的な前提でなければなりませんでした。

この自体的存在をイデアと呼んだのがプラトンであったにしろ、あるいはバーネットやテイラーのいうようにソクラテス自身であったにしろ（バーネット・テイラー説）、いずれにしろ、このことによってソクラテス的志向性はイデア的意味対象との関係の内に拘束されることになります。ソクラテス的主観性はイデア的意味対象との関係の内に拘束され、その志向性はイデア的意味対象に向かう固い志向性とならざるをえませんでした。わたしはイデア的意味対象を志向するこの主観性の志向性を「超越的志向性」と呼んでいます。この超越的志向性の構造がプラトンのイデア論、キリスト教的一神教、主観－

客観、認識−対象、ノエシス−ノエマといった近代の認識の諸哲学の鋳型となりました。果たしてイデア的意味対象の定立がそれに向かう主観性の強い超越的志向性を生み出したのか、逆に強い主観性がイデア的な意味対象の定立を結果したのか、問題となるところですが、いずれにせよイデア的意味対象と主観性の超越的志向性の固い結合関係がここに出現したのであって、それが「ソクラテス」という現象なのであります。「徳と知識の絶対主義者ソクラテス」の誕生であります。ソクラテスはひとりの哲学者というよりは、イデア的意味対象と主観性の志向性の固い結合関係そのものなのであります。それが、現象形態としては、「徳と知識の絶対主義者ソクラテス」ということなのであります。

テクネー的志向性vs超越的志向性

イデア的意味対象との固い結合関係そのものであるソクラテス的主観性にとって、知識・認識の相対性を説く前掲のプロタゴラスのテーゼを容認することは不可能でした。各人のそれぞれが真理判定の尺度であり、意見が一致しない場合、それに照らしてある人が正しく、ある人は正しくないといいうるような絶対的・客観的知識といったものは存在しないというプロタゴラスのテーゼはまさにイデア的意味対象の否認であり、プロタゴラス的テーゼの発生母体であるテクネー的志向性はイデア的意味対象との固い結合関係であるソクラテスの超越的志向性の破砕とならずにいないからであります。ソクラテスがプロタゴラスを容認できなかったゆえんであります。ここでは二つの異なる志向性が対立していたのであります。物事に即するテクネー的志向性とイデア的意味対象に向かう主観性の超越的志向性でありのます。これもまた存在の思索と主観性の哲学の対立ということができるでありましょう。超越的志向性の発生根拠は主観性以外のものでないからであります。

プロタゴラスとソクラテスの対立においてもまたわたしたちは、他の多くの場合においてもそうであったように、「存在と主観性」という西洋形而上学の二大原理の対立と抗争を見るのであります。別言すれば、原理的に異なる二つの志向性の対立を見るのであります。プロタゴラスとソクラテスの対立もまた「存在と主観性」という西洋形而上学の二大原理の対立の一現象形態だったのであります。わたしたちは彼らの対立の根本性を認識しなければなりません。プロタゴラスの人間尺度論は決して一部の哲学史家のいうような人間主義の表明なのではありません。人間主義（ヒューマニズム）は特殊近代的概念であり、総じてギリシア人のあずかり知らぬところでした。ここにも古代哲学に面したときの近代哲学のアナクロニズムが見られます。

ソクラテスの哲学は倫理的告発とならざるをえなかった。

しかしソクラテスのプロタゴラス攻撃は哲学認識論上の対決であっただけでなく、倫理的告発でもなければなりませんでした。繰り返しますが、ソクラテスは強い主観性であります。彼が主観性であることとは彼の哲学を色濃く染めている倫理的性格が雄弁に物語っています。主観性は自らをそのままで是認できる原理でないだけに、自己反省的であらざるをえず、常に自責意識を伴っています。そしてそれは他に対しては告発的眼差しとならずにいません。主観性には常に強い自責意識があり、主観性は常に「正しさ」の観念に付きまとわれています。主観性は常に自己ならびに他者に対して正しいかどうかを問わざるをえず、告発的であらざるをえないのであります。倫理的志向性は基本的にこの主観性の自責意識と告発意識に基づく志向性であります。彼の哲学がピュタゴラス主義的色彩を色濃く帯びているゆえんでありましょう。ピュタゴラスもソクラテスも共に主観性なのであります。しかしソクラテスは単に主観性であっただけでなく、前述のように、その志向性がイデア的意味対象との固い結合関係の内に拘束された主観性でした。

ところで、ソクラテスのごとき倫理的主観性にとってはイデア的意味対象は当然倫理的対象でなければなりません。善それ自体、正義それ自体、勇気それ自体、美それ自体といった倫理的な自体的概念がソクラテス哲学においてもっぱら問題とされたゆえんであります。その結果、ソクラテスのプロタゴラス攻撃は、単なる哲学認識論上の攻撃というよりは、倫理的告発とならざるをえませんでした。イデア的意味対象を否認して知識・認識の相対主義を唱えるのみならず、イデア的意味対象に向かう志向性そのものの否定であらずにいないプロタゴラス的志向性は、ソクラテスにとっては、道徳の破壊そのものと映らざるをえなかったのであります。プロタゴラス自身の意図はどうであれ、イデア的意味対象に向かう志向性の否定ないしは冷淡は倫理的対象に向かう志向性に対する拒否であらざるをえないからであります。イデア的な倫理的対象に向かって拘束された志向性そのものであるソクラテスにこのことが許せるわけがありません。そういう意味において、ソクラテスにとっては、プロタゴラスのみならず、あらゆるソピストが道徳の破壊者なのであります。ソクラテスがソピスト一般を徳の破壊者として激しく攻撃したゆえんであります。ここに自らのみを正当とする倫理的志向性の独善的性格が色濃く現れています。倫理学はおしなべて独善的であります。また告発的であります。倫理学は主観性を発生源とする哲学だからであります。倫理学が哲学に取って代わろうとする昨今しばしば見られる不遜を許してはなりません。もしそのことを許すなら、哲学は主観性の哲学以外の何ものでもなくなってしまい、存在が浮かび出る素地は永遠に失われてしまわざるをえないでありましょう。たしかにソクラテスもまた「義憤」の人であったといえなくもないかも知れません。しかし攻撃される側からすれば、真の知識（エピステーメ）でないような知を高額の対価を求めて教えたとして攻撃されるだけでなく、突然道徳の破壊者とされてしまったわけで、プロタゴラスを含め、ソピストたちとしては当惑する以外になかったでありましょう。「倫理」という自らの独善性を一方的に投げつけられて道徳の破壊者というレッテルを貼られたソピストたちにしてみれば、「よい加減にしろ」という気持であったでありましょう。

道徳の使徒、ソクラテス。

先入見を排してプラトンの対話篇『プロタゴラス』を読むとき、ほとんど受動的な姿勢に終始するプロタゴラスの姿が浮び上がってきます。議論を挑んでいるのはむしろソクラテスなのであります。議論を挑む必要がソクラテスの方にあったということであります。プロタゴラスにその必要性はありませんでした。物事に即したテクネー的志向性は事物との応答の内に開示されるいわば存在の思索であります。そういった志向性はそれ自身においてそれなりに自足しているのであって、他者を告発する必要性などそこには微塵も生じません。常識的知、自然的知はそれなりに安定しているのであります。それに対してイデア的意味対象に向かう主観性の志向性は絶対的なものを目指す超越的志向性であり、自らの内に自足することはできません。そこには距離と空白が常に付きまとっています。主観性には距離がその本性として内属されているのであります。主観性は常に距離と空白にさらされています。あるいは苛まれています。それゆえにこそ自足（αὐτάρκεια）を衒うという現象もまたそこに生じてくるのであって、ソクラテスにもそのような風が見られるし、ストア派においてはそれが特に顕著であります。自足を衒うという現象は空白意識そのものである主観性が充足である存在を装うということであります。主観性の内には実は存在に対する憧れと妬みがあるのであります。存在を攻撃して止まないにもかかわらずにであります。しかし主観性は存在でないがゆえに、どこまでいっても主観性が自足にいたるということはありません。ましてやソクラテスの場合のように、目指すイデア的意味対象が倫理的対象であるとき、それを目指す志向性は当然告発的性格を帯びざるをえず、そこには正当意識と使命意識すら見られるようになります。その実体は独善でしかないにしてもであります。当然それはそれ以外の志向性を許すことはできず、他の志向性はこれをすべて糾弾する告発的志向性とならざるをえません。ソクラテスの志向性はまさにそのような志向性だったのであります。彼はいわば道徳の使徒と化してしまいました。まったく迷惑な話であります。常に対象志向的であらざるをえないというところに主観性の宿命があります。しかもソクラテスのそれのように倫理的なイデア的意味対象との関係の内に拘束された主観性にとっては、それ以外の志向性はとうてい許せるものでなく、そこに激しい告発意識が生じるのは当然であって、それはいわばソクラテス的主観性の宿命なのであります。ソクラテス的主観性はその本性からして告発的主観性であらざるをえませんでした。このようにソクラテスを見るとき、彼のイロニーが一層不気味なものに感じられます。ソクラテスのイロニーは主観性に発する否定性であり、敵意を蔵しています。対話の相手の青年に無知を自覚させるための一教育的手段といったレヴェルにとどまるものではないのであります。ソクラテスの「イロニー」をそのようなものに仕立てて怪しまないこれまでの『哲学史』の記述はソクラテスを免罪しようとする行為以外の何ものとも思われません。そこにあるのはソクラテスを奉るヨーロッパ二〇〇〇年の形而上学のドグマでしかありません。ソクラテスのプロタゴラス攻撃においてわたしたちが見るものは、プロタゴラス的志向性の問題というよりは、むしろソクラテスの超越的志向性の本性とその問題性なのであります。

第19講 プラトン

本講では前講の「ソクラテス」とのつづきでプラトン哲学を展望したいと思います。わたしたちはこれ以降の議論において何度もプラトニズム（Platonismus）に言及し、その問題性を問わざるをえないでしょうが、そういった議論の過程で具体的に念頭に置くことのできる「哲学」をここに要約的に提示しておきたいと思うからであります。それがプラトン哲学であります。しかし実は「プラトン哲学」といっても、学説といえるような代物ではなく、アリストテレスにいわせればミュトス（神話）でしかないのですが、しかしそのミュトスの下にあるプラトニズム（Platonismus）そのものは超越の構造を持った主観性の哲学そのものであり、それがやがてキリスト教という姿を取って遅れて西洋精神史に登場してきたヘブライズムの本体と合体して「ヨーロッパ二〇〇〇年の形而上学」を出現させることになりました。そしてそれが近・現代世界を含む西洋世界を作り出し、それをその根底において支えてきたのでありあります。その問題性については後日の講義で再度詳論したいと思いますが、そういったことを念頭に置きながら、以下では世に「プラトン哲学」といわれているものを一般的に俯瞰しておきたいと思います。

イデア論

プラトンの哲学はソクラテスが倫理的な問題に関して唱えていた思想を存在一般に及ぼし、そこから壮麗な形而上学を構築することによって得られました。わたしたちは前講でソクラテスが善、正義、勇気、美などの定義を求めて対話を遂行していたのを見ました。既述のように、善、正義、勇気、美の定義は、その本性上、必然的に善それ自体、正義それ自体、勇気それ自体、美それ自体を目指さずにいない性格を有しています。もしそういった自体的存在が存在しないとするなら、定義を目指す対話はすべて空しい行為となってしまうでありましょう。それゆえソクラテスの定義術は、暗黙の内に、善それ自体、正義それ自体、勇気それ自体、美それ自体の存在を前提とし、それらを予想していたのであります。プラトンもまたこういった自体的存在（αὐτὸ τὸ ὄν）を想定し、それをイデア（ἰδέα）ないしは形相（εἶδος）と呼びました。しかし彼は、善、正義、勇気、美といった倫理的概念にのみそれを限定しないで、あらゆる存在者、あらゆる概念について、その自体的存在（αὐτὸ τὸ ὄν）、イデアを想定しました。それゆえプラトンによれば、善のイデア、正義のイデア、勇気のイデア、美のイデアの他に、人間のイデア、馬のイデア、ベッドのイデア、三角形のイデア、等しさのイデアなど、あらゆる存在や概念について、その自体的存在（αὐτὸ τὸ ὄν）、イデアがあるのであります。

これは彼が一方では現象する世界には恒常的に存在するといえるものは何もないというヘラクレイトスの万物流転思想（πάντα ῥεῖ）を認め、他方では存在そのものは永遠に同一であり、生成も消滅も運動もないというパルメニデスの存在思想（τὸ ἐόν）を承認したからでありましょう。現象における個物はすべて生成・消滅の不断の流れにさらされており、永遠に同一でありつづけるもの、すなわち存在するといえるものは何ひとつありません。美しい花も色褪せていき、やがては美しさを失ってしまうし、またどのような人間も同一のままにはとどまりません。身体は常に新陳代謝を繰り返し、片時も同一のままであることはないからであります。このように個物はすべてその姿を刻々と変化させています。それゆえ、知識が現象する個物にのみ限られるなら、すべての知がこうでもあればああでもあるといった性格のものになってしまうでありましょう。だがこれはドクサ（δόξα）とは呼ばれえても、知識（ἐπιστήμη）の名には値しません。

　また個物はすべてさまざまな規定性を伴って現象しています。たとえば、現象する三角形は、正三角形か、直角三角形か、二等辺三角形か、鋭角三角形か、鈍角三角形かのいずれかであって、三角形一般ではありません。また人間も、背の高い人もあれば、低い人もあり、肥満した人もおれば、痩せた人もいます。それゆえ、もしわたしたちの認識の対象がこういった個物のみであるとするなら、わたしたちの知は常にこの三角形、この人間、この机の知であって、決して三角形一般、人間一般、机一般の知識とはなりえないでありましょう。そうすると、たとえばこの直角三角形が三角形だとするなら、二等辺三角形や鋭角三角形や鈍角三角形は三角形でないことになってしまいます。それらは互いに異なるからです。またA氏が人間であるなら、B氏やC氏やD氏は人間でないことになります。だが認識はすべて、その本性上、普遍的性格を有しています。三角形の知識にしても、人間の知識にしても、それらは決してこの三角形、この人間のみに限定されるものではなく、三角形一般、人間一般を包括しています。なぜなら、三角形の概念はその中に正三角形も二等辺三角形も直角三角形も鋭角三角形も鈍角三角形も含むからであり、人間という概念はAという人物もBという人物もCという人物もすべての人を含むからであります。それゆえ、個物しか認識の対象として存在しないとするなら、それ自身普遍である知識は内実を伴わないものになってしまうでありましょう。すなわち、ソクラテスやカリアスやエウリピデスは存在するが、人間は存在しないという不合理なことになってしまいます。また現象界にあるものは、美しい物ではないがゆえに、現象に関してはやはり美のドクサはあっても、美そのものではあっても、美のエピステーメはありえません。それゆえプラトンは、知識（エピステーメ）が可能である以上、個々の三角形から離れて三角形一般が、個々の人間から離れて人間一般が、個々の机から離れて机一般が、また美しい物とは別に美そのものが、永遠に変わることのない範型（παράδειγμα）として、存在しなければならないと考えました。そしてそれをイデア（ἰδέα）ないし形相（εἶδος）と呼んだのであります。それゆえプラトンのイデアは普遍が自体的存在（αὐτὸ τὸ ὄν）として具体化されて、英知界に設定されたものということができるでありましょう。

　プラトンによれば、それゆえ、個物の上にはその類であるそれぞれのイデアが永遠不変の範型として存在します。個々の人間の上には人間自体（αὐτὸ ἄνθρωπος）が、個々の三角形の上には三角形自体（αὐτὸ τὸ τρίγωνον）が、諸々の美しい物の上には美それ自体（αὐτὸ τὸ καλόν）が、個々の善行の上には善それ自体（αὐτὸ τὸ ἀγαθόν）が、諸々の等しい事象の上には等しさそれ自体（αὐτὸ τὸ ἴσον）が、それぞれのイデアとして存在します。このように特定の三角形、特定の人間、特定の机に限定されない三角形一般、人間一般、机一般といった普遍（τὸ καθόλου）が、具体的な個物（τὰ καθ' ἕκαστα）、個々の三角形、個々の人間、個々の机から離れて、それらの上にその永遠不変のイデアとして存在するというのが、プラトンのイデア論であります。それゆえイデアは「多の上に立つ一」（ἓν ὑπὲρ τὰ πολλά）、「多から離れた一」（ἓν παρὰ τὰ πολλά）であるということができます（アリストテレス『形而上学』A 9. 990 b 7 - 8）。イデアがこのように離れて存在する普遍であるということ、すなわち離在的存在者（χωριστά）であるという点に、プラトン哲学の最大ポイントがあります。

英知界と可視的世界、イデア界と現象界。

かくして、プラトンにおいては、イデアの世界、英知界（νοητά）と個物の現象する可視的世界（ὁρατά）が相対峙することとなりました。プラトンはイデア界を存在（τὸ ὄν）とし、現象界を非存在（τὸ μὴ ὄν）とします。イデアは自体的存在であるがゆえに生成することも消滅することもない永遠不変の存在であるのに対し、現象は生成・消滅を繰り返し、何ひとつとして同一ではありつづけないからであります。イデア界と現象界の区別によってプラトンはパルメニデスの存在思想とヘラクレイトスの万物流転思想を両立可能にしたのであります。

本質的存在と現実的存在

生成・消滅し、運動するものを非存在（τὸ μὴ ὄν）とし、存在（τὸ ὄν）といわれる限り、それは永遠に不変でなければならないと考えるギリシア人の考え方はわたしたちに多少奇異の念を抱かせますが、彼らが存在というとき、たいていは本質的存在（esse essentiae）の意味で語っており、現実的存在（esse existentiae）の意味で語られているのはむしろ稀であるということに留意するとき、この奇異の念は解消します。ギリシア語の存在（ある）を表現する εἰμί はラテン語の sum や近代語の be, sein, être と同様、本質的存在（esse essentiae）（…である）の意味でも現実的存在（esse existentiae）（…がある）の意味でも語られます。εἰμί はただ「ある」というだけで、その「ある」が「…である」という意味の「ある」なのか、「…がある」という意味の「ある」なのかは、それ自身によっては明瞭に区別されません。したがってその分詞の中性形である ὄν も同様に本質的存在を意味する存在（「…である」という意味での存在）としても、現実的存在を意味する存在（「…がある」という意味での存在）としても語られるのであります。

ところで、わたしたちが邦語で「存在」というとき、わたしたちはそれを現実的存在の意味において語っているのが普通です。机の存在というとき、わたしたちは通常「机がある」という意味における存在として語っています。ところが、これに反して、ギリシア人が「存在」というときは、むしろたいていは本質的存在の意味において語られているのであります。「机の存在」と彼らがいうとき、「机がある」という意味において語られているのはむしろ稀で、たいていは「机である」という意味での机の存在が語られているのであります。ところで、「机である」という意味での机の存在は、永遠不変に机でなければなりません。「机である」は「机でない」に対立するがゆえに、机の「…である」という意味での存在が机であったりなかったりすることはできません。それゆえ「机である」という意味での机の存在は、生成、消滅、運動とは相容れません。生成し、消滅し、運動するものは、すなわち机であったり、なかったりするものは、机の「存在」(τὸ ὄν)とはいえないという意味において、机の「非存在」(τὸ μὴ ὄν)と呼ばれねばならないことになります。このことが、通常ギリシア人が生成、消滅、運動を「非存在」(τὸ μὴ ὄν)に結びつけ、「存在」(τὸ ὄν)といわれる限り、それは生成も消滅も変化もしないと考える最も主要な理由であります。

　これがまたプラトンをしてイデアを想定させた根拠のひとつでもあります。現象界における個物は、ヘラクレイトスの説くごとく、生成・消滅の不断の流れの中にあります。たとえば、この机は、破壊してしまえば机でなくなるし、組み立てればまた机となります。このように机であったり、なかったりするものは、机の存在とはいえないという意味において、机の非存在と見なされねばなりません。机の「…である」という意味での存在は「机でない」に対立するがゆえに、机であったりなかったりすることはできず、永遠不変に机でなければならないからであります。それゆえプラトンは、生成、消滅、変化する個々の机とは別のところに、机の存在を求めざるをえませんでした。彼は机それ自体を個々の机から引き離して、永遠不変のイデアとして英知界に設定しました。机それ自体は永遠に変わることなく、机であるからであります。したがってイデアとしての机が机の「存在」（τὸ ὄν）で、個物としての机は机の「非存在」（τὸ μὴ ὄν）であることになります。

知識論

またプラトンは、知識（ἐπιστήμη）はイデアに関してのみ可能であり、現象の可視的世界に関してはドクサ（δόξα）があるに過ぎないとしました。イデアは永遠不変の自体的存在であるのに対し、現象する個物の中には自体的といえるものは何もないからであります。現象するものは美しい物ではあっても、美それ自体ではありません。美それ自体の知であってはじめて美の知識（エピステーメ）と呼ばれうるのであります。知識（エピステーメ）といわれる以上、やはりそれは永遠に変わることのない知でなければなりません。それ自体の知であってはじめて、永遠不変の知でありうるのであります。美しい物は、ある点からは醜いかも知れないし、また時が経てば醜くもなるでありましょう。このように時と場所によって変化するような知はドクサとは呼ばれえても、エピステーメ（知識）と呼ばれるには値しないというのがプラトンの考えであります。したがってエピステーメ（知識）は存在（イデア）を対象とし、非存在（個物）を対象とする知はドクサでしかありません。

それゆえ知識（エピステーメ）は感覚（αἴσθησις）から得られるのではないとプラトンは説きました。感覚が提示するものは常に、この三角形、この人間、この机であって、決して三角形一般、人間一般、机一般ではないからであります。だが、三角形という概念はあらゆる三角形を包摂しており、決してこの二等辺三角形にのみ限定されるものではありません。人間という概念、机という概念に関しても、同様であります。換言するなら、感覚が提示するものは常に個物であって、普遍ではありません。だが三角形という概念はあらゆる三角形に該当する普遍です。こういった普遍は感覚によっては得られないとプラトンはいうのであります。また感覚は時と場所によって変化し、ああでもあれば、こうでもありえます。こういった知をエピステーメ（知識）と呼びえないことは前述の通りです。さらにまたわたしたちは「直」とか「等」といった概念を有していますが、これらも感覚から得られないこと、明白であります。紙に描かれたどのような直線も厳密には直線でないし（地球そのものが曲面ですから）、また二つの物体の等しさを厳密に測定することも不可能であります。それゆえ、プラトンによれば、エピステーメ（知識）はすべてイデアの直視から獲得されるのであって、感覚（アイステーシス）から得られるのではないのであります。

想起説

そもそもある対象が三角形とか人間とかに認知されるのは、三角形それ自体の知識、人間それ自体の知識が先行すればこそであるとプラトンは説きます。それゆえプラトンは対象の認識は感覚によって得られるのではなく、想起（ἀνάμνησις）によって得られると考えました。ある対象の感覚を契機にして、その対象のイデアが想起されるのであります。この特定の図形の知覚を契機にして、三角形のイデアが想起されるのであり、この特定の物体を見ることによって人間のイデアが想起されるのであります。こういった想起によってその図形が三角形であることが認知されるのであり、またこの物体が人間であることが認知されるのであります。またこの物が美しいということが、美のイデアが想起されることによって、認知されるのであります。このようにプラトンはすべての対象の認識をイデアの想起（アナムネーシス）によって説明しました。

分有説

ところで、現象する個物は、不完全ながらも、それぞれ一定の性質や本質を示しています。たとえば、この花は美それ自体ではないが、やはり美しい。この二等辺三角形も、二等辺という規定性を有してはいるが、やはり三角形であることに変わりありません。どのような悪党も、とても人間とはいえないような面を有しながらも、やはり人間であることに変わりはないのでありましょう。このように個物が不完全ながらもそれぞれ一定の性質や本質を示すのは、それらが本質そのものであるイデアを「分有する」（μετέχειν）ことによってであるとプラトンは説きました。個々のすべての人間が、それぞれ特定の規定性を有しながらもやはり人間であるのは、人間それ自体、人間のイデアを分有するがゆえなのであります。これをイデアの方からいうなら、イデアが個物に「臨在する」（παρεῖναι）ことによって個物はイデアと同じ本質をそれぞれの程度に応じて示すにいたるのであります。またプラトンはイデアを範型（παράδειγμα）とし、個物がそれを「模倣する」（μιμέομαι）とも表現しています。また分有に代えて、「分取する」（μεταλαμβάνειν）という表現もしばしば用いています。このようにプラトンは、離れて存在する一者たるイデアと個々の個物との関係を、分有（μέθεξις）とか模倣（μίμησις）、あるいは分取（μετάληψις）、臨在（παρουσία）といった概念によって説明しました。

魂の不死説

以上からプラトンの魂の不死説もまた容易に理解されるでありましょう。プラトンも、ピュタゴラス学徒と同様、魂の転生ということを信じています。ところで、プラトンによれば、対象が認知されるのはイデアが想起されることによってでありました。このことは、魂がかつてイデアを見たことのあることが前提とされることによってのみ可能であります。魂はこの現世においてイデアを見たはずはありません。現世、すなわち現象する世界には自体的といえるものは何もないからであります。それゆえ魂はこの身体に入ってくる前に、すなわち前世でイデアを見たのでなければならないこと、必然であります。魂はイデアの知識を持ってこの身体に入ってきたのであります。魂に前世がある以上、後世のあることもまた容易に推論されるでありましょう。魂は、身体が滅んでも、決して滅することはないのであります。魂にとって、この身体は一時の仮住いに過ぎないからであります。否、むしろプラトンにとっては、ピュタゴラス学徒やソクラテスにとってと同様、身体は魂を閉じ込めている墓なのであります（いわゆる σῶμα - σῆμα - theory）。墓である身体から解放されてはじめて魂はそれ本来の存在となるのであります。

哲学は死の準備である。

したがって魂の本来の生は死後にこそあります。ソクラテスやプラトンにとって哲学とはこの魂の本来の生に向けての準備でした。哲学的生の本来はイデアの観照にあります。永遠不変なイデアを見ることによってわたしたちは自らの魂に英知界の住人というその本来性を回復させねばなりません。そしてこそ魂は墓である身体から解放されて永遠不変の存在としてイデア界の住人となることができるのであります。それこそが哲学の目指すところであり、そういう意味において「哲学は死の準備である」というのがソクラテス、プラトンに共通する哲学観でした。プラトンの初期の対話篇『ソクラテスの弁明』、『クリトン』、『パイドン』は、死刑判決、投獄、処刑というようにソクラテスの一連の死への道行きを語った対話篇ですが、しかしそれがソクラテスの場合にはいつしか生への道行き、それもよりよい生への道行き、希望の道行きになっているというのがソクラテス・プラトン哲学の独特な点であります。哲学者の魂は死後浄福者の島へいき、そこでイデアを観照しつつ幸福に暮らすことになるというのがソクラテス、プラトンの信じて疑わないところでした。

善のイデア

プラトンによれば、それゆえ現象界の上には燦然と輝くイデアないしは形相の世界が存在します。プラトンは諸イデアの間に位階を考えたようであります。その細部については明らかでありませんが、イデアの最高位に彼は善のイデア（ἰδέα τἀγαθοῦ）を置きました。善のイデアないしは善の形相（εἶδος τἀγαθοῦ）が真理と認識の最高の原理であるとプラトンはいいます。「知られるものに真理を与え、知るものに知る力を与えるものを善のイデアであるといいたまえ」とプラトンは『国家』第六巻の中で語っています（508 E）。しかしプラトンはこの真理と知識の最高の原理である善のイデアが何であるかを積極的に規定することはできませんでした。彼はそれを現象界における太陽に当たるものとして、比喩的に語るにとどまっています。現象界において太陽があらゆる動植物を存在させ、またあらゆる物事を認知させるように、そのように善のイデアはイデア界にあって一切の存在者を存在させ、また認識させる「存在と知識の最高の原理」であるといいます。

弁証法

プラトンがかかる存在と知識の最高の原理である善のイデアにまで高まるための手段としたものが弁証法（διαλεκτική）であります。弁証法はソクラテスの対話（διάλογος）を厳密化し、学的方法にまで高めたものであって、ソクラテスの対話術同様、概念の分割と総合をその内容とします。ソクラテスの対話術においてはロゴス（論）が二つに分割され、二つに割れたロゴスの対立と競合によって十全な概念規定（定義）に到達することが目指されました。それと同様に、弁証法においては、概念が分割され、あるいは総合されることによって、十全な概念規定に達することが目指されるのであります。弁証法には、個々の概念を総合することによって普遍的な概念を目指す総合（συναγωγή）（上昇の道）と、一定の概念を分割してそれ以上分割しえない最下の概念にまでいたる分割（διαίρεσις）（下降の道）の二つの方向があります。この上昇と下降の二つの道を通って然るべき概念規定にまでいたらんとする概念の方法が弁証法（ディアレクティケー）であります。

プラトンは弁証法を特に数学の方法と対比させています。数学も思考（διάνοια）の学であり、存在を対象とします。数学者は可視的な図形を描いてそれに基づいて推理を行ないますが、もとより彼の真の対象は不可視的な四角形それ自体、三角形それ自体、直線それ自体であります。それゆえ数学の知が仮象の知、ドクサではなく、絶対に確実な永遠不変の知識（エピステーメ）であることは言を俟ちません。しかしプラトンは数学的な知をイデアの知識よりも一段低い段階にあるものとし、数学の対象をイデアと仮象の中間にあるものとしました。それは数学が形相の影像に過ぎない感性的なものの助けを借りるからであり、またそれが奇数や偶数、図形や角を、もはやそれ以上問うことのできないものとして仮定するからであります。これに反して、弁証法は善のイデアにいたるまであらゆる概念を廃棄して進む無仮定の原理であるといいます。弁証法にとってはいかなる概念も不動ではなく、さらに高揚するための踏石たるの役割を有するに過ぎないからであります。かくして、弁証法は一切の感性的なものを捨て去って、イデアからイデアへと転進し、イデアに終るのであります。直観は直観そのものをもはや問うことができないのに対し、概念はどのような概念もさらに問い、廃棄していくことができるからであります。

プラトンの構想する世界構造

かくして、プラトンの構想する世界は以下のような構造を有することになります。世界はまず英知界（νοητά）と可視的世界（ὁρατά, δοξαστά）に分けられます。前者は永遠不変の存在（τὸ ὄν）であり、後者は生成・消滅の支配する非存在（τὸ μὴ ὄν）であります。英知界はさらに真の弁証法の世界と仮定を原理とする数学ないしは技術の世界に分けられねばなりません。前者はイデアの世界であり、その頂点に存在と知識の最高の原理である善のイデア（ἰδέα τἀγαθοῦ）が輝きます。このイデア界に関してのみ、知（σοφία）あるいは知識（ἐπιστήμη）がありえます。数学に係わる知は悟性的な分別知、ディアノイア（διάνοια）であります。他方、可視的世界はさらに現象の世界と芸術や仮象の影の世界に分けられねばなりません。前者の知はドクサ（δόξα）ないしは所信（πίστις）であり、後者に関しては想像（εἰκασία）があるに過ぎません。

わたしたちが直接見るものは、それゆえ、非存在（τὸ μὴ ὄν）であり、存在の仮象なのであります。存在、イデアへの憧れが愛知すなわち哲学（φιλοσοφία）であります。プラトンも、ソクラテス同様、哲学をエロス（ἔρως）の行為として語りました。永遠不変の美への愛求、それが哲学（φιλοσοφία）なのであります。

洞窟の比喩

わたしたち人間の置かれた状況をプラトンは洞窟の比喩によって語っています（『国家』第七巻）。わたしたち人間は洞窟の奥に壁に向かって縛られて坐っている囚人にも等しいものであるといいます。背後にはローソクが立てられており、わたしたちの影を壁に映し出しています。わたしたちは自分の影を見て、それを真実だと思い込んでいるのであります。鎖でしっかりと縛られているために後ろを振り返ることができないからであります。この鎖を解いて洞窟の外に脱出する者が哲学者であります。外に脱出した者は強烈な太陽（善のイデア）の光線によって目を眩まされて最初は何も見分けることができないでありましょう。しかしやがて彼の目は明るさになれてきて、周囲を見分けることができるようになります。その結果、彼はすべてを認識し、それまでの自分の置かれていた状況を悟るにいたります。もし彼が真の哲学者なら、真実を仲間に告げ知らさねばならないという使命を感じるでありましょう。彼は再び洞窟の奥へとって返して仲間たちに真実を告げますが、人々は彼のいうことをもはや信じようとはしません。というのは、洞窟内の暗さのために今度は洞窟内を見分けることができなくなっており、彼の立ち居振舞は不様にならざるをえないからであります。世が哲学者を嘲り、疎んじるゆえんであります。

哲人王説

しかしプラトンは、鎖を解いて洞窟から脱出し、善の形相を見た者こそ、すなわち哲学者こそ、国家の指導者たるべきことを説きました。「哲学者が王となるか、王たる者が神の配剤によって哲学を学ぶにいたるかしない限り、国家の悲惨は救われない」（『第七書簡』326 A - B）というのがプラトンの信念でした。これを哲人王説（Philosopher - King - Theory）といいます。実際彼がこの信念をもってディオニュシオス二世の教育に当たろうとし、惨めな失敗を喫したことはプラトン自身が『第七書簡』において語るところであります。この痛ましい出来事は、現実に当面するとき、理想は必ず裏切られるということを示したものであり、プラトンの教説よりこの失敗の方がむしろ教訓的であります。

四基徳（vier Kardinaltugenden）

プラトンは国家を人間との類比において考察しています（『国家』第四巻）。人間は、頭によって代表される理性的部分（λογιστικόν）と、胸によって代表される気概的部分（θυμοειδές）と、下腹部によって代表される欲望的部分（ἐπιθυμητικόν）の三つの部分からできています。それと同様に、国家も統治階級と軍人階級と農・工・商人階級の三つの階級に分けられるといいます。統治階級の徳は知恵（σοφία）ないしは思慮（φρόνησις）であり、軍人階級の徳は勇気（ἀνδρεία）であり、農・工・商人階級の徳は節制（σωφροσύνη）であります。それぞれの階級が自己の徳を最もよく発揮することによってのみ、国家の安泰は保たれるとプラトンは考えました。それゆえ各階級がそれぞれの徳を最大限に発揮して全体がうまく調和するところに正義（δικαιοσύνη）があるとしました。知恵、勇気、節制、正義の四つをプラトンの四基徳といいます。このプラトンの四基徳が西洋の徳目の基本形となりました。

プラトンの国家

　したがってプラトンの構想する国家においては個人の自由は大幅に制限されねばならないのであって、無制限な民主政体は、僭主政体と同様、極端な政治形態と見なされています。プラトンの「民衆嫌い」ということがよくいわれますが、おそらくプラトンの偽らざるところだったのでありましょう。プラトニズムには明らかにある種のエリート主義があります。彼の構想する正義の国家は善の形相を見た少数の統治階級によって統治される寡頭政体であって、すべてはこの統治階級によって、然るべき位置に、然るべく位置づけられねばならないのであります。軍人は国家の防衛に、農・工・商人階級はそれぞれの職場において自己の本分を果さねばなりません。それぞれの領分を越えることは悪とされました。このように各部分が全体という理念のもとに有機的に統一された国家がプラトンのいう理想国であり、これは現実に存在した国家形態としてはナチス・ドイツ政権によって追求された国家形態に最も近いと批評した人もいます。しかし彼の国家論においては、善それ自体、善の形相を目指して秩序づけられているという点がポイントであって、それゆえにこそプラトンは、婦人の共有とか、国家管理による集団見合とか、不具に生まれついた子供たちの遺棄といった破天荒なことを語りながらも、それを少しも怪しまなかったのでありましょう。善それ自体に照らして秩序づけられている以上、すべては善であることになるからであります。それが善のイデアであれ、民族共同体であれ、何らかの至上目的を国家の上に置くとき、そこから構想される国家形態は必然的にこういった性格のものになるものであります。

デミウルゴス

ところで、イデアは永遠不変であり、生成することも、消滅することもありません。それゆえ宇宙生成においてもイデアそのものが創造されることはありません。世界はデミウルゴス（δημιουργός）が永遠不変の範型（παράδειγμα）であるイデアを見ながら、それに似せて作ったものであるといいます。ここにフッサールのいうイデア視（Ideation）の原型があります。イデア視の構造においてこそ、プラトニズムの超越的性格が鮮明に現れていることを見落としてはなりません。フッサール現象学は基本的にプラトニズムであります。少なくとも『イデーン』（I）までのフッサール哲学はそうであります。したがってわたしたちの住むこの世界は範型であるイデアの似像（εἰκών）であります。プラトンのいう宇宙形成の神はこのようにデミウルゴス（工匠）であって、キリスト教の神のごとき世界を無から創造する創造神ではありませんでした。プラトンは後期の対話篇『ティマイオス』において数学的な世界構成論を詳細に展開しています。しかしそこで展開されているプラトンの宇宙生成論は立体幾何学以外の何ものでもなく、ために『ティマイオス』はピュタゴラス学徒のピロラオスの著作の剽窃であると後世から揶揄されつづけることになりました。

プラトンの後期思想

イデア論は『国家』においてその頂点に達します。以上に見てきたイデア論思想は彼の前期から中期までに展開された思想であって、『国家』以降に書かれたと推定される『テアイテトス』や『パルメニデス』ではもはやイデア論は積極的に展開されていません。この後期から最晩年にいたるまでのプラトン哲学は『国家』においてその頂点に達する彼の前・中期の思想とはその趣を著しく異にしているのであります。このことは『テアイテトス』や『パルメニデス』が『国家』とはかなりの年代的隔たりをおいて書かれたことを推測させます。おそらくその間にプラトンは、アカデメイア内での議論も踏まえて、自らのイデア論思想に反省を加える機会を持ったのでありましょう。『テアイテトス』においてプラトンは知識とは何であるかをあらためて問い直し、『パルメニデス』ではイデア論そのものを再吟味し、その難点を自ら指摘しています。『テアイテトス』、『パルメニデス』、『ソピステス』、『政治家』、『ピレボス』、『ティマイオス』、『法律』など、彼の著作活動の後半期から最晩年にいたる時期に書かれたと推定される諸対話篇で展開されているプラトン思想は「プラトンの後期思想」として扱われるのが哲学史の慣行となっています。後期のプラトン思想は前・中期のそれとは異なり、批判的、吟味的、分析的であり、イデア論の再吟味という性格を有します。またその方法も一新され、分割（διαίρεσις）の弁証法が、前・中期の総合の弁証法に代わって、新たな探究の手段として前面に押し出されることになりました。

『テアイテトス』

『テアイテトス』でプラトンはあらためて知識とは何であるかを問い直しました。この問いに対して与えられる最初の定義は「知識は感覚（αἴσθησις）である」（151 E）というものであります。しかしこの定義はプロタゴラスの「万物の尺度は人間である」という人間尺度論を結果し、最終的にはヘラクレイトスの万物流転思想に結びつくものであるがゆえに、この定義によれば知識はああでもあればこうでもありうる変転極まりないものとなってしまうでありましょう。また聴覚や視覚といった個々の感覚は、それぞれ音や色は教えますが、その両者がひとつの対象において結びついているということまでは教えません。また音や色があるということも教えない。総じて、存在と非存在、類似と非類似、同一と相違、一と多などは聴覚や視覚や触覚といった個々の感覚によっては捉えられず、感覚を通して魂によってはじめて捉えられる「共通なるもの」(τὸ κοινόν)であります。かくして「知識は感覚である」という最初の定義は退けられねばならないことになります。

次に提出される定義は「知識は真なるドクサ(ἀληθὴς δόξα)である」(187 B)というものですが、この定義も十分でないことがただちに明らかとなります。なぜなら裁判官は、知識なしでも、すなわち事件を直接目撃していなくても、正しいドクサだけで正しい判決を下すことができるからであります。

そこで、この定義にロゴスを加えた「知識はロゴスを伴う真なるドクサ(ἀληθὴς δόξα μετὰ λόγου)である」(201 C - D)という規定が最終的な定義として提出されます。ここでロゴスというのは要素の組み合わせから生み出されるもので、構成要素そのものはロゴスを持たざるものであります。すなわち感覚の個々の対象は、名を有するだけで、まだ述語づけを有しません。それら要素の組み合わせによってはじめて述語づけが可能となり、文が成立します。そこで問題となることは、この文(ロゴス)の成立がすなわち知識の生成といえるかどうかということであります。これをプラトンは文字と綴の関係によって考察しています。綴は文字の組み合わせですが、それは単なる文字の集合を意味するに過ぎないか、あるいは文字が組み合わされたときに新しく生まれるひとつの統一体を意味するかであります。前者の場合には、要素である文字を知らぬ者がどうしてそれらの寄せ集めである綴を知ることができるでありましょうか。後者の場合には、綴それ自身が分割できない統一体とされるのですから、要素である文字と同じ性格のものであることになり、要素(文字)が知られないというのであれば、当然単一の統一体である綴も知られることはできません。したがって「知識はロゴスを伴う真なるドクサである」という第三の定義も、以上の難問によって、知識を定義するのに十分とは見なしえないことになります。かくして、知識の定義を目指した『テアイテトス』の諸々の試みによっても結局は明確な定義に達しないまま、プラトンはその議論を閉じています。

『パルメニデス』

次にプラトンは『パルメニデス』篇においてイデア論そのものを批判的に再吟味し、自らその難点を抽出しました。最初に彼はイデアを認める領域に関して吟味を加えています。どういったものにまでイデアは想定されるべきかというパルメニデスの問いに対して、ソクラテスは、類似、一、多、正義、美、善についてはイデアを躊躇なく認めていますが、人間や火や水に対しては狐疑を示し、毛髪や泥や汚物に対してはイデアを想定することを拒否しているのであります。これは、類関係が認められるところには必ずひとつの形相が認められた前・中期のイデア論思想に対する根本的な変更を意味するものであります。

次にイデアと個物の関係についても、以下のごとき難問が指摘されています。個物がイデアを分取するとする場合、個物はイデアの全体を分取するのか、それともその部分を分取するのかが問われねばなりません。前者だとするなら、イデアは多数の個物に内在することはできないし、後者だとするなら、イデアは多であって、一でないことになります。次に、イデアと個物の間にも類関係が生れるがゆえに、それらの間に別のイデアが想定されねばならないことになるという点も問題であります。パルメニデスのこういった難問の指摘に対して、ソクラテスはイデアを「観念的なもの」(νόημα)とすることによってこの難点を回避しようとします。しかしイデアが観念的なものだとするなら、それを分有する個物も観念的なものであることになり、個物が思惟するか、思惟しない思惟が存在することになるかであります。さらにまたイデアを範型とし、個物がそれを模倣するとしても、両者を似たものとする第三のものが想定されねばならないことになり、かくして無限にイデアが想定されていかねばならないことになるでありましょう。しかし以上の難問にもまして最大の難問とされるべきは、イデア論は不回避的にわたしたちを不可知論に導くということであります。なぜならわたしたちは形相の世界に住んでいるのではなく、現象の世界に住んでいるのだからであります。イデアと個物の関係に関する以上のような難問をプラトンはパルメニデスの口を借りて指摘していますが、これは離在的存在者（χωριστά）たるイデアが有する難点を自ら指摘したものであり、特に第二と第四の議論は後にアリストテレスによってなされた「第三の人間」の議論を先取りするものであります。

分割の弁証法

後期の弁証法は分割（διαίρεσις）の弁証法でした。これは一定の概念を種差にしたがって分割していき、それ以上分割しえない最下の種（ἄτμητον εἶδος）に到達し、そのことによって固有の定義を獲得せんとする方法であります。たとえば魚釣術の定義は、技術一般を次のように分割することによって、獲得されます。それは技術ではあるが、製作的な技術ではなく、獲得の技術であり、交換によって獲得する技術ではなく、捕獲の技術であり、しかも闘い取る捕獲の技術ではなく、狩猟による捕獲の技術であり、無生物ではなく、生物を、しかも歩行性の動物ではなく、遊泳性の動物を、それも鳥ではなく、魚を、網によってではなく、打って傷つけることによって、夜炬火によってではなく、昼間鉤で、それも銛で上から下へ突き刺すのではなく、釣針で下から上へつり上げる技術である。したがって「魚釣術とは水棲の動物である魚を昼間釣針によって下から上へ釣り上げる狩猟的な捕獲の獲得術である」（『ソピステス』221 B‐C）と定義することができます。

こういった概念分割の方法を駆使してプラトンはソピストを「いいくるめて人間を報酬を受けて狩猟

する者」とか、「学識の販売業者ないしは小売業者」とか、あるいは「論争して金儲けをする者」とか、「実物を真似て見せかけの像を作る一種のいかさま師」などと定義しています（『ソピステス』235 A）。ところで、見せかけの像を作るということは、実際にはそうでないのにそうであるかのように見せることであり、これは真実ではない何事かを語ること、端的にいえば、虚偽を語ることであります。しかし虚偽を語るということは、「あるものをない」といい、「ないものをある」ということであります。したがって虚偽を語るということは、非存在（ない）もある意味ではあることを前提としてはじめて可能になることであります。そこでプラトンはパルメニデスの「非存在は存在しないし、またそれは思惟されることも、語られることもできない」という存在のテーゼ（パルメニデス、断片B 2）を修正して、「非存在もある意味では存在するし、存在もある意味では存在しない」（『ソピステス』241 D）としました。憎きソピストを断罪するためにプラトンは彼自身ある種の印象をもって受け止めていたパルメニデスの存在のテーゼを一時棚上げにしたわけであります。哲学を犠牲にしてでも断罪しなければならなかったところにプラトンのソピストへの憎しみの深さが窺われます。しかしこのことは、存在をパルメニデスが捉えていた次元とは異なる次元で捉えることによってはじめて可能となることであります。すなわちパルメニデスが語った存在は現実的存在としての存在そのものであったのに対し、プラトンが非存在の可能性を認めた存在は本質的存在としての存在だったのであります。パルメニデスの哲学については第8講と第9講で講義しました。

一と不定の二

また後期のプラトンは、前・中期のようにイデアといった超越的原理によって一切を説明するのではなく、一と多ないしは不定の二（ἀόριστος δυάς）、あるいは限定と無限定といった内在的原理によって説明する傾向を示しています。『ピレボス』ではこういった見地からあらためて「善とは何か」が問われていますし、『法律』において構想されている国家も、『国家』において説かれたそれのような極端な理想国家ではなく、より実際に即した現実的な国家ないしは法でした。

このように後期のプラトン思想においては、批判的、分析的、現実的傾向が顕著であり、この方向性は次のアリストテレス哲学によってさらに推進されることになります。

以上、蛇足になったかもしれませんが、イデア論を中心にプラトン哲学を俯瞰しました。以上が「プラトン哲学」と世にいわれるものの概説ですが、これは、この講義の冒頭のところでも述べたように、アリストテレスにいわせればミュトス（神話）であり、詩的比喩を語るものでしかありません。しかしこのミュトス（神話）を軽く見てはならないのであり、このミュトスの下に超越の構造を持った主観性の哲学（プラトニズム）が厳然としてあり、そしてその超越の構造がヘブライズムのそれと合体して西洋形而上学を出現させたのであります。ニーチェにいわせればキリスト教は「世俗的プラトニズム」であります。プラトン哲学は、以上に述べたようなミュトス的な学説スタイルからは少し想像しにくいことですが、西洋の運命（ゲシック）ともいうべき強力な哲学なのであります。プラトニズムをハイデガーは「主観性の形而上学」（die Metaphysik der Subjektivität）と断じます。この「主観性の形而上学」（プラトニズム）が西洋近代世界を全体として下で支えている哲学なのであります。そしてこの西洋的原理が地球的規模で世界を覆いつくしつつあるというのが今日の世界情勢であり、存在に根ざすエートスのことごとくを破壊しつつ進行するアメリカ発のグローバリゼイションの意味なのであります。この主観性の形而上学（プラトニズム）の問題性を問うことこそ本講義の最重要課題であるとご理解ください。

コラム：プラトンの生涯と著作

プラトン（Platon 前四二七年－三四七年）は第88オリュンピア祭年の第一年目（前四二七年）のタルゲリオンの月（五月頃）にアテナイに生まれました。父アリストン（Ariston）および母ペリクティオーネ（Periktione）はどちらもアテナイの名門の出であります。特に母方の家系はアテナイにおいて幾人もの執政官を出した由緒ある家系であり、その系図はソロンの身内であり、友人でもあったドロピデス（Dropides 前五九三年執政官）にまでさかのぼるといわれます。30人執政官のひとりで、一時期最大の勢力を有する政治家となったクリティアスは彼の母の従兄弟にあたります。同じく30人執政官のひとりであったカルミデス（Charmides）は母の兄弟でした。それゆえプラトンはアテナイ有数の名門の家に生れたわけであり、このことが彼の哲学に及ぼしている影響は小さくないと考えられています。プラトニズムにはある種の貴族主義が内包されていますが、それがオックスフォードやケンブリッジでプラトンが偏愛されるゆえんなのでありましょう。兄弟としては、アデイマントス（Adeimantos）とグラウコン（Glaukon）という二人の兄があり、またポトーネ（Potone）という名の妹がいました。このポトーネの息子がアカデメイアの第二代目の学頭になったスペウシッポス（Speusippos 前三四七年－三三九年在任）であります。また母ペリクティオーネは、アリストン亡きあと、彼女の母方の叔父にあたるピュリランペス（Pyrilampes）と再婚し、一子アンティポン（Antiphon）をもうけています。

最初はヘラクレイトスの流れをくむ哲学者クラテュロス（Kratylos 前五世紀の後半活動）の哲学に親しんだようですが、彼が本格的に哲学に傾倒するようになったのは何といっても成年に達してソクラテスに師事するようになってからでありましょう。一説によれば、彼がソクラテスに学ぶようになったのは彼の20歳の時であったといわれます。しかしカルミデスやクリティアスがソクラテスと親しかったので、少年の頃からプラトンはソクラテスをよく知っていたものと思われます。ソクラテスという強力な人格との交わりは彼にとって宿命的でした。このことが彼のその後の人生を決定することになったのであります。

哲学に強く惹かれてはいましたが、プラトンも最初は政治家を志しました。これは彼の社会的ポジションからして当然の志望ということができます。ところが、当時の政治情勢はプラトンの理想と期待を裏切らずにいないものでありました。前四〇四年のペロポネソス戦争敗戦後のアテナイに誕生したクリティアスを中心とするいわゆる30人執政官の独裁政権によってなされた政治はまさに専制横暴な強圧政治であり、その恐怖政治を目のあたりにしたプラトンは政治に対して強い不信感を抱くようになりました。30人政権は一年余で民主派によって打倒されましたが（その時の戦でクリティアスもカルミデスも戦死した）、そのあおりを受けてソクラテスが民主派の政権下で刑死するにいたって、プラトンは遂に完全に政治に失望してしまったのであります。というより、政治の恐ろしさを実感し、そこから退避したというのが実際のところでありましょう。対話篇『国家』はプラトンの現実に果たせなかった政治への想いの哲学的表現であったとよくいわれます。いずれにせよ『国家』は大著になりました。

ソクラテスが死刑に処せられた時（前三九九年、プラトン28歳）、プラトンもアテナイを逃げ出しています。彼はメガラのエウクレイデスのもとに身を寄せ、そこにしばらく滞在しました。彼が生前のソクラテスの姿を鮮明に描き出そうという考えを抱懐するにいたったのはこのエウクレイデスのところにおいてであろうと想像されます。エウクレイデスと生前のソクラテスについて色々と思い出話をしたことが想像されるからであります。数年を旅の空で過ごした後、前三九五年（32歳）頃、彼はキュレネ、イタリア、エジプトなどを経由して、アテナイに帰還しました。このディオゲネス・ラエルティオスによって伝えられている報告は必ずしも確証あるものではありませんが、彼がエジプトやキュレネに旅行したことはほぼ確かなこととされています。もっとも、伝えられているキュレネ、エジプト旅行は別の機会になされたものかも知れません。したがってこの頃、すなわち32歳の頃からプラトンは対話篇の執筆活動に入ったものと思われます。この頃から40歳になるまでの数年の間にプラトンは彼のいわゆる前期の対話篇といわれるもののほぼすべてを集中的に書き上げたものと推測されています。

『小ヒッピアス』(Hippias minor)、『ラケス』(Laches)、『カルミデス』(Charmides)、『イオン』(Io)、『プロタゴラス』(Protagoras)、『エウテュプロン』(Euthyphro)、『ソクラテスの弁明』(Apologia Socratis)、『クリトン』(Crito)、『ゴルギアス』(Gorgias)、『メノン』(Meno)、『リュシス』(Lysis)などがこの時期に属すると推定される作品であります。

前三八七年(40歳)、プラトンはシケリア島のシュラクゥサイに旅行しました。シュラクゥサイを彼は結局合計三度訪問することになりますが、これがその第一回目の旅行であります。シュラクゥサイでは僭主ディオニュシオス一世(Dionysios I 前四〇五年 - 三六七年在位)の宮廷を訪れ、そこでディオン(Dion 前三五四年没)と知り合いました。ディオンは当時20歳ぐらい、ディオニュシオス一世の義弟であると共に娘婿でした。この出来事は20年後に実際にプラトンが政治に関与する遠因を作ることになります。さらにプラトンはそこからイタリアのタラスに渡り、ピュタゴラス派の数学者アルキュタス(Archytas 前四世紀の前半活躍)を訪問したと推定されます。当時そこにはアルキュタスの指導のもとにピュタゴラス派の人々によって学園が組織されていました。これをプラトンは視察したものと想像されます。

もっとも異説では、プラトンはシュラクゥサイの宮廷でディオニュシオス一世の不興を買い、スパルタの使節ポリスに渡されて、彼によってアイギナ島に置き去りにされ、そこで奴隷に売りに出されたとのことであります。友人のひとりであるキュレネのアンニケリスがそれを見つけて買い戻し、アテナイへ送り返したという話しがプルタルコスの『ディオン伝』(5)やディオゲネス・ラエルティオスの『ギリシア哲学者列伝』(III 18 - 21)に見られます。

アテナイへ帰り、プラトンはアカデメイアを創立しました。それゆえアカデメイアの創立は前三八七年から三八五年の間のことでありましょう。プラトンはこの時からのほぼ20年間、アカデメイアの基礎づくりに彼の全力を傾注しました。プラトンが特に意を用いたのはアカデメイアの経済的基盤の確立でした。その経済的基盤が強固であったために、アカデメイアは後五二九年に東ローマ帝国皇帝ユスティニアヌス一世(Justinianus I)の命によって閉鎖されるまでの約九一四年もの長きにわたってつづくこととなったのであります。これはかつて存在した大学の中で最も長くつづいた「大学」であり、現在にいたるもこれ以上の歴史を有する大学は存在しません(イタリアのボローニア大学がこの年数を若干越えたかも知れません)。アカデメイアに関する確かといえるような資料は何も伝えられていませんが、アカデメイアではプラトンは哲学や数学などを教授し、かつ研究したものと想像されます。特に数学を重視し、「幾何学を知らざる者、ここより中へは立ち入るべからず」と書かれた表札を学堂の玄関に掲げていたそうであります。

『メネクセノス』(Menexenus)、『エウテュデモス』(Euthydemus)、『クラテュロス』(Cratylus)、『饗宴』(Symposium)、『パイドン』(Phaedo)、『国家』(Respublica)、『パイドロス』(Phaedrus)などが中期のこの頃に書かれたと推定される対話篇であります。

前三六七年(60歳)、プラトンは再びシュラクゥサイを訪れました。これはディオンによってディオニュシオス二世（Dionysios II 前三六七年 - 三四三年在位）の教育を依頼されたためであります。かねてからプラトンは、「哲学者が王となるか、王たる者が哲学を学ぶかしない限り、国家の悲惨は救われない」（『第七書簡』326 A - B）という考えを抱いていましたので、ディオニュシオス二世の教育によって自らの考えを実現しうるかも知れないと考えたわけであります。だがプラトンの理想と情熱にもかかわらず、ディオニュシオス二世がまったく見込み違いの人物であったためにこの試みは成功しませんでした。またこの頃すでにディオンとディオニュシオス二世の仲も険悪化しており、プラトンが到着してから四ケ月目にディオンはシュラクゥサイから追放されてしまいました。プラトンも何らなすところなく、翌年アテナイに帰っています。

また前三六七年にはアリストテレスがアカデメイアに入学しています。当時17歳の若者でした。彼はプラトンが没するまでの20年間アカデメイアにとどまり、プラトンのもとで研鑽を積みました。非常に勤勉かつ優秀な学生で、プラトンは彼を「学園の知性（ヌース）」と呼んだほどであります。

前三六一年、プラトンは再び気を取り直してシュラクゥサイへ渡航しました。これは心を入れかえたディオニュシオス二世自身の求めとアルキュタスの再度の懇請によるためであります。それはまた亡命中のディオンの求めでもありました。しかし状況は前回より少しも改善されてはおらず、惨憺たるもので、教育どころのさわぎではありませんでした。たまたま給与問題から起こった傭兵たちの反乱に巻き込まれたりして、生命すら危ぶまれる状況でした。この時も結局プラトンは何らなすところなく、一年ほど滞在した後、アルキュタスなどの尽力によってシュラクゥサイを脱出し、アテナイに逃げ帰っています。この後ディオンはギリシアで兵を募り、前三五七年、シケリア島に反攻し、不意をついてシュラクゥサイを占領してディオニュシオス二世をイタリアに遁走させることに成功しますが、彼自身も同志のカリッポスの裏切りにあって、前三五四年に命を落としています。

前三六〇年以降、プラトンは再び著述活動に専心するようになったものと思われます。彼の後期の対話篇とされている一群の著作がこの時期から晩年にかけて執筆されたと想定されている作品であります。前述の二度にわたるシケリア旅行などもあって、後期の対話篇は前・中期のそれらからかなりの年代的隔たりをおいて執筆されたものと思われます。文体および思想に相当な変化が見られます。ここから後期の対話篇を偽作とする説がかつて唱えられたこともありますが、今日では文体統計法などの助けを借りて、それらが真作であることは疑いないものとなっています。また文体統計法は彼の著作の執筆年代を推定する上で大きな効果を発揮しました。

『テアイテトス』(Theaetetus)、『パルメニデス』(Parmenides)、『ソピステス』(Sophista)、『政治家』(Politicus)、『ピレボス』(Philebus)、『ティマイオス』(Timaeus)、『クリティアス』(Critias)、『法律』(Leges)、『第七書簡』(Epistola VII) などがプラトン後期の作品であります。

プラトンの作として伝わるこれら以外の対話篇、『アルキビアデス第一』(Alcibiades I)、『アルキビアデス第二』(Alcibiades II)、『ヒッパルコス』(Hipparchus)、『恋仇』(Amatores)、『テアゲス』(Theages)、『大ヒッピアス』(Hippias major)、『クレイトポン』(Clitopho)、『ミノス』(Minos)、『エピノミス』(Epinomis) は一般に偽作ないしは偽作の疑いありとされています。

前三四七年、プラトンは80歳の高齢をもって没しました。一説では書きながら死んだといわれています(キケロ『大カトー』5,13)。生涯独身でした。哲学に捧げた生涯となりました。アカデメイアの第二代目の学頭は甥のスペウシッポス (Speusippos 前三四七年 - 三三九年在任) によって継承されました。

第20講 アリストテレス（其の一）

本講から四回に分けてスタゲイラの哲学者アリストテレスと彼の哲学を講義します。本講では「アリストテレス」（其の一）として「哲学者アリストテレス」について論じます。次講（第21講）で形而上学関係の思想を、第三講（第22講）で自然学、第四講（第23講）で倫理学と制作術を取り上げます。これらの講義によってギリシアのパルテノンにもなぞらえられる西洋最大の哲学者アリストテレスの哲学をコンパクトに胸中に収めていただけばと思います。

哲学者アリストテレス

奇妙な哲学者、アリストテレス。アリストテレスはプラトンのアカデメイアで学んだ「近代人」であったにもかかわらず、なおギリシアのアルカイック時代の古い体質を色濃く残した「半近代人」であった。彼は田舎人の体質を宿した「語る構造主義者」とでも呼ぶべき哲学者であった。

ソクラテス、プラトンとは相反する伝統の上に立ちつづけた哲学者、アリストテレス。

アリストテレスはプラトンの弟子であり、『哲学史』においてはソクラテス、プラトンの学統上にある哲学者とされ、この連続線上で扱われるのが一般的ですが、実は彼はソクラテスやプラトンとはまったく異なる伝統の上に立った哲学者であり、その精神は両者とはまったく異なっていたといえば、意外とされるでしょうか。もちろん彼はアカデメイアに二〇年も在籍したプラトンの学生のひとりであり、そういった意味ではソクラテス、プラトンの学統に属する哲学者ということもできましょうが、彼はプラトンから最新の哲学上の学説やタームを学びながらもその精神を学ぶことはまったくなかったのであり、精神においては終始ソクラテス、プラトンのそれとは異なる、否、むしろ相反する伝統の上に立ちつづけた哲学者だったのであります。

ソクラテス、プラトンの哲学はピュタゴラス主義の系譜上にある哲学であり、ハイデガーの言葉を借りていえば「主観性の哲学」であります。それに反してアリストテレスの哲学はイオニア以来の自然哲学の伝統の中にあり、構造的な自然概念（ピュシス）の呪縛の中で思索された哲学なのであります。この自然概念（ピュシス）の呪縛の根源性に対する認識こそ、アリストテレスの思索をそれとして理解する鍵であります。アリストテレス哲学を単純にプラトン哲学の後継に位置づけて怪しまないこれまでの『哲学史』は、その発端からして、アリストテレス哲学を捉え損なっています。彼の哲学はプラトン哲学の発展ないしは変容の一形態ではないのであります。そう見られることをアリストテレス自身が明確に拒否しているではありませんか（次講の「アリストテレスのイデア論批判」を参照のこと）。彼の哲学は、その精神においては、自然概念（ピュシス）の根源層からの呼びかけに呼応したいわば「存在の思索」（Denken des Seins）であり、プラトンの理念的世界に向かう超越的志向性とはむしろ相反する志向性に基づく哲学なのであります。プラトンこそ、アリストテレスの論敵なのであります。この点を曖昧にしたのではアリストテレス哲学の本質は理解されないでありましょう。アリストテレスの心中深くに秘められていたであろうプラトン哲学との差異意識をそれとして取り出しうるかどうかに、アリストテレスをアリストテレスとして扱いうるかどうかが懸っているのであります。

　アリストテレスの自然学思想はソクラテス、プラトンを跳び越して前ソクラテス期の自然哲学に繋がるといわれます。特にエンペドクレスに繋がるといわれます。アリストテレスがエンペドクレスを高く評価していたことはよく知られた事実であります。こと自然学関係の思想に関しては、アリストテレスはプラトンから何も学びはしませんでした。もっとも「プラトンの自然学」なるものはないがゆえにこのことは当然とするも、宇宙生成論の分野においてもアリストテレスはプラトンから何の教示も受け取るところありませんでした。その分野においてもアリストテレスはプラトン哲学の精神を受け継ぐことはまったくなかったのであり、プラトンの数学的な宇宙生成論、たとえば『ティマイオス』に見られるそれにはむしろ強い反感を抱いていたようにすら思われます。イオニアの自然哲学者にとっては自然哲学の一分野である宇宙生成論ですら、プラトンのもとでは数学理論なのであります。プラトンの世界構成論は立体幾何学以外の何ものでもありません。どうしてあのような自然から遊離した抽象的、数学的世界構成論をアリストテレスが認可しえましょうか。ましてやプラトンが晩年ますますピュタゴラス的傾向、数学的傾向を強めるにいたっては、もはやアリストテレスがプラトンないしプラトン哲学を認可することは完全に不可能となりました。スペウシッポスやクセノクラテスの時代のアカデメイアにいたっては、論外であります。プラトンのイデア論をアリストテレスが終生批判しつづけたことは周知のことですが（『形而上学』第一巻、第九章。第十三巻、第四章、第五章、第六章、第七章、第八章、第九章を参照）、この傾向は晩年になればなるほどアリストテレス自身にとってもどうしようもないほどのものとなり、遂にはほとんど罵りのようなものになったのではと想像されます。『形而上学』第十三巻の論述の異様な冷たさに鈍感であってはなりません。そこでは「彼らアカデメイアの徒は」というように、アリストテレスはアカデメイアを完全に突き放しています。

ところで、主観性の哲学は都会人の哲学であります。当時のアテナイは極めて洗練された都会の啓蒙的状況下にあって、そのような状況下にあっては主観性が支配的にならずにいません。都市文化といわれるものは主観性のラディカルな自己表現以外の何ものでもないのであります。プラトン哲学はその学的表現であります。ところがアリストテレスはアテナイにあってなおギリシアのアルカイック時代の体質を色濃く残した田舎人であって、アルカイック時代以来の体質を払拭できなかったというか、むしろそういった体質に最後まで束縛され、拘束されつづけた哲学者であったように思われます。もちろん彼も都会人になるべく努力しました。むしろ必死に努力したというべきかも知れません。髪を短く刈り込んだり、派手な衣装に身を包んだり、指に幾つもの指輪を嵌めたりなど、かなり粋な出で立ちに努めた様子をディオゲネス・ラエルティオスとアイリアノスの以下の報告が伝えています。

ディオゲネス・ラエルティオス（『ギリシア哲学者列伝』V 1）

伝えられているところによれば、彼〔アリストテレス〕の下肢はか細く、眼は小さく、派手な衣服を纏い、指輪を嵌め、髪は短く刈り込んでいたといわれている。

アイリアノス（『ギリシア奇談集』III 19）

プラトンにはアリストテレスの生活態度も身に着ける服装も気に入らなかった。それはアリストテレスが服装にも履物にも凝り過ぎて、髪もまたプラトンの好みに合わぬ刈り方だったし、指輪を幾つも嵌めて、それを自慢していたからである。（松平、中務訳、岩波文庫）

しかしこれらは所詮外見でしかなく、こういった努力によっても魂まで都会風に染めることはできなかったようで、そういったことからくる苛立が遂に彼をして師のプラトンに対してあのような無礼な振る舞いに立ちいたらしめたのかも知れません。クセノクラテスの留守中にアリストテレスは仲間の一団と徒党を組んでアカデメイアに押しかけ、プラトンを、そこで彼が哲学的思索に耽るのを日課としていた柱廊から追い出し、占拠するという暴挙に出たという逸話をアイリアノスが伝えていますが、根拠のない作り話とばかりはいえないものを感じさせるのであります。少し長くなりますがアイリアノスの語るところをそのまま引用しておきます。

アイリアノス（『ギリシア奇談集』III 19）

ある時、クセノクラテスが帰省して不在のすきに、アリストテレスはポキス人ムナソンをはじめ自分の仲間の一団を引き連れて、プラトンに攻撃をかけた。この時スペウシッポスは病気でプラトンに同伴することができなかったが、プラトンは80歳になっており、高齢のために記憶力も衰えていた。そこでアリストテレスは卑怯な謀をめぐらせてプラトンに攻撃をかけたのだったが、敵愾心をむき出しにして、いうなれば詰問調の質問を次々に浴びせかけ、それは明らかに義にもとり、師恩を忘れた行動であった。こうしてプラトンは戸外での散策をやめて、自宅で弟子たちと歩きまわることになったのである。三ヶ月経ってクセノクラテスが旅行から帰ってみると、プラトンがいるはずの場所でアリストテレスが歩きまわっていた。見ていると、彼は弟子たちと一緒に柱廊を出てプラトンの家に戻るのではなく、自分だけで町の方へ向かっていくので、クセノクラテスは柱廊にいたひとりの男に「プラトンはどこにおいでか」と尋ねた。クセノクラテスとしては、プラトンが病気にでもなったかと思ったからであるが、男はこう答えた。「先生は病気ではありません。アリストテレスが先生を困らせて、柱廊から立ち退かせたので、ご自宅の庭にいて哲学を研究しておられるのです。」クセノクラテスはこれを聞くとすぐにプラトンのもとに駆けつけたが、プラトンは一座の人々と対話しているところであった。それは数も多く、いずれも立派な人たちで、青年たちの中でも第一級と目される人たちばかりであった。プラトンは対話を切り上げると、当然のことながら丁重にクセノクラテスに挨拶し、クセノクラテスも挨拶を返した。しかし集まりが解散すると、クセノクラテスはプラトンに一言もいわず、また聞きもせず、仲間を集めると、「アリストテレスに柱廊を譲ったとはけしからん」とスペウシッポスを激しく非難する一方、自らスタゲイラの男〔アリストテレス〕を攻め、激しく敵愾心を燃やして猛烈に迫った結果、遂に彼を追い出して、いつもの場所にプラトンを返してやったのであった。（松平、中務訳、岩波文庫）

近代的タームに包まれて現れた父祖伝来の集合的無意識「ピュシス」

プラトンと異なり、アリストテレスは明らかに田舎人の体質を色濃く残した哲学者であります。アリストテレスが田舎の出であることは彼の故郷の町スタゲイラ・アンティーカが雄弁に物語っています。マケドニアそのものが、当時軍事的強国として台頭著しくはありましたが、文化的洗練さという見地から見れば、相変わらずギリシア北方の一辺境でしかなく、スタゲイラはその中の一カントリー・タウンでしかありません。マケドニアの首都ペラの遺跡そのものが、ギリシア中央部の遺跡はいうに及ばず、イオニア地方や南部イタリアおよびシケリア地域の遺跡に比してすら、見劣りすることは否定すべくもないでありましょう。カルキディケー地方はいってみれば「ギリシアの丹後半島」とでもいうべき地域であって、その状況は今日もそれほど変わっていません。スタゲイラ・アンティーカの少し南にあるウラノポリはこの浮世の最後の町であり、それより南は今日においてもなお水も電気も通わぬ秘境中の秘境、アトスであります。彼が一時期身を寄せたエーゲ海対岸のアッソスは今日においてもなお古代の田舎町そのものの佇まいであることに論者は驚かされました。イスラム教会のミナレットの尖塔を除けば、おそらくその佇まいは当時のそれとそれほど異ならず、街角から不意にアリストテレスが出てきても人は驚かないでありましょう。風土こそ人間の精神を根底から規定している何ものかであるとするなら、アリストテレスが生まれ育ったカルキディケー地方一帯の風土はアリストテレスという哲学者がどういう体質の人物であったかを語って余りあるようにわたしには思われました。そしてそのことは同時に彼の哲学の性格を示唆して余りあるようにも思われます。哲学者とその思想が生まれ育ったその現場に立つことは哲学研究にとっても決して無駄でないと、わたしは古代スタゲイラの遺跡に立って強く確信した次第であります。

　ちなみに、アリストテレスの故郷のスタゲイラは今日の町スタゲイラとは異なります。今日のスタゲイラは沿岸から数キロほど入った内陸地にありますが、古代都市スタゲイラの遺跡は今日の海岸沿いの町オリュンピアダの少し南の半島部にあります。最近その古代スタゲイラでアリストテレスの墓が発見されたとの報告がありました。

　しかしアリストテレスの哲学的タームはすこぶる「近代的」であります。その都会的洗練性はプラトンのそれをすら凌駕するものがあります。原因、原理、元素、実体、本質、付帯性、形相、質料、可能性、現実性、運動などといったタームは、そのまま今日の哲学研究においても通用します。否、むしろ不可欠であります。アリストテレス哲学のタームはおよそ古代色といったものから懸け離れているのであります。にもかかわらず、彼の魂は依然としてアルカイック時代のそれなのであり、その精神はギリシア民族がその発祥以来持ちつづけた一定の固定観念に呪縛されたままなのであります。わたしたちはアリストテレスの自然哲学において近代的タームに包まれて現れた父祖伝来の集合的無意識「自然」

のギリシア版（ピュシス）を見るのであります。いってみれば、ここに典型的な「縄魂弥才」（梅原猛）のギリシア版といったものが見られるのであって、アリストテレスの近代的な装いをまとった哲学的タームはその精神と必ずしも一致していなかったのであります。むしろ両者は原理的に異なっていたように思われます。彼の論述の過度の散文性は精神と学説のこの乖離の結果だったのではないでしょうか。彼は沸々と湧き上がる想いを秘めて、学説を冷静に書き記したのであります。記述が過度に散文調であることは逆にそこに何かが秘められていることを物語っていないでしょうか。冷静さは気力の欠如を意味しません。それはしばしば深く沈潜した歴史的情熱の表現形式のひとつでありえます。アプロディシアスのアレクサンドロスやシンプリキオスなど、キリスト教の台頭とその世界支配が完成しつつあった古代末期から中世の黎明期の過渡期に生きた注釈家たちのあの膨大なアリストテレス注釈の仕事を見ていただきたい。彼らの仕事は亡びゆく古代精神の無言の抵抗ともいえると思いますが、冷静に遂行されたあれら膨大な仕事の内に秘められた歴史的情熱を感じぬ人がありましょうか。

一般に田舎人は前意識的な構造主義者ですが、アリストテレスもその例外でなかったようであります。ただアリストテレスは田舎人のような「沈黙せる構造主義者」ではなく、プラトンのアカデメイアで学ぶことによって語る術を得た「語る構造主義者」でした。しかし大理石の上で生まれ、一生の大半を大理石を敷き詰めた「都会」で過ごしたプラトンと同じ哲学、同じ思想を語ることはアリストテレスにはできなかったのであります。「アリストテレスは子馬が母馬を蹴飛ばすようにわたしを蹴飛ばしていってしまった」とプラトンはいったという記事が『ディオゲネス・ラエルティオス』に見られますが（ディオゲネス・ラエルティオス『ギリシア哲学者列伝』V 2）、プラトンの肉声を伝えているのではないでしょうか。アカデメイアにおいてアリストテレスがいかに優秀であったにせよ、また他の学友からもそう認められていたにしても、アリストテレスがアカデメイアを継承し、プラトンの後継となることの原則ありえなかったことが確認されます。精神を異にする者が学派を継ぐことを人は許さぬでありましょう。おそらくアリストテレスは当初からプラトンとの体質的な違い、精神の違い、血筋の違いといったものを意識していたに違いありません。それを意識しながらも自らを秘して二〇年間も彼はプラトンのもとで学びつづけたのであります。プラトンから「学園のヌース（知性）」とまで呼ばれ、その優秀さを褒められています。自らの信念を秘め二〇年間も隠忍努力し、師の称賛まで得たアリストテレスという人物の不気味さを感じないではおれません。この隠忍さ、我慢強さこそ、アリストテレスが田舎人の体質を有する人物であったことの何よりの証拠なのであります。アリストテレスにあの膨大な仕事をなし遂げさせたゆえんのものは、まさにこの田舎人の秘めた体質ではなかったかと推測されます。アリストテレスのあの冷静な記述の中に秘められた執念を見ることは邪道でしょうか。哲学は執念の学であり、執念と化していないようなものは哲学として遇するに値しません。哲学に政治的な妥協などありようもありません。

コラム：アリストテレスの生涯と著作

修業時代

アリストテレスは紀元前三八四年にギリシア北方、カルキディケー地方の小都市スタゲイラに生まれました。彼の父ニコマコス（Nikomachos）はマケドニア王アミュンタス（Amyntas 前三九三年－三七〇年在位）の侍医であったといわれています。医者の家庭に生れたことは彼の知的形成に影響するところ大であったであろうと推測されます。経験、観察を重視する彼の実証的な学問的傾向はこういったところに起因していると考えられるからであります。両親を早くに亡くしたので親戚に引きとられ、またプロクセノスという人物が少年アリストテレスの教育的面倒を見たと伝えられています。

前三六七年、17歳の時、アリストテレスはアテナイに出て、プラトンのアカデメイアに入学しました。ギリシア随一の大学、アカデメイアでアリストテレスは哲学を学ぶ機会を得たわけであり、このことが西洋最大の哲学者を生み出す発端になったのであります。前三四七年にプラトンが没するまでの20年間、彼はプラトンの指導のもとに充実した研究生活を送ったものと想像されます。熱心かつ優秀な学生で、プラトンは彼のことを「学園の知性（ヌース）」と呼んだとのことは本文中でも言及しました。また一説ではアカデメイア所蔵の図書を全部読んでしまったとのことで、学友たちから「読書家」と渾名されていました。しかし、やがて明らかになりますが、アリストテレスはプラトンとは根本的に異なる体質を有する哲学者でした。そのことが次第に明らかとなり、アカデメイア在学中にもプラトンとアリストテレスの間になにがしか葛藤が生じるようなことがあったようであります。そういった確執のひとつをアイリアノスが伝えていることについても本論で言及しました（『ギリシア奇談集』Ⅲ 19）。また「アリストテレスは子馬が母馬を蹴飛ばすようにわたしを蹴飛ばしていってしまった」とプラトンはいったという記事が『ディオゲネス・ラエルティオス』に見られますが（ディオゲネス・ラエルティオス『ギリシア哲学者列伝』Ⅴ 2）、『形而上学』などにおいて見られるアリストテレスのプラトン批判の執拗さを思うとき、これはプラトンの肉声だったのではとも考えられます。しかし、いずれにせよ、アリストテレスはプラトンのもとで20年もの長きにわたって学びました。このアカデメイア就学の時期をイエーガーは「アリストテレスの修業時代」と呼んでいます。

その死が突然であったこともあって、誰を後継者とするかプラトンは決定していませんでした。当時アカデメイアではアリストテレスとクセノクラテス（Xenokrates 前三九六年－三一四年）とスペウシッポス（Speusippos 前三九五年－三三九年）の三者が特に秀才の誉れが高く、この三者の内のいずれかがプラトンの後を継ぐものと目されておりました。結局プラトンの甥にあたるスペウシッポスが二代目のアカデメイア学頭となるにいたって、アリストテレスとクセノクラテスはアカデメイアを去ったのであります。クセノクラテスはその後アカデメイアに復帰し、スペウシッポス亡き後の第三代目のアカデメイア学頭となっています。アリストテレスがアカデメイアに復帰することはありませんでした。

最初はミュシアのアタルネオスの支配者にして同学のヘルミアス（Hermias 前三四一年没）の招きに応じて、小アジアのアッソスに身を寄せました。そこでヘルミアスの姪とも養女とも妹ともいわれているピュティアス（Pythias）という婦人と結婚しています。3年そこに滞在した後、レスボス島のミュティレネーに移住しました。それはヘルミアスがペルシアの奸策にかかって横死したためであります。アリストテレスの海洋生物に関する研究はこの海辺の町ミュティレネーに滞在していた時のものであろうと推測されています。実際に見分したのでなければとても書けないような記述が彼の海洋生物の研究には見られるからであります。ピュティアスの死後、彼はヘルピリスという婦人を内妻とし、一子ニコマコス（Nikomachos）を得ております。このニコマコスがアリストテレスのあの有名な倫理学書『ニコマコス倫理学』を編纂したニコマコスその人であります。

前三四二年、アリストテレスは、当時14歳のマケドニアの王子アレクサンドロス（Alexandros 前三五六年－三二三年）の教育掛りとして、マケドニア王フィリッポス（Philippos 前三八二年－三三六年）によってマケドニア宮廷に招聘されました。この教育は少なくともアレクサンドロスが外征中のフィリッポス王を代行する摂政の任に就いた前三四〇年頃まではつづけられたものと思われます。前三三六年、フィリッポスが暗殺され、王子アレクサンドロスがマケドニアの王位を継承しました。彼は全ギリシアを平定した後、アンピポリスに全ギリシア軍を召集し、ただちに東方への遠征に出発しています。遠くインダス河にまで達したアレクサンドロスのあの大遠征であります。この二人の世界史的な人物の出会いはわたしたちの想像を駆り立てますが、このことに関する確かといえるような資料は、二三の逸話の類を別にすれば、残念ながら何も伝わっていません。アカデメイアを出てからこれまでの時期を「アリストテレスの遍歴時代」（イエーガー）といいます。

学頭時代

アレクサンドロスが東征に出発した前三三四年、アリストテレスもマケドニア宮廷を去ってアテナイに帰還し、アテナイ郊外のリュケイオン（Lykeion）に彼自身の学園を創設しました。いわゆる「学頭時代」の始まりであります。大王アレクサンドロスやマケドニアの駐アテナイ総督アンティパトロスの後援などもあって、リュケイオンの学園はアカデメイアを凌ぐ規模の一大教育研究機関に発展しました。彼はここで多くの資料を収集し、多くの研究者を集め、彼らの仕事を統括することによって、さまざまな研究領域にまたがった未曽有の研究を遂行したのであります。今日にいうプロジェクト研究のようなことを行ったと想像されます。彼の学派は「ペリパトス派」（逍遥学派）と呼ばれます。それは彼が上級の学生に対して散歩しながら講義したところからきています。「ペリパテイン」（περιπατεῖν）というのは「散歩する」というほどの意味だからであります。

前三二三年のアレクサンドロス大王の死に伴い、アテナイにも反マケドニア運動の火の手が燃え上がりました。攻撃はマケドニアに関係を持つあらゆる人々に及び、アリストテレスの身も危険となりました。アリストテレスはソクラテスのような殉教者にはなりませんでした。「アテナイが哲学に対して再び罪を犯すことがないように」（アイリアノス『ギリシア奇談集』Ⅲ 36）といって、彼は母の出身地であるエウボイア島のカルキスに去っています。しかしその翌年の前三二二年にそこで病を得て没しました。享年62歳でした。二代目のリュケイオンの学頭は彼の積年の友であり、協力者でもあったテオプラストス（Theophrastos 前三七二年頃 - 二八八年頃）によって継承されました。

著　作

アリストテレスの著作は『アリストテレス著作集』（Corpus Aristotelicum）の形で今日に伝えられています。これはロドスの人、アンドロニコス（Andronicus 前一世紀の人）によって前一世紀の後半に編纂されたもので、次のような著作を含みます。

㈠ 論理学関係。『範疇論』（Categoriae）、『命題論』（De Interpretatione）、『分析論前書』（Analytica priora）、『分析論後書』（Analytica posteriora）、『トピカ』（Topica）、『詭弁論駁論』（De Sophisticis elenchis）。

㈡ 自然学関係。『自然学』（Physica）、『天体論』（De Caelo）、『生成消滅論』（De Generatione et Corruptione）、『気象論』（Meteologica）、『宇宙論』（De Mundo）、『デ・アニマ』（De Anima）、『自然学小論集』（Parva naturalia）、『気息について』（De Spiritu）、『動物誌』（De Historia Animalium）、『動物部分論』（De Partibus Animalium）、『動物運動論』（De Motu Animalium）、『動物進行論』（De Incessu Animalium）、『動物発生論』（De Generatione Animalium）、『小品集』（Opuscula）。

㈢ 形而上学関係。『形而上学』（Metaphysica）十四巻。

(四) 実践学関係。『ニコマコス倫理学』（Ethica Nicomachea）、『大道徳学』（Magna Moralia）、『エウデモス倫理学』（Ethica Eudemia）、『徳と悪徳について』（De Virtutibus et Vitiis）、『政治学』（Politica）、『経済学』（Oeconomica）。

(五) 制作術関係。『弁論術』（Rhetorica）、『アレクサンドロスに贈る弁論術』（De Rhetorica ad Alexandrum）、『詩学』（De Poetica）。

またこの他に、リュケイオンの学園の総合研究の成果の一端を示すものとして、十九世紀の末にエジプトの砂漠の中から発見された『アテナイ人の国制』（Athenientis Respublica）があります。この書も今日では『アリストテレス著作集』の中に収められています。

これらの書は、そのほとんどが研究論文や講義のために作成された準備草稿、ないしはアリストテレスの講義を弟子たちが筆記した講義ノートの類であり、一般読者を念頭にしてアリストテレス自身が生前に公刊したいわゆる「公開的著作」（οἱ ἐξωτερικοὶ λόγοι）ではありません。またこの中には後世の偽作やペリパトス派内の研究によるものも多数含まれます。

ディオゲネス・ラエルティオスの『ギリシア哲学者列伝』の著作目録の中に見られる最初の19篇がアリストテレスの生前に公刊された公開的著作であろうと推測されていますが、そのすべてが散失してしまっていて、そのうち今日ではただわずかに『エウデモス、ないしは魂について』（Εὔδημος, ἢ περὶ ψυχῆς）と『哲学について』（Περὶ φιλοσοφίας）と『プロトレプティコス（哲学の勧め）』（Προτρεπτικός）の三篇の断片を残すのみであります。これらはすべてまだ彼がアカデメイアに在学していた初期にプラトンに倣って対話篇の形で書かれたものであろうと推測されています。キケロが目にしていたアリストテレスの著作はこれらの書でありましょう。キケロによればこれらは大変な美文で書かれていたとのことで、キケロはアリストテレスの文体を「黄金をなす弁舌の流れ」（flumen orationis aureum）と形容しています（Cicero, Academica II 38, 119）。今日に伝承されているアリストテレスの著作の文体が無味乾燥といってよいような散文調でしかないことを思うとき、これらの著作の喪失がとりわけ残念に思われます。それらが現存していればわたしたちはアリストテレスについて別の印象を持ったかも知れません。

著作の伝承

アリストテレスの著作の伝承の経緯については次のようなやや伝説風の報告がプルタルコスとストラボンによってなされています（プルタルコス『スッラ伝』26, 1-2、ストラボン『地理書』XIII. 1. 54, p.608)。

前三二三年のアレクサンドロスの死に伴ってアテナイに勃発した反マケドニア蜂起のためアリストテレスは学園の指導と彼の厖大な原稿や草稿の類を彼の弟子でありまた積年の友でもあったテオプラストトスに託してカルキスに去りました。テオプラストスはもちろんそれらを学派の創始者の典拠として大切に保存しましたが、やがて彼も死期を迎え、それらを自らの草稿と共に弟子のネレウスに託します。ネレウスは晩年彼の故郷であった小アジアのスケプシスに帰りますが、余程心配であったのか、アリストテレスの草稿を余人に託すことができず、彼はそれをスケプシスに持ち帰り、大切に保存しました。ネレウスの死後、当然それらはその子孫に託されることになりますが、彼の子孫はそれらを穴蔵に隠しました。それは時のペルガモン王エウメネス二世がペルガモンに新設された図書館の蔵書を増やすため血眼で図書を漁っていたからであります。しかしやがて穴蔵に隠されたそれらの蔵書のことは忘れられ、ほぼ一五〇年が経過します。図書は腐食し、失われる寸前となっていました。

しかし幸いなことに、前一〇〇年ごろ、偶然にもその近くを通りかかったテオス出身の商人、アペイリコンによって発見され、買い取られてアテナイに運ばれます。ところがそこにスッラ（前一三八－七八年）麾下のローマ軍が侵攻してきて、アテナイは攻略されます。アテナイに火がかけられ、アペイリコンの屋敷にあったアリストテレスの草稿の類もそれと共に失われる危機に直面しますが、灰燼に帰す直前、そこに踏み込んだローマ軍の一将校によって発見され、スッラに注進されます。スッラはすぐその価値に気づき、保護すると共にそれらを戦利品としてローマに持ち帰りました。最初ペリパトス派の文法家テュラニオンに託され、テュラニオンによって最初の簡単な整理と編纂が行われましたが、最終的にそれらの草稿はリュケイオンの最後の学頭といわれるロドスの人アンドロニコス（Andronicus Rhodius）の手に渡り、彼によって前六〇～五〇年の間にほぼ今日見られるような形に編纂され、そのようにしてアリストテレス没後三〇〇年近く経過して『アリストテレス著作集』（Corpus Aristotelicum）が成立したというのであります。まさに奇跡としかいいようのない話であります。

第21講 アリストテレス（其の二）

学説

アリストテレスが遺した研究は厖大であり、ここでそのすべてを仔細に検討することはできません。本講義では彼の遺した研究から、形而上学関係、自然学関係、倫理学関係、製作術関係の主要概念を概観し、その思想について若干のことを指摘するにとどめざるをえません。

アリストテレスの学問分類

アリストテレスは広い意味での哲学（φιλοσοφία）ないしは学問（ἐπιστήμη）を人間の基本的営為に基づいて区分しています。人間の基本的営為は「見る」（θεωρεῖν）、「為す」（πράττειν）、「作る」（ποιεῖν）であります。すなわち観照（θεωρία）、実践（πρᾶξις）、制作（ποίησις）が人間の基本的営為であり、したがってこれらのそれぞれに学的探究があると彼はいいます。観照（考察）に係わる学は理論的学（θεωρητική）であり、実践に係わる学は実践的学（πρακτική）であり、制作に係わる学は制作的学

（ποιητική）であります。そして理論的学はさらに「離れてあり、かつ不動であるもの」を対象とする学と「離れてはあるが、変化するもの」を対象とする学と「不変ではあるが、離れては存しないもの」を対象とする学に区別されます。第一は神学（θεολογική）ないしは第一哲学（πρώτη φιλοσοφία）、あるいは単純に知恵（σοφία）と呼ばれるものであり、第二は自然学（φυσική）、第三は数学（μαθηματική）であります。論理学（λογική）は、これらの学を遂行する上で必要とされる思考を整えるための道具という観点から、この学問体系の外に置かれます。ヘーゲルが論理学を予備学（Propädeutik）と呼ぶとき、論理学のこのアリストテレス以来の位置づけが念頭に置かれていたのでありましょう。

以下ではアリストテレスの学説を形而上学、自然学、実践学、制作術の順に展望します。

形而上学

㈠ アリストテレスのイデア論批判

> イデア論に対するアリストテレスの不信感。それはアリストテレス精神の根幹に係わる根深いものであった。われわれはここに理念的世界に対する構造概念（ピュシス）の虚的ではあるが執拗なリアクションを見ることができる。言い換えれば、主観性の哲学に対する存在の哲学のリアクションを見ることができる。

プラトンとアリストテレスの関係性を、イデア論思想に対するアリストテレスの批判に焦点を当てて、再度確認しておきたいと思います。

哲学の使命はウシア（実体、実有）を説明することにこそある。

アリストテレスの「形相」はプラトンの「イデア」とは異なります。それは自然学的原理と化されたイデアともいえます。アリストテレスはプラトンの超越的イデアを自然にまで引き降ろすことによってやっと安堵することができました。アリストテレスはプラトンのイデア論思想に対して『形而上学』の中で23ヶ条にわたって執拗な攻撃を加えていますが（『形而上学』第一巻、第九章参照）、そのの批判のポイントは、要するに、プラトンのイデアは「離れている」（χωρίς）という点にあります。何から離れているのか。自然（ピュシス）から離れているのであります。存在から切れているのであります。そして自然（ピュシス）から切れているという、もうそれだけでアリストテレスにとっては非難されて然るべきなのであります。

> **アリストテレス**（『形而上学』Α 9. 991 b 1）
> ある事物の実体がこの当の事物から離れて存在しているということはありえないことと思われる。どうしてある事物の形相がその事物の実体でありながら、この事物から離れて存在しうるというのか。

またイデアは運動（κίνησις）に対する何らの説明原理ともなりえていないとアリストテレスは非難します。したがって無意味であると。アリストテレス的観点からすれば、運動性はまさに自然性そのものであるがゆえに、運動を説明しえないような原理は自然とも係わりなく、したがってレアリティーを有さず、空しいのであります。プラトン哲学は、その大仰な出で立ちにもかかわらず、空語をなすものでしかないというのがアリストテレスのプラトン評であり、プラトン哲学に対するアリストテレスの総括であります。

アリストテレス（『形而上学』A 9. 991 a 20）

形相は範型であり、他の事物はこれに与ると語られているが、こう語ることは空語をなすものであり、詩的比喩を語ることに他ならない。

哲学の使命はウシア（実体、実有）を説明することにこそあるというのがアリストテレスの終生変わらぬ哲学的信念でした。これを言い換えるなら、哲学はあくまでも存在の学でなければならないというのがアリストテレスの変わらぬ信念だったということであります。

アリストテレス（『形而上学』Z 1. 1028 b 2）

それゆえ実に、あの古くから、今もなお、また常に永遠に問い求められており、また常に難問に逢着するところの「存在とは何か」という問題は、帰するところ、「ウシア（実体）とは何か」という問題である。

彼のいうウシア（実体）とは自然存在のウシア（実有）であります。自然から遊離したイデアのごときものはアリストテレスにとっては抽象物以外の何ものでもないのであって、イデアおよび正多面体といった幾何学的立体によるプラトン流の世界構築は存在から遊離した抽象的原理による抽象的構築物でしかないのであります。そのようなものは仮構に過ぎず、ウシア（実体、実有）とは何の関係もありません。言い換えれば、実在とは何の係わりもありません。プラトンのイデア論思想にアリストテレスが空しさしか感じなかったゆえんでありましょう。当然彼は哲学そのものを空しい行為としてしまいかねないそういった抽象理論に対しては繰り返し批判を加えねばなりませんでした。自然存在以外のどこにもウシア（実体）を見出しえなかったところに、良くも悪くも、アリストテレス哲学の運命（ゲシック）がありました。

存在のリコール

プラトンのイデア論思想に対するアリストテレスの批判において注目すべきは、その論理よりも、その執拗さ、その執念深さ、その徹底性であります。自らをなおプラトン学徒と自認していた前期においても、それからきっぱりと訣別した後期においても、アリストテレスのイデア論思想に対する憤激は一貫しており、変わることがありませんでした。これはもはや論理ではないのであります。論理以前のある憤懣が彼を突き動かしていたのであって、その正体は φυ- という語根の姿を取って現れた潜在的な集合的無意識「自然」（ピュシス）であります。したがってプラトンの理念化された世界に対するアリストテレスの執拗な攻撃は、潜在的な集合的無意識となってアリストテレスを根源層から突き動かしていた自然概念（ピュシス）の自己への呼び戻しということができるでありましょう。「生活世界」（Lebenswelt）の自己への呼び戻し、リコールであります。ところで集合的無意識は個体性を越えたある心的エネルギーであります。したがって彼の憤激もある種「正義」の様相を帯び、個人的憤慨の域を越えた「義憤」となります。そこに彼の遊離した理念的世界に対する批判の徹底性と執拗さのゆえんがあるのであって、理念化されればされるほど、言い換えれば、自然から離れれば離れるほど、呼び戻されねばならないのであります。

彼の批判の執拗さはそのまま「生活世界」（Lebenswelt）、集合的無意識の呼び戻しの強度を示しており、その強度はプラトンの理念化の程度、その遊離の度合いを物語っています。プラトンは高く飛翔しました。それゆえアリストテレスは彼をそれだけ強く非難しなければなりませんでした。かつてイタリアの諸都市がピュタゴラス派を徹底的に迫害しなければならなかったように。イタリアにおけるピュタゴラス派に対する迫害においても、またアリストテレスのプラトン批判においても、わたしたちが見るものは同種の現象であり、それは主観性の哲学に対する存在（構造的自然概念）からの呼び戻し、存在のリコールなのであります。ここでもまた存在（Sein）と主観性（Subjektivität）が対立していたのであります。否、むしろ存在が主観性を執拗に否定していたといった方が適切でありましょう。プラトンに対するアリストテレスの攻撃ほどこの両原理の対立の根本性をわたしたちに印象づける現象は他に例がないといって過言でありません。プラトンとアリストテレスを同じ発展系の延長線上で捉えるこれまでの『哲学史』の扱いは、このまたとない歴史的現象を捉え損なう行為以外の何ものでもないのであります。アリストテレスのプラトン理解においてもまた、わたしたちはこれまでの『哲学史』を脱構築しなければなりません。

否定性そのものの噴出

したがってアリストテレスの「論理」に、アリストテレスをしてあれほどにも執拗にプラトン哲学を否定させた根拠を求めるのは筋違いといわねばなりません。ヴラストスやオーエンなど、アメリカの分析派の人々のアリストテレスの論理分析、たとえば「第三人間論」のそれは[注1]、たしかにそれはわたしたちにアリストテレス的議論の論理構造に対する明快な認識を獲得させはしますが、しかしあの理屈にアリストテレスのプラトン批判の真の動因があったとするなら、それは誤解でありましょう。論理はあれほどまでに執念深い否定のパトスを説明することはできません。むしろあの論理の下にあって、それを使い切った否定のエネルギーをこそ見なければなりません。そしてそれは、前述のごとく、ギリシア民族の意識下に構造として伏在した集合的無意識「自然」（ピュシス）に根ざしたものなのであって、したがって虚的な構造に根ざしたものなのであって、それだからそれはまさに否定性そのものだったのであります。否定性そのものの噴出がイデア論思想に対するアリストテレスの批判の実体なのであります。だからこそ、そのエネルギーは巨大かつ執拗だったのであります。またいかなる対抗論理によっても抑えようのないものだったのであります。否定性のエネルギーを論理によって抑えることはできません。そのように解さない限り、プラトンに対するアリストテレスの批判のあの執拗さ、あの執念深さはとうてい説明できないでありましょう。

だとするなら、わたしたちはアリストテレスのプラトン批判においても、それ自身としては虚空間（否定性）でしかない自然概念（ピュシス）が理念的世界との対立の中でパイネスタイしている（現れ出ている）現場を見るということができるのではないでしょうか。しかしそれはアリストテレスの近代的な論理的概念に包まれてでありました。そこにヴラストスやオーエンの分析の余地もあったし、またイエーガーやチャーニスの批判[注2]の視点もあります。だがこの場合においても、衣装と衣装に包まれたものを混同しないことが肝要であります。衣装は近代的な論理であっても、それが実体なのではなく、それをまとったものがあるのであります。しかしそれは直接的には見えない。しかしそれはたしかに現れているのであります。だが衣装を剥がせば、それは見えなくなる。したがって衣装は必要ですが、また別の衣装もあるでありましょう。このことがわたしたちを初期ギリシア哲学の研究へと赴かせたゆえんのものだったのであります。そこではアリストテレス流の近代的タームとはまた異なる概念のもとに自然概念（ピュシス）が現れ出ていた事例が期待されたからであります。事実初期ギリシアの自然哲学者たちの思索はその大多数が自然概念（ピュシス）の呼び求めに呼応した彼らなりの哲学的表現であったと総括することができるでありましょう。とりわけイオニアの自然哲学の系譜に属する哲学がそうでした。初期ギリシアの自然哲学がギリア人の意識の潜在層に伏在する構造的な自然概念（ピュシス）のエネルギーに突き動かされた哲学であったとのことは初期ギリシアの哲学者を取り上げた春学期（上巻）のいくつかの講義でも論じました。あれらの哲学を根源層から突き動かしていたエネルギーの巨大さを認識しなければなりません。そこではまさに哲学が生きていたのであります。哲学はまだ存在に根づき、そこから命を得ていました。否、むしろそこから突き動かされていました。近代の哲学者には奇異に思われるかも知れませんが、神々と同様、哲学もまた本来は存在に根づくことによってはじめて活力をうる actual entity（ホワイトヘッド）なのであります。哲学を私的見解（Meinung）に解消してしまってはなりません。

注1　G・ヴラストス「『パルメニデス』における第三人間論」渡辺訳（井上、山本編訳『ギリシア哲学の最前線』Ⅰ．東京大学出版会、一九八六年所収）。G・E・L・オーエン「内属性」大島訳（同書Ⅱ所収）参照。
注2　W. Jaeger, The Theology of the Early Greek Philosophers, 1936；H. Cherniss, Aristotle's Criticism of Presocratic Philosophy, 1971 参照。

㈡　アリストテレスの存在論

次にイデア論批判とのつづきでアリストテレスの存在論を展望しておきたいと思います。これをもってアリストテレスの実体論を全体として視野に収めていただければと思います。

実体の研究

哲学的探究の最も主要な課題は実体（οὐσία）を明らかにすることにあるというのがアリストテレスの終生変わらぬ哲学的信念でした。「実体とは何か」。これこそが第一哲学（πρώτη φιλοσοφία）の究極の問いなのであります。「われわれはまずこの実体について、その何であるかを、第一に、そして最も主として、否、むしろただひたすらこれのみを探求しなければならない」とアリストテレスはいいます。なぜなら「事実昔においても、今日においても、常に追究され、常に問題とされてきたことは、存在とは何かという問題であり、それは、つまるところ、実体とは何かという問題に帰着する」（『形而上学』Z 1. 1028 b 2）からであります。

しかしアリストテレスは実体そのものにいきなり肉迫するのではなく、「存在とは何か」（τί τὸ ὄν）というより広い上位の問から始めて、最終的に実体の問いに収斂していくという探求方途を採っています。そこにアリストテレス哲学独自の実体研究のスタイルと戦略がありました。実は実体（οὐσία）も、アリストテレスによれば、存在（ὄν）のひとつの意味なのであります。そのことによってアリストテレスは従来の哲学において見られたような、特に初期ギリシアの自然哲学において見られたような実体の一義的な探究から脱して、後世「存在論」（Ontologia）といわれるようになった学の最も主要な研究領域の開拓者になったのであります。アリストテレスの言葉でいえば、「第一哲学」（πρώτη φιλοσοφία）、後世「形而上学」（τὰ μετὰ τὰ φυσικά）と呼ばれるようになった探究領域の開拓であります。アリストテレスの実体研究が存在の意味の分析というより広い問題枠組みの中で行われていることをそのアリストテレス研究において強く押し出したのはF・ブレンターノでした（F. Brentano, Von der mannigfachen Bedeutung des Seienden nach Aristoteles, 1862 参照）。ギムナジウム時代にこの書に触れて存在の問いに目覚めたとハイデガーが語っているあの書であります。

存在の多義性

アリストテレスは存在（ὄν）の多義性をはじめて自覚した人として重要であります。パルメニデスは存在の一義性を主張しました。彼によれば存在はただ「ある」としか語りえないのであって、「ない」ということすらすでに矛盾を犯さずしてはなしえないのでした。「ない」といえば「ない」があることになり、これは矛盾だからであります。「ないはない」（οὐκ ἔστιν μὴ εἶναι）（断片B 2）のであります。これに対してアリストテレスは存在（ὄν）の多義性を主張します。存在の多様な意味の分析によってアリストテレスは後世「存在論」（Ontologia）と呼ばれるようになった学を創始したのであります。（Ontologia という名称そのものは一七世紀のゴクレニウスの哲学辞典にはじめて見出されます。）

「存在はさまざまな意味で語られる」（τὸ ὂν λέγεται πολλαχῶς）という書き出しでアリストテレスは『形而上学』の中心巻の最初の巻であるZ巻の叙述を開始しています（『形而上学』Z 1. 900 a 20）。多様に語られる存在は主に次の四つの意味で語られるといいます。㈠付帯的存在（τὸ ὂν κατὰ συμβεβηκός）、㈡真としての存在と偽としての非存在（τὸ ὂν ὡς ἀληθές, τὸ μὴ ὂν ὡς ψεῦδος）、㈢範疇の諸形態としての存在（τὸ ὂν ὡς τὰ σχήματα τῆς κατηγορίας）、㈣可能的存在と現実的存在（τὸ ὂν δυνάμει καὶ ἐνεργείᾳ）の四つであります。

最初の付帯的存在は実体に偶然的、付帯的に属するような存在をいいます。たとえば、ソクラテスは教養があるとか、獅子鼻であるといった場合の教養性や獅子鼻がそれであります。教養が失われても、また獅子鼻が整形されても、ソクラテスであることに変更が生じることはありません。したがってそれらは事物の本質には係わりません。付帯的属性は偶然的存在に過ぎないがゆえに、この種の存在に関しては学はありえないとアリストテレスはいいます。なぜなら学（ἐπιστήμη）とは、必然的にそうであるか、大多数の場合にそうであるものの知だからであります。

次の真としての存在と偽としての非存在もまた第一哲学の課題ではありません。というのは、アリストテレスの真偽論によれば、真・偽は認識と対象の一致・不一致（adaequatio intellectus et rei）にあるからです。すなわち、「あるものをある」といい、「ないものをない」というのが真で、「あるものをない」といい、「ないものをある」というのが偽なのであります。このように真や偽は認識する主観とその対象との関係の内に成立する事態であって、真なる存在や偽なる非存在があるわけではないのであります。この単純な真偽論がアリストテレスの真理論ですが、この真理論は以外に強力で、真理を「非隠蔽性」（Unverborgenheit）とするハイデガーのあの真理論が出るまで二〇〇〇年強に及ぶ西洋哲学のほとんど唯一の真理論でした。

範疇の諸形態としての存在

次に範疇の諸形態としての存在ですが、これはアリストテレスの存在論において最も重要な意味を持つ存在であります。アリストテレスによれば、存在は次の一〇の範疇（κατηγορίαι）に分割されます。実体（οὐσία）、量（ποσόν）、質（ποιόν）、関係（πρός τι）、何処（ποῦ）、何時（ποτέ）、位態（κεῖσθαι）、所持（ἔχειν）、能動（ποιεῖν）、受動（πάσχειν）であります。

これらの範疇が存在の諸義といわれるのは、実体は「何であるか」を語る存在であり、量は「どれだけあるか」を語る存在であり、質は「どのようにあるか」を語る存在であり、関係は「何に対してあるか」を語る存在であり、何処は「何処にあるか」を語る存在であり、何時は「何時あるか」を語る存在であり、位態は「立っている」とか「横たわっている」といった意味での「ある」を語る存在であり、所持は「武装している」とか「軽装である」といった意味の「ある」を語る存在であり、能動は「為してある」、受動は「為されてある」を語る存在だからであります。

これらの述語諸形態（範疇）と存在（ὄν）の関係ですが、存在と範疇は、同一関係や類・種の関係によってではないが、類比（ἀναλογία）の関係によって結ばれているといいます。たとえば、あるものは健康の状態なるがゆえに、あるものは健康をもたらすがゆえに、あるものは健康の徴候なるがゆえに、等しく「健康的」といわれますが、それと同様に、実体は「何であるか」を語るものであり、量は「どれだけあるか」を語るものであり、質は「どのようにあるか」を語るものであり、関係は「何に対してあるか」を語るものであり、何処は「何処にあるか」を語るものであり、何時は「何時あるか」を語るものであるがゆえに、すべては「ある」、すなわち存在によって統括されているというのであります。これらの範疇に分割される存在をO・アーペルトは繋辞（copula）としての存在としました（O. Apelt, Beiträge zur Geschichte der griechischen Philosophie, 1890. S.112）。範疇とは「…である」という繋辞的存在に内容を与えるその最高の諸類なのであります。それゆえにこそ、これらの範疇を存在（ある）が統括するのであります。

　ところで、範疇は述語の最高の諸類ですから、互いに他に還元されることはできません。しかし、前述のように、それらは存在の諸義であって、存在というひとつのものとの関係において語られます。したがってそれらを研究するのはひとつの学のすることであり、「存在を存在として」（ὂν ᾗ ὄν）研究する第一哲学（πρώτη φιλοσοφία）の課題であるといいます。それはちょうど健康に係わるさまざまな事象を研究するのが医術というひとつの学であるのと同様であります。

　範疇を述語の類（γενὴ τῶν κατηγοριῶν）と見るか、存在の類（γενὴ τοῦ ὄντος）と見るかに関しては、トレンデレンブルクとボーニッツ以来の論争があります（A・トレンデレンブルク『カテゴリー論史』日下部訳、松籟社、一九八五年、H. Bonitz, Über die Kategorien des Aristoteles, 1853 参照）。範疇は、カント流にいえば、一方では悟性の論理的機能（判断形式）、すなわち思惟一般の形式として現れ、他方では経験の対象を規定する客観的な存在形式として現れるからであります。しかしこの議論はそれほど調停し難いものではありません。なぜなら範疇は述語の類でもあれば、存在の類でもあるからです。範疇は本質存在（「…である」）の最高の諸形式であります。本質存在「ある」は述語に対して統一を与えるものでもあれば、存在（客観的対象）に対して統一を与えるものでもあります。それゆえその諸類である範疇が述語の最高の類でもあれば存在の最高の類でもあるのは当然なわけであります。範疇が述語の類でもあれば、存在の類でもあることをアリストテレスは根拠づけはしませんでしたが、それを当然のこととして語りました。思惟の主観的形式（判断形式）が同時に経験の対象の形式（客観的な存在形式）でもあることを証明したのはカントであります（『純粋理性批判』§15～§27「純粋悟性概念の超越論的演繹」参照）。しかしこの認識は『純粋理性批判』の最重要部分をなす認識であり、この認識を得るのにカントは10年の歳月を費やしました。

可能的存在と現実的存在については「アリストテレスの自然学」を論じるところで運動との関連で論じます。これらは存在そのものというよりは、存在の様態であります。

実体（ウシア）

以上のように、範疇によっても存在は多様に語られますが、そのうち第一の存在が実体（οὐσία）であることは明らかであります。明らかに実体は、説明方式においても（λόγῳ）、認識においても（γνώσει）、時間においても（χρόνῳ）、第一の存在なのであります。なぜならそれぞれの事物の定義の中には必ずそのものの実体の定義が含まれねばならないし、またわれわれが事物を最もよく認識したと思うのは、その物の「何であるか」（本質、実体）を認識した場合だからであり、事物の量や質や何処を認識した場合以上にそうだからであります。さらにまた、ひとり実体のみは離れて存在する（独立・自存して存在する）が、他の範疇のいずれも離れては（独立・自存しては）存しえないことからしてもそうであります。実体があってはじめてその他の付帯的存在も存立しうるのであります。量も質も受動相もすべて実体の量や質や受動相なのであります。したがって「われわれはまずこの実体について、その何であるかを、第一に、そして最も主として、否、むしろひたすらこれのみを追究しなければならない」とアリストテレスはいいます。なぜなら「事実昔においても、今日においても、常に追究され、常に問題とされてきたことは、存在とは何かという問題であり、それは、つまるところ、実体とは何かという問題に帰着する」（『形而上学』Z 1. 1028 b 2）からであります。

ちなみに、実体の研究は同時に㈠動物や植物、それに火や空気や水や土といった自然的諸物体を実体とする自然哲学者たちの見解、㈡面や線や単位といった物体の諸限界を実体とするピュタゴラス派の人々の見解、㈢数やエイドスを実体とするプラトン派の見解などといった実体をめぐる当時の諸見解を吟味することでもあります。「実体とは何か」という問題こそは第一哲学のすべての研究がそれを目指してなされねばならない最も主要な課題なのであります。

さて、実体という語は、それより多くの意味においてではないにしろ、少なくとも次の四つの意味で用いられているとアリストテレスはいいます。すなわち㈠本質（τὸ τί ἦν εἶναι）、㈡普遍（τὸ καθόλου）、㈢類（τὸ γένος）、㈣基体（τὸ ὑποκείμενον）の四つであります。基体とは一般に「他のものはそれの述語とされるが、それ自身は決して他のものの述語とはならないもの」であります。『範疇論』においてはこれが実体一般のメルクマールとされていました。ところで、ある意味では㈠質料（ὕλη）がそういった基体といわれ、他の意味では㈡型式（μορφή）、すなわち形相（εἶδος）が基体といわれ、また別の意味では㈢これらの両者からなるもの（τὸ ἐκ τούτων）、すなわち質料と形相の結合体（σύνολον）が基体といわれますが、このうち質料が実体でありえないことはただちに明らかとなります。なぜなら「離れてある」（χωριστόν）ということと「このもの」（τόδε τι）ということが最も主として実体には属すると認められるのに、この両メルクマールとも質料には欠けているからであります。質料とは、それ自体は特に何であるともいわれず、どのようにとも、どれほどのともいわれず、その他の述語諸形態のいずれによっても言い表しえないものなのであります。質料は実体の基礎をなす無規定な基体であります。したがってそれ自体としては不可認識的であります。アリストテレスは一切の規定性を欠いた究極の質料を第一質料（πρώτη ὕλη）として構想しました。この第一質料が世界の永世の問題として中世神学で大いに議論されることになります。今日の物理学者が暗黒物質（ダーク・マター）と呼んで構想するところのものは、アリストテレス哲学においては第一質料であったといえるかも知れません。

　また普遍（τὸ καθόλου）も類（τὸ γένος）も実体ではありえないとアリストテレスは主張します。そのわけは、個々の事物の実体はそのものに固有のものであり、他の何ものにも属さないものであるのに、普遍（τὸ καθόλου）は他のものに共通だからであり、またおよそ実体は本来他の主語の述語とならないはずのものであるのに、普遍は常にある主語の述語となるものだからであります。もし普遍、たとえば動物が実体であるとするなら、動物は人間の説明方式の一要素ですから（「人間は二足の動物である」というように）、実体（人間）の中に実体（動物）が含まれるという奇妙なことになってしまうでありましょう。したがって、アリストテレスによれば、説明方式の中に含まれる要素はいずれも実体ではなく、また離れては存在しえないのであります。少なくともそれらは現実的な実体ではありえないといいます。それにまた、そもそも普遍は「このもの」（τόδε τι）ではなく、「このようなもの」（τοιόνδε）、何らか質的なものなのであります。

　ほぼ同じ理由によってアリストテレスは類（τὸ γένος）も実体の範疇から除外します。類を離れて独立に存在する実体として立てるプラトンのイデア論をアリストテレスが飽くことなく攻撃したとのことについては前項で述べました。類、たとえば動物が離れてある実体であるとするなら、人間の概念を構成する動物と馬の概念を構成する動物は同じなのか、異なるのか。またどうしてそれらはひとつでありうるのか。明らかにその説明方式はひとつであり、同じであるが。また人間それ自体なるものがあって、離れて独立に存在しているとするなら、その概念の構成要素である動物も二足もやはり離れて独立に存在する実体でなければならないでありましょう。また動物が二足にも多足にも与るとするなら、離れて独立に存在するひとつの実体が相反するものに同時に属するという不合理が生じてきます。プラトンのイデア論のように類を離れて独立に存在する実体として立てれば、以上のような幾多の不合理が結果してくることをアリストテレスは指摘するのであります。

以上の結果、実体の研究は、結局、本質（τὸ τί ἦν εἶναι）、すなわち型式（μορφή）ないし形相（εἶδος）と（質料と形相の）両者からなるもの（τὸ ἐκ τούτων）、すなわち結合体（σύνολον）の考察に収斂することになります。

この両者のうち、まず本質（τὸ τί ἦν εἶναι）ですが、「本質とはそのものがそれ自体として何であるといわれるそのもののことである」（『形而上学』Z 4. 1029 b 14）。アリストテレスはまず本質（τὸ τί ἦν εἶναι）を一般的にこのように定義します。たとえば、ソクラテスの本質は、ソクラテスは教養があるといわれる、その教養性にあるのではありません。教養はソクラテスに付帯するものであって、ソクラテスそれ自体が教養ではないからであります。ソクラテスがそれ自体として何であるといわれるそのものが、ソクラテスの本質なのであります。そしてそれは定義（ὁρισμός）において表現されます。本質とはその説明方式がそれの定義であるところのものなのであります。それゆえアリストテレスは本質（τὸ τί ἦν εἶναι）をまず定義の側面から、言い換えれば、言語表現の面から（λογικῶς）考察しています。

ところで、自体的といっても、「それ自体として何々である」といわれるすべての場合が定義であるわけではないでありましょう。たとえば「表面それ自体は無色である」といっても、表面の定義とはなっていません。「無色であること」と「表面であること」（表面の本質）は同じでないからであります。また「表面それ自体は無色な表面である」というのも定義ではありません。この場合には定義されるべきもの（表面）が説明方式の中に加えられてしまっています。カント流にいえば、述語の中に主語概念が入り込んでしまっているのであります。これをアリストテレスは「加わっている」（πρόσεστιν）といいますが、定義されるべきものが加わっているような説明方式は定義としては邪道なのであります。したがって、説明方式（述語）の中に定義されるべきもの（主語）が入っていないが、それでも説明方式（述語）が定義されるべきもの（主語）それ自体の「何であるか」を語っているような説明方式が、そのものの本質を言い表す説明方式、すなわち定義なのであります。

また複合体（σύνθετον）、たとえば白と人間の複合体である「白い人間」（λεύκος ἄνθρωπος）にも定義があるでしょうか。したがって本質なるものがあるでありましょうか。今かりに「白い人間」に「衣」（ἱμάτιον）という一語をあてがって、「衣とは何か」と問うたとします。このように問えば、そこに何か本質なるものが問われているようにも見えます。しかしそれは見かけの上のことであって、「衣は白い人間である」といっても「衣は白である」といっても定義にはならないでありましょう。なぜなら前者の場合には説明方式（述語）の中に定義されるべきもの（主語）が加わってしまっているし（衣とは白い人間のことですから）、後者の場合には衣の一部しか説明しておらず、衣の定義とするには足りないからであります。「白い人間であること」（白い人間の本質）と「白であること」（白の本質）は同じでないのであります。そもそも「衣」の本質なるものが何らかの本質なのでしょうか、あるいは何らかの本質でもないのではないかとアリストテレスはいいます。「衣」すなわち「白い人間」は端的に「このもの」（τόδε τι）ではないし、それに「衣」という名称が「白い人間」という説明方式と同じものを意味しているとしても、この説明方式（λόγος）をただちにそれの定義とするわけにはいかないでありましょう。これがそのまま定義であるなら、どのような説明方式にもひとつの名称が与えられえようからして、あらゆる説明方式が定義であることになってしまうでありましょう。そうなると、たとえば『イリアス』という集合名詞にも定義があり、本質があることになってしまいます。しかしそういったものは定義ではなく、それの説明方式がそれの定義であるのは、その説明方式が「ある第一のもの」（τινὰ πρῶτον）を説明している場合であるとアリストテレスはいいます。そしてこの「ある第一のもの」とは、後に見るように、類の種（εἶδος τοῦ γένους）以外のものではないというのがアリストテレスの考えなのであります。類の種、すなわち種的形相こそアリストテレスが特に本質という意味で語られる実体という概念で追求しているものであることが実体規定の議論の中で次第に明らかになってきます。

　以上は「白い」といった付帯的属性との複合体の場合ですが、自体的属性と重複的にいわれるものの場合はどうでしょうか。たとえば雄や雌は、そういった規定を伴わずしては動物はありえないのですから、それらは動物に偶然的に付帯するに過ぎない付帯的属性ではなく、自体的属性であります。果たしてこれら自体的属性と重複的に語られるものの場合にも定義があり、本質があるのでしょうか。こういった重複体の場合も、先の付帯性との複合体の場合と同様、定義も本質もないというのがアリストテレスの考えであります。というのは、自体的属性、たとえば雌という概念は動物という基体を抜きにしてはなり立ちえないからであります。雌という概念そのものの中にすでに動物という規定が加わってしまっているのであります。動物を抜きにして、雌だけを抽離することはできません。したがって雌を純粋概念として取り出すことはできず、それゆえその本質といったものは考えられないというのであります。このことは奇数や偶数の場合も同様であって、数を抜きにしては奇数や偶数の概念は成立しません。以上のことをアリストテレスは特に鼻と窪みの重複体であるシモン性（獅子鼻）を例にとって考察しています。もし「シモン的な鼻は窪める鼻である」というのが定義であるとするなら、「シモン的」と

「窪める」が同じであることになりますが、そうすると「窪める鼻」と「窪」が同じであることになってしまうでありましょう。シモンとは「窪める鼻」のことですから。そもそも「シモン的な鼻」というのがすでにおかしいのであります。「シモン的な鼻」というのは「窪める鼻なる鼻」ということであり、ここでは鼻が二重に語られています。それゆえこのような重複体に定義や本質を求めるとするなら、その純粋概念を求めてどこまでも抽離していかねばならないでしょうが、そもそもそういった抽離を許さないものが自体的属性との重複体なのであります。それゆえこのような重複体に本質を求めるのも筋違いであるとアリストテレスはいうのであります。

さらにアリストテレスは、実体に関する議論を進める中で、実体と本質は同じといえるかどうかという注目すべき問いを『形而上学』第七巻の第六章において提出しています。これは存在（ens）と本質（essentia）を明確に区別したトマスの議論を先取りする論点ということができるでありましょう。まず付帯性との複合体の場合には、実体と本質は異なるでありましょう。もし同じとするなら、「白い人間」（λευκὸς ἄνθρωπος）と「白い人間であること」（τὸ λευκῷ ἀνθρώπῳ εἶναι）が同じであることになってしまうとアリストテレスはいいます。「白い人間」の本質は「人間であること」であって、「白い人間であること」ではないのであります。しかし自体的に存在するといわれるものの場合には両者は同じとされねばならないのではないでしょうか。プラトンの説くイデアもそういったものと考えられますが、善それ自体や動物それ自体といった実体がその本質と異なるとするなら、それらの実体と並んで本質とされる別の存在がなければならないことになろうし、またこのように実体と本質が切り離されるなら、一方善それ自体に善の本質は存せず、他方善の本質は何らの存在でもないことになってしまうでありましょう。そうすると、前者には何らの認識もなく、後者には何らの存在もないことになってしまいます。したがって第一義的にそれ自体として存在するといわれるものの場合には、実体とその本質が一にして同じであることは明らかであるとアリストテレスはいいます。この「存在と本質」の問題はアリストテレスの実体論とトマスの実体論が分岐する最大ポイントであり、なお一層の分析を要する問題でしょうが、アリストテレスはこの問題をこれ以上追求することはせず、自体的に存在するものの場合には実体と本質は同じであるとすることで、この議論を閉じています。その結果、存在（ens）と本質（essentia）を明確に区別したトマスにおいては純粋形相もなお可能態にとどまらねばなりませんでしたが、アリストテレスにおいては純粋形相はそのまま純粋現実態なのであります。（トマスの議論についてはその著『存在と本質』（De ente et essentia）を参照のこと。）

ところで、説明方式は部分を持つのに、それがひとつであるのは何ゆえか。たとえば人間を「人間は二足の動物である」と定義した場合、この人間の説明方式が動物と二足の二つではなく、ひとつであるのは何によってでしょうか。それらは明らかに人間に白が属すというような意味でひとつであるのではないのであります。もしこのような意味でひとつであるのであれば、反対の種差、たとえば多足もまた人間に属することができるでありましょう。白が人間に属すように、黒もまた人間に属しうるのであります。したがって明らかに「人間は二足の動物である」というような説明方式の場合には、ある付帯性がある物に属すというような関係にはなっていないのであります。にもかかわらず、説明方式が部分を持つのにひとつであるのは何ゆえかというのがここでの問いなのであります。それに対するアリストテレスの答えは、それが類の種（εἶδος τοῦ γένους）を表現するからということであります。すなわち種的形相が説明方式の中に含まれる諸部分を一体のものとし、それらをひとつの本質としているのであり、したがって種的形相を表現する説明方式の場合には、たとえ諸部分からなっていても、それはひとつなのであります。言い換えれば、一体のものなのであります。

定義は、それゆえ、常に類の種、言い換えれば種的形相を表現するものでなければなりません。ところで、定義は一般に種概念を類概念と種差によって述語することによって得られますが（たとえば「人間は二足の動物である」というように）、その際種差は最下の種差でなければならないとアリストテレスはいいます。動物を有足という種差で規定しても、まだ「このもの」（τόδε τι）である実体には到達していません。有足の動物は数多くいるからです。固有の実体概念（定義）にいたるには分割法によってさらに種差の種差を求めていかねばなりませんが、その際分割は同系列の種差においてなされねばなりません。有足を有翼と無翼に分割してはならず、たとえば二足と多足に分割しなければなりません。このようにして得られた最下の種差、たとえば二足によって類（動物）が規定されるとき、そこに二足の動物である人間が成立するのであり、それがその事物の本質（τὸ τί ἦν εἶναι）、すなわち実体（οὐσία）なのであります。そしてこういった最下の種差による説明方式がそのものの定義なのであります。

　したがって説明方式がいくつかの部分からなるのにひとつであるのは、それが形相の部分である場合であって、質料や付帯性を含む場合には、それはひとつではないのであります。また部分の説明方式と全体の説明方式の関係においても同じことがいえます。形相の場合には部分の説明方式が全体の説明方式の中に含まれますが、しかしその部分が質料に関する場合には含まれません。円の説明方式には円分のそれは含まれないが、語節の説明方式には字母のそれが含まれるのはこのゆえであるとアリストテレスはいいます。またある場合には部分が全体より先であるが、ある場合には後であるのも同じ理由によります。質料の意味では手や足は全体である人間より先ですが、形相の意味では全体である人間より後なのであります。なぜなら、たとえば手は、「人間の物を摑む部分である」というように、全体である人間によってはじめて定義されるからであります。全体（人間）から切り取られた部分（手足）はもはや本来の意味では手足でないであろうとアリストテレスはいいます。

　したがって類の種の統一力、言い換えれば、種的形相の統一力こそ、事物に内在して、そのものをひとつの実体たらしめているものなのであります。そしてそれがその事物の本質であり、それによってそのものは実体として存立するのであります。本質はこのように事物を一個の統一的な実体とし、また不断に実体を生み出していく威力なのであって、それゆえアリストテレスは実体規定の議論の最終段階において、実体を一種の原理であり、原因であるとしています。アリストテレスの形相論ないしは本質論は、プラトンのそれとは異なり、本質（τὸ τί ἦν εἶναι）を原因として立て、それによって自然的事物の生成を見ていこうとするところにその最大ポイントがあったということができるでありましょう。この方向でのアリストテレスの実体概念は後にヘーゲルによって客観的概念（die objektiven Begriffe）として展開されることになります。

ところで、物が生成するのは「自然によって」（φύσει）であるか、「技術によって」（τέχνῃ）であるか、「自己偶発によって」（ἀπὸ ταὐτομάτου）であるかであります。そして生成はすべて、「あるものによって」（ὑπό τινος）、「あるものから」（ἔκ τινος）、「あるものに」（τι）であります。このうち「自然による生成」（γένεσις ἐκ φύσεως）についていうなら、それからであるそのものは質料であり、それによってであるものは自然的に存在するもののある先行する形相ないし本質であり、それになるところのものは人間とか植物といった自然存在であります。ところで、質料が生み出されないように、形相もまた生み出されません。生み出されるのは形相と質料の結合体、すなわち具体的な個物であります。質料は本質を持たない可能態であり、そこに現実態である形相ないし本質が加わることによって具体的な事物の成立があるのであります。本質ないし形相は生成消滅の過程にあることなしに存在し、質料において現実化されます。したがって生成の原因は生成する事物と同種の他の事物に内在する種的形相ないしは本質であり、自然的存在である本質が不断に同種の事物を生み出していくのであります。「人間が人間を生む」（『形而上学』Z 7. 1032 a 26）のであります。こういった自然的威力である種的形相こそ、アリストテレスが特に実体という概念によって追求しているところのものであって、アリストテレスの実体規定の議論は、その最終段階において、実体を自然存在に求める方向に大きくシフトしているのであります。

実体概念について

ここで少しアリストテレスの議論から離れて、実体概念そのものについて、その語形成の面から包括的に考察しておきたいと思います。

οὐσία（ウシア）が substantia（実体）という訳語によって表現されるよりも深い含蓄を有する概念であることは今日では広く留意されています。substantia は「下に立つこと」を意味する抽象名詞ですから、そういった方向での術語をアリストテレスの中で探すとすれば、ὑποκείμενον（基体）がほぼそれに該当するタームでありましょう。しかし ὑποκείμενον（基体）はアリストテレスにおいてはたいていの場合 ὕλη（質料）を意味し、物の本質を形成する εἶδος（形相）は表現しません。だが οὐσία が συμβεβηκότα（付帯性）との関係の中で語られるときには、substantia がその意味をよく伝えているように思われます。すなわち οὐσία は、付帯性（偶有性）がいかに変容しようとも、それでありつづけているものであります。この意味では οὐσία は付帯性をその上に乗せて下で頑張っているものといえましょう。だがこれは οὐσία の意味そのものというよりは、οὐσία の有する一機能に過ぎないでありましょう。このことは οὐσία という概念そのものに立ち帰るとき、ただちに明らかとなります。

οὐσία は εἰμί の分詞の女性形 οὖσα に由来する語であります。その中性形が通常「存在」として語られる ὄν であります。それゆえそれは「存在」（ὄν）と同系統の語であり、第一に物の存在性を表現します。今日 οὐσία（ウシア）を Seinsheit とか entity と訳す試みがなされているのはこういった見地においてでありましょう。

ところで、プラトンやアリストテレスが「存在」（ὄν）というとき、現実存在（esse existentiae）（「…がある」）の意味でそれが語られているのはむしろ稀で、たいていは本質存在（esse essentiae）（「…である」）の意味で語られているということについてはプラトン哲学を俯瞰したところでも述べました。すなわち机の存在と彼らがいうとき、「机がある」という意味での机の存在が語られているのは稀で、たいていは「机である」という意味での机の存在が語られているのであります。ところで、「机である」という意味での机の存在は永遠不変に机であらねばなりません。したがって物の存在性、その物の「…である」を意味するοὐσία（ウシア）はまずもってその物をそのものたらしめている本質（essentia）を意味します。それゆえにアリストテレスはοὐσίαという表現に代えて、しばしば「何であるか」（τὸ τί ἔστιν）という表現を用いるのであります。実体（οὐσία）とは「何であるか」（τί ἔστιν）という問に対する答えとなるところのものなのであります。たとえば「これは何であるか」という問に対して、「三つある」とか「褐色である」とか「四角い」といっても答えにはなりません。その場合には、たとえば「机である」と答えねばなりません。したがってこの場合には机が実体であり、三つや褐色や四角はその付帯性であります。

さて、「机」といっても、わたしたちは机そのものを見るわけではありません。わたしたちが見るものは、たとえば三つとか掲色とか四角いといった量や質であります。換言すれば、感覚されるのは諸々の付帯性（偶有性）でしかありません。にもかかわらず、わたしたちはそういった付帯性を己に帰属させている机そのものを考えずにはおれません。付帯性をいくら枚挙しても、「何であるか」（τί ἔστιν）に対する答えとすることはできないからであります。もしそうした机そのものがないとするなら、すべての事物が内実のない幻影のごときもの、ヒュームのいう「諸性質の束」に過ぎないものとなってしまうでありましょう。それゆえ机を机であらしめている根拠がなければなりません。それがοὐσία（実体）

であります。したがって οὐσία は第一に物の「何であるか」（τὸ τί ἔστιν）を表現する存在性であり、物の本質（τὸ τί ἦν εἶναι）であります。

物は οὐσία（ウシア）によってその「何であるか」（τὸ τί ἔστιν）、すなわち本質を得ます。したがって οὐσία は物の本質に対する根拠であり、形相の原因、すなわち形相因（causa formalis, τὸ τί ἦν εἶναι）であります。こういった意味で οὐσία は形而上学的、創造的原理となります。οὐσία が論理的に表現されるときには「何であるか」（τὸ τί ἔστιν）によって語られ、創造的、形而上学的原理として語られるときには「何であったであること」（τὸ τί ἦν εἶναι）と表現されたとトレンデレンブルクは考えています（『カテゴリー論史』第一部、第九章参照）。

このように οὐσία（ウシア）は一方では substantia（実体）を意味するかと思えば、他方では essentia（本質）を意味します。アリストテレスにおいて οὐσία という一語で語られていたものが、ラテン語の世界に入ったとき、substantia と essentia の二概念に分裂しました。これを言い換えれば、今日の哲学において実体（substance）と本質（essence）という二概念によって考えられているものがアリストテレスにおいては οὐσία（ウシア）というひとつの概念で考えられていたということであります。アリストテレスの οὐσία をめぐる議論が複雑な様相を呈するのはこのゆえであります。

ところで、既述のように、物の「何である」を語るものは ὕλη（質料）ではなく、εἶδος（形相）であります。それゆえこういった見地では実体は形相に一致します。ところで、形相は個物に内在するとはいっても、やはり普遍です。たとえば「人間」はソクラテスやカリアスに限定されるものではなく、個々のすべての人間に該当する普遍であります。それゆえ、この見地においては実体は何らか「普遍的なもの」（τὸ καθόλου）であり、述語であります。こういった見地での実体をアリストテレスは特に「第二実体」（δεύτερα οὐσία）と呼びました。

他方また、物の「…である」という意味での存在性（οὐσία）は永遠にそれでありつづけねばなりません。「机である」という意味での机の存在は「机でない」に対立するがゆえに、机であったりなかったりすることはできず、永遠不変に机でなければなりません。付帯性は変容しても、それは不変です。それゆえそれは付帯性の下にあって常住不変であるもの、すなわちsubstantia（実体）であります。また付帯性は依存して存在するが、実体それ自身は自らによってそのものであるのですから、自体的（καθ' αὑτό）であります。机から「机である」ということ、すなわち机のοὐσία（ウシア）を取り去れば、もはやそれは机ではありませんが、褐色とか四角といった付帯性を取り去っても机であることに変更が生じるわけではないからであります。実体と付帯性のこの関係を命題（主語－述語関係）の形で表現すると、οὐσία（ウシア）が主語となり、συμβεβηκότα（付帯性）が述語となります。ここから常に主語となり他のものの述語とは決してならないものを第一の最勝義の意味における実体とするという『範疇論』の第一実体（πρώτη οὐσία）の規定への方向性が生れることになります。常に主語であって、決して他のものの述語とはならないものとは、究極的には最下の種、すなわち個物（τὰ καθ' ἕκαστα）であります。それゆえこの見地においては個物が実体であることになります。

　このようにしてοὐσία（実体）は、一方では普遍を意味するかと思えば、他方では個物を意味するという、まったく相反する規定を得ることになります。アリストテレスの実体規定の議論は普遍への方向と個物への方向という相反する方向を同時に動いているのであります。このことが中世において「実体は個物か普遍か」という普遍論争を引き起こすことになりました。むしろ驚くべきは、アリストテレスがこういった相反するベクトルにおいてοὐσία（ウシア）を語っておいて、それを少しも矛盾とは考えていないということであります。このことはしかし、以上のように、οὐσία を物の「何であるか」を表現する存在性としてより深いところで捉えるとき、はじめて納得のいくものとなるのであります。

また οὐσία（ウシア）のメルクマールのひとつとされる「このもの」（τόδε τι）も問題であります。「このもの」（τόδε τι）を実体のメルクマールとしながらもアリストテレスは『形而上学』の一箇所（第七巻、第八章 1034 a 6 - 7）で個体化の原理を質料に求めるような言い方をしています。「そしてその全体なるものがすでに、このような形相がこの肉や骨の内にあるとき、それがすなわちカリアスやソクラテスなのである。それらは質料のゆえに異なるのである」とアリストテレスはいいます。このことがトマスに個体化の原理を質料（materia）に求めさせました（Thomas Aquinus, De ente et essentia, Capitulum II）。しかしトマスは固体化の原理を質料一般ではなく、「指定された質料」（materia sigunata）であるとします。しかし「指定」とは何でしょうか。ある種の形相性ではないでしょうか。したがってこのトマスの個体理論はすぐさまドゥンス・スコトゥスの反論を受けることになります。haecceitas（このもの性）は、ドゥンス・スコトゥスによれば、質料（materia）によるものでないことはもちろん、本性（natura）にも形相（forma）にも否定性（negatio）にも現実的存在（esse exsistentiae）にも数的な一（unitas numeralis）にも還元不能なそれ自体独立した絶対的原理なのであります。結局ドゥンス・スコトゥスは haecceitas（このもの性）を神のレヴェルにまで高めてしまっています。言い換えれば、神に棚上げしました。要するに個体性は哲学的には説明がつかなかったということであります。このことをもってドゥンス・スコトゥスを「個体絶対主義者」、そういう意味において「近代の扉を開いた人」と評価する人もいますが、これはまさに哲学が個体に到達できなかったということの別表現でしかありません。今日個人の権利とか個人の尊厳といったことが声高に叫ばれ、個人が強調されています。人格は常に目的として扱われねばならず、決して手段とされてはならないとカントはいいます。人権は何ものにも代えられないものであるともいわれます。政治的スローガンとしては結構ですが、残念ながら哲学的には無根拠であります。個体（個人）は未だ哲学的に説明できていない原理なのであります。そのようにして個体論の議論は中世一〇〇〇年の議論となりました。アリストテレスの実体論は実体を明らかにしたというよりは、実体にまつわるさまざまな問題を解き放っただけという印象を持たざるをえません。

τὸ τί ἔστιν（何であるか）、τὸ τί ἦν εἶναι（何であったであること・本質）、εἶδος（形相）、τὸ καθόλου（普遍）、τὸ κατηγορούμενον（述語）、ὑποκείμενον（付帯性に対する基体）、すなわち substantia（実体）、καθ' αὑτό（自体性）、ὑποκείμενον（主語）、τὰ καθ' ἕκαστα（個物）、τόδε τι（このもの）、χωριστόν（離れてあること）。

これらの οὐσία（ウシア）をめぐる諸概念は、表面的には対立し、矛盾し合う面を有しますが、そのすべてがウシア（すなわち「何であるか」という意味での存在性）に根ざしており、それゆえその表面的な対立・矛盾にもかかわらず、οὐσία を中心にして互いに関係し合っているのであります。換言すれば、οὐσία はこれらの概念のすべてを、その表面的な矛盾や対立も含めて、己の内に飲み込んでしまうほどにも含蓄深い概念だということであります。アリストテレス哲学の表面的な困難性はすべて οὐσία という概念が包含するこの困難性に発しているのであります。そして οὐσία（ウシア）の基礎に ὄν（存在）があります。それゆえアリストテレス哲学におけるすべての問題が、否、ソクラテスやプラトンも含めて、ギリシア哲学一般におけるすべての問題が、究極的には ὄν（存在）をめぐる問題であり、「存在とは何か」（τί τὸ ὄν）という問題に帰着する問題であったといって過言でないでありましょう。

不動の動者

アリストテレスの神学は神学化された目的論以外のものではありません。彼の神は目的因以外の何ものでもないのであります。行為にはすべて目的があります。しかもその目的は上昇系列をたどってどこまでも問い遡っていくことができます。散歩は健康のため、健康は仕事のため、仕事は収入のため、収人は生活の安定のため、生活の安定は子供の養育のため、子供は他の何かのためなどというように。しかし、もしどこまでも「何のために」と問うことができ、終局がないとするなら、すべての目的は空しくなり、目的たるの意味を失ってしまうでありましょう。したがって目的は無限に遡行されてはなりません。もはやそれ以上遡行できない究極の目的がなければなりません。これが目的因（τὸ οὗ ἕνεκα, causa finalis）であります。一切の目的がこの究極の目的にその意味と存立性を依るがゆえに、すべての行為は、畢竟するところ、この目的を目指して進みます。それゆえそれは自らは動くことなく、他のすべてのものを動かす原理であります。すなわち不動の動者（τὸ ἀκίνητον κινοῦν）であります。それはちょうど愛されている女性が、自らは動くことなく、彼女に憧れるすべての男性を動かすようなものであります。またそれは他のことを考える必要はありません。ただ自分のことだけ考えておればよろしい。それ自身純粋形相であり、思惟ですから、それがなす行為は思惟の思惟（νόησις νοήσεως）、すなわち観想（θεωρία）以外のものではありません。こうした目的因をアリストテレスは神（θεός）であるとしました。いかにも学者先生の説きそうな神であるとはラッセルの評であります。

不動の動者について論じた『形而上学』のΛ巻においてアリストテレスの思想はいつになき高揚感を見せています。その思想はプラトンのイデア論のように崇高であり、感動的ですらあります。それは個物に実体を求めた『形而上学』の中心巻、Z巻、H巻、Θ巻の分析的な探究と著しい対照を見せています。それゆえW・イエーガーはΛ巻をアリストテレスがまだプラトンの影響下にあった初期の作品であるとする一方、Z巻、H巻、Θ巻の論考をアリストテレスが学頭として活動した後期の哲学であるとして、それら両者を別の年代に位置づけました。それまでの研究ではアリストテレスの哲学は一枚岩のごとき体系と見なされてきたのですが、イエーガーによってはじめてアリストテレス哲学も、プラトンのそれと同様、発展史的に考察されねばならないとされたのであります。この「アリストテレス『形而上学』の発展史的研究」は今日必ずしも定説として受けとめられているわけではありませんが、『形而上学』の構成に関して大きな成果を見た研究であり、今日もアリストテレス研究の重要な一視点となっています。

以上、アリストテレスの存在論関係の思想を彼の主要著作『形而上学』（τὰ μετὰ τὰ φυσικά）を基本テキストとして概観しました。彼の自然学関係、実践学関係、制作術関係の思想は次講以降のところで講じます。

第22講 アリストテレス（其の三）

自然学

アリストテレスの「自然学」を概観します。

自然存在

自然存在（τὸ φυσικόν）とは運動および静止の原理を自らの内に有するものをいいます。これが自然存在（τὸ φυσικόν）に対するアリストテレスの第一の定義であります。それゆえそれは特に技術によって存在するものに対比されます。たとえば机や寝台は自ら運動したり、変化したりはしません。それが生成し、転化するのは外部に存する原因、たとえば製作者によってであります。これに反して、自然存在（τὸ φυσικόν）は自分自身の内に運動・静上の原理を有していて、自ら運動し、静止します。このように自ら運動したり、静止したりするものが、自然による存在（τὸ φύσει ὄν）であり、この内的な運動原理が自然（φύσις）であります。

運動の原理を自らの内に有する自然存在とは、動物、植物などの魂を有するもの（生命を有するもの）、あるいは火、空気、水、土、アイテールといった単純物体（元素）、およびこれらの単純物体（元素）から合成されているものなどであります。火、空気、水、土の四元素およびアイテールといった単純物体（元素）をアリストテレスが運動の原理を自らの内に有する自然存在と見なしたのは、火は本性的に上方へ運動し、土は本性的に下方へ運動し、アイテールは本性的に円運動するというように、それぞれがそれぞれの固有の本性（ピュシス）としてその内に運動原理を有すると考えたためであります。自己の内に運動の原理を有するこれらの自然存在が自然学（φυσικά）の対象であります。そして、それはまたそれら自然存在の有する能力、作用、運動、変化などを考察します。また時間、場所、無限、空虚など、自然存在に係わる一般的諸概念もその考察の対象であります。かくして自然学（φυσικά）は、アリストテレスにおいては、今日の物理学（physics）とは異なり、物理的現象にのみ限定されるものではなく、物理、化学、天文、気象、生物、生理、心理など、自然的諸現象のあらゆる分野、自然に係わるあらゆる知を包括した極めて広汎な領域を有する学となりました。このことは、ソクラテス、プラトンの理念化された哲学の存在にもかかわらず、ギリシアにおいては自然（ピュシス）がなおそれほどにも圧倒的な知の動因であったという事実を物語るものといえましょう。

天上の世界と月下の世界

アリストテレスは世界を月で区切り、月より上の天上の世界と月より下の月下の世界を区別します。月下の世界は火、空気、水、土の四元素によって形成されていますが、天上の世界は第五の元素であるアイテール（αἰθήρ）によって形成されているとアリストテレスはいいます。アイテールには円運動が固有し、四元素には直線運動が固有します。四元素のうち、火は本性的に上方に向って運動し、土は本性的に下方に向って運動します。空気は水に比べれば上方へ、水は空気に比べれば下方へ運動します。それゆえ、アリストテレスによれば、円運動、上昇運動、落下運動は元素のそれぞれがその固有の本性（ピュシス）とする運動なのであります。元素の各々が自分独自の運動をその固有の本性（ピュシス）として有していると考えるところに、アリストテレスの自然哲学の最大ポイントがあります。

したがって、自然の状態にある限り、言い換えれば、強制がない限り、火は上方へ立ち昇り、土は下方へ落下し、天体は円軌道を描いて運行します。上方とは中心から遠ざかる方向をいい、下方とは中心に向う方向をいいます。それゆえ、アリストテレスの考えでは、世界の中心ははっきりと確定されているのであります。元素はそれ本来のあり場所に近づけば近づくほど速度を増します。土にとっては中心がその本来のあり場所であるゆえに中心に近づけば近づくほど速度を増し、火にとっては上方がその本来のあり場所であるがゆえに上昇すればするほど速度を増します。これに反して、火が下降し、土が上昇するのは、自然運動ではなく、強制による運動であります。それゆえ土は上方へ昇るにしたがって速度を鈍らせ、火は下降するにしたがって速度を鈍らせます。

ところで、直線運動はいずれも無限ではありえないとアリストテレスは考えました。それはひとつには、宇宙の広がりは無限でなく、最外端の恒星の天球によって限られていると考えたためであり、またひとつには、もし無限な直線運動があるとするなら、先に述べた理由によって、火は上方へ無限に速度を増すことになろうし、土は下方へ無限の速さで落下することになろうが、無限の速さといったものは現実態としては考えられないからというようにあります。無限に進みえない以上、直線運動は必ず折れ曲らねばなりません。すると、それはもはやひとつの運動ではなく、二つの運動です。直線運動はこのように反対から反対への運動であるがゆえに連続的ではありえず、したがって永遠ではありません。その結果、直線運動を固有の運動とする火、空気、水、土の四元素、およびそれら四元素から合成されているいずれの地上の物体の運動も永遠でないこと、必然であります。かくして、四元素および四元素から合成されているものども、月下の諸物体は生成、消滅、変化を免れません。

このことがアリストテレスに天体は四元素とは異なる第五の元素によって形成されているのでなければならないと考えさせた理由であります。彼の確信するところでは、天体には生成、消滅、変化は帰属せず、またその運動にも、多年の観察からして、変動があったようには思われないからであります。ところで、連続的でありうる唯一の運動は円運動であります。円運動には反対がないからです。ところが、四元素に固有する運動は直線運動であり、円運動ではありません。それゆえ天体は円運動を固有の本性とする第五の元素によって形成されているのでなければならないとアリストテレスは考えました。そしてこの円運動を固有の本性とする第五の元素として彼はアイテール（αἰθήρ）を提唱したのであります。アイテールは火とも空気とも異なり、「永遠に走る」（ἀεί - θεῖν）元素であって、円運動を固有の運動とします。円運動のみが、連続的であり、永遠の運動でありうるからです。

かくして、天上界の月、太陽、五遊星、恒星は不生、不滅、不変の不死なる存在であり、永遠に円軌道を描いて大地の周りを周行します。天体が円軌道を描くのは、前述のように、それらの元素であるアイテールが円運動を固有の本性（ピュシス）とするからです。それゆえアリストテレスは天体を月下の物体とは本性的に異なる優越的存在であると考え、それをしばしば「神的なもの」（τὸ θεῖον）と呼んでいます。それには生命すら属するといいます。彼らが自らの神話を星座という形で天界に仮託しえたゆえんであります。彼らギリシア人には天体はまだ神的存在として親しく輝いていました。

天上の世界と月下の世界を本性的に異なる別の世界として区別するこのアリストテレスの理論は、地上で物体が落下する法則も天上で天体が運行する法則も同じ引力の法則であることを確信しているわたしたち近代人にとってはナンセンスな主張以外のものとは思えませんが、しかしこれは、以上のごとく、天文学的に観察される天体の一貫した不変の運動を説明するためにアリストテレスが考え出した苦肉の理論であったわけであります。そしてこのような無理な理論をアリストテレスに構想させたゆえんのものは、自然存在（τὸ φυσικόν）である以上、それには運動が固有の本性として属していなければならないという、ほとんど呪縛ともいうべき太古的概念「ピュシス」に由来するアリストテレスの固定観念だったのであります。アリストテレスにおいては自然存在はまだ故郷を喪失しておりませんでした。むしろ故郷性と自然性は不可分な概念であることをわたしたちはアリストテレスの自然哲学から学ぶのであります。

天体

アリストテレスによれば、天界は次のような構造を有します。まず大地が中心に位置します。そしてその周囲を、月、太陽、五遊星（水星、金星、火星、木星、土星）、恒星が、下から上に、換言すれば、中心から外周の方向に、この順に位置し、周行します。大地が中心に位置するのは、既述のように、土が下方へ落下する固有の本性（ピュシス）を有しているからであり、下方への運動とはすなわち中心に向かう運動の謂いに他ならないからであります。そしてまたこの同じ根拠からして、大地の形が球形であることが帰結されます。四方から中心に集中することによって形成される形態は球形だからであります。かくして、大地は宇宙の中心に位置するさほど大きくない球体であるといいます。大地（地球）の円周については、当時の数学者たちはこれをほぼ40万スタディオンと計測しました。これは約7万キロメートルの長さにあたり、地球の円周の実際の長さである３９８７８キロメートルのほぼ二倍の数値であります。

月より上の天体は円軌道を描いて大地の周りを周転します。しかしそれらの天体はそれぞれ単独で運に一斉に移動するのが見られるのではなく、各々に固有する天球（σφαῖρα）によって運ばれていると、アリストテレスも含めて、当時の天文学者の多くは考えていました。一晩ですべての天体が東から西に一斉に移動するのが見られることがこのような理論を生み出させたのでありましょう。天界の最外周にある天球は恒星の天球であり、これは一日、24時間で大地の周りを一回転します。他の天体の天球も一日に大地の周りを一回転しますが、しかし恒星とは異なり、月や太陽や遊星はそれぞれ不規則とも見える複雑な動きを示すのが見られます。太陽と月は出没の時間や場所を少しずつ変えていくし、遊星は、見かけ上、立ち止まったり、逆行したりすることのあることにギリシア人は気づいていました。月や太陽や遊星のこういった複雑な運動をエウドクソス（Eudoxos 前三六五年頃最盛期）は、中心は同じくするが回転軸を異にするいくつかの天球を組み合わせることによって説明しました。彼は月に3個、太陽に3個、水星に4個、金星に4個、火星に4個、木星に4個、土星に4個の天球を配当しています。これに対してカリッポス（Kallippos エウドクソスの若年の同時代人）は、エウドクソスの理論では四季の日数の相違や火星の逆行現象を十分に説明することができないとして、さらに天球の数を増やし、月に5個、太陽に5個、水星に5個、金星に5個、火星に5個、木星に4個、土星に4個の計33個の天球を配当しました。アリストテレスはこのカリッポスの理論を継承します。しかし彼は、ある天球の運動が次の天球の運動に影響を与えないためにはその天球の影響を消し去る逆行する天球がなければならないとし、本来の天球の他にさらに、月を除いた太陽と五遊星に、本来の天球の数から一を引いた数の逆行天球を配当しました。それゆえ彼の想定によれば、天球は月に5個、太陽に9個、水星に9個、金星に9個、火星に9個、木星に9個、土星に7個存在することになります。しかしアリストテレスはこの天球の数を確定的なものとは考えておらず、多分これだけであろうと蓋然的に語りうるものであるとして、この天球理論については将来における改善の余地を認めています。各天体の独立した運動を当然のこととする今日の天体論からすると何とも理解に苦しむような天球理論ですが、不思議なことに、この天球理論は意外にしぶとく、中世を越えてルネッサンス期まで生き延びました。

時間、空間、無限、空虚。

アリストテレスは、天界は空間的に無限ではありえず、恒星天球の外端がその限界であると考えていました。それは彼が、無限が現実態として存することは不可能であると考えていたからであります。無限（ἄπειρον）は実体でも付帯性でもなく、離れて存在するものではありえないと彼はいいます。したがって無限な物体とか、無限な大きさ（広がり）といったものは存在しません。換言すれば、無限は現実態としては存在しません。しかし、だからといって、無限という概念がまったく無意味というのではありません。それは、たとえば数をさらに（無限に）付け加えていくことができるとか、ある物をさらに（無限に）分割していくことができるというような意味において、意味を有しています。この場合でも、しかし、無限な数や無限な分割が現実態として存在するというのではありません。アリストテレスは無限という概念は可能的にのみ意味を有する概念であると考えていました。「無限は可能態としてのみ存在し、現実態としては存在しない」というのがアリストテレスの無限についてのテーゼであります。

したがって無限な空間的広がりといったものは現実態としては存在しません。アリストテレスは場所（τόπος）を容器のようなものと考えています。容器が持ち運びできる場所であるように、場所は持ち運びできない容器であるといいます。たとえば、舟と水は相対的な位置関係を有し、また互いの位置関係を変えることができます。しかし舟や水の相互の位置関係を規定しうるのは、それらを包んでいる川全体を前提とすることによってのみであります。したがってこの場合には、川全体が舟や水など、その中にあるすべてのものを包む場所であります。天界全体に関しても、事情はこれと同じです。それゆえ

「場所とは包むものの第一の不動の限界である」（『自然学』Δ 4. 212 a 20）とアリストテレスは定義しました。天界全体がその中に包まれるすべてのものにとっての不動の限界であり、場所であります。そしてその限界は恒星天球の最外端であります。

したがって天界内にあるすべてのものは何らかの場所の内にあるということができます。またそれらは互いに対して場所的な位置関係を有しています。しかし天界（οὐρανός）そのものはどのような場所にあるともいうことはできません。包むものである天界が前提となってはじめて場所ということは意味を持つのだからであります。天界は包むものの不動の限界であるがゆえに天界の外ということは意味をなさず、天界の外の空虚な場所といったものは存在しません。アリストテレスは空虚（κενόν）の存在を否定しました。

場所の種は上・下、左・右、前・後であります。このうち、左・右、前・後は相対的な規定に過ぎませんが、上・下は絶対的、客観的な規定であるといいます。なぜなら土や重いものが運ばれていくところが下であり、火や軽いものが運ばれていくところが上だからであります。それゆえ場所（空間）は単に広がっているというだけでなく、それ自身性能を有しています。下は重いものをそこへ運んでいく性能を有しているし、上は軽いものをそこへ運んでいく性能を有しているからであります。

時間（χρόνος）もまた無意味な概念ではなく、何らか存在するものであることは明らかであります。ところで、時間は常に運動と共に考えられます。運動を意識するとき、わたしたちはまた時間も意識するからです。しかし運動そのものが時間であるわけではありません。運動は、運動するものが取り去られれば、取り去られますが、時間は取り去られないからであり、また運動は速かったり遅かったりするが、時間は一定であり、速いとか遅いということそれ自体が時間によってはじめて可能になる規定だからであります。だがそれでもやはり運動なしには時間は捉えられません。前の今と後の今の間にもし何らの転化もなかったなら、あるいは転化を意識しなかったなら、わたしたちは両方の今を区別することができず、時間が経ったとは思わないでありましょう。転化を意識する場合にのみ、わたしたちは両方の今が異なるものであることを知り、時間の経過を意識するのであります。それゆえアリストテレスは「時間とは前と後に関しての運動の数である」（『自然学』Δ11. 219 b 1）と定義しました。数といっても、しかし、それでもって物が数えられるものという意味での数ではなく、数えられるものという意味でのそれですが。

このアリストテレスの定義は、しかし、どう見ても、時間が何であるかを明らかにするものであるとは思えません。なぜなら前と後ということそれ自体がこの場合にはすでに時間規定だからであり、したがってここでは時間を定義するのに時間でもってなされているのだからであります。アリストテレスの時間論において興味あるのは、むしろ、時間が前と後に関しての運動の数であるなら、この数を数えるもの、すなわち魂がなくても時間は存在するであろうかと自問されていることであります。この問いに対するアリストテレスの答えは必ずしも明確なものでありませんが、それにしてもこれはカントの時間論にも通じる興味ある問題提起ではあります。

転化

不動の動者以外のすべてのものは運動ないし転化します。アリストテレスは転化（μεταβολή）を範疇にしたがって分類しています。実体に関する転化は生成（γένεσις）と消滅（φθορά）であり、質に関するそれは変化（ἀλλοίωσις）であり、量に関するそれは増大（αὔξησις）と減少（φθίσις）であり、場所に関するそれは移動（φορά）であります。このうち、生成と消滅を除いた、変化、増大、減少、移動は一般に運動（κίνησις）と呼ばれます。運動が狭義の意味でいわれるときには、それは移動と一致します。

移動（φορά）という意味での狭義の運動においては、円運動が第一の運動であり、完全な運動であります。なぜなら、既述のように、それのみが連続的であり、永遠でありうるからです。これに反して、直線運動は反対から反対への運動であるがゆえに連続的ではありえず、したがって永遠でもありえません。円運動は天体を形成するアイテールに属し、直線運動は月下の事物を形成する四元素に属するということについては先に述べました。

場所的な運動には、既述のように、自然本性的な運動と強制的な運動があります。前者は火が上昇し、土が落下し、アイテールが円周を描くというように、そのものの本性に属し、外からの強制がない限り自発的に起こる運動です。これに対して、後者はあるものによって他のものが動かされるような場合の運動であります。

前者の自然本性的な運動においては、アリストテレスは、速さは重さに比例すると考えました。したがって、アリストテレスによれば、重い物体ほど速く落下します。周知のように、これはガリレオによって否定された理論であります。ガリレオによれば、物体はその重さに関係なく、すべて同じ速度で落下するのだからであります。これはいうまでもなく、アリストテレスがその落下理論から空気抵抗を捨象しなかったことの結果でありましょう。というよりは、重いものが有する下へいきたいという衝動をアリストテレスがより切実に感じ取った結果であったのかも知れません。運動をその物の本性（ピュシス）と考えるアリストテレスが運動傾向を衝動として感じ取っていたとしても不思議でありません。運動は、アリストテレスにとっては、単なる物理的現象に尽きるものではありませんでした。

ある物体が他の物体によって動かされる強制運動においては、アリストテレスは、速度は物体に加えられる力に比例し、重さに反比例すると考えました。アリストテレスの運動方程式は、したがって、力＝重さ×速度となります。速度は距離を時間で割ったものですから、力をF、重さをW、距離をD、時間をTとすると、アリストテレス力学における力、重さ、距離、時間の関係式はF＝W・D／Tとなります。すなわち力は重さと距離に比例し、時間に反比例します。これに対して、周知のように、ニュートンは、力が比例するのは速度ではなく、加速度であることを発見しました。ニュートン力学における運動方程式は力＝質量×加速度であります。アリストテレスは未だ加速度という観念を持ちませんでした。

またアリストテレスは、ある力がある物体を一定の時間に1という距離を動かしたからといって、必ずしもその半分の力がそのものを同一時間に1／2の距離を動かすとは限らないといいます。その場合にはその物体を全然動かさないといったこともあるからです。これも、先ほどの場合と同様、アリストテレスがその運動力学から摩擦現象を抽象しなかったことの結果でありましょう。いずれにせよ、彼の力学は数学的思考によって構成された抽象的な力学理論というよりは、実際の経験・観察により強く影響された力学理論であったということができるでありましょう。何度も申しますが、運動はアリストテレスにとっては単なる物理的現象でないのであります。

アリストテレスは運動を一般に「可能的なものの、可能的なものである限りにおける、完全現実態」（『自然学』Γ 1. 201 a 10）と定義しています。これが広義の運動概念に彼が与えた最も一般的な定義であります。たとえば種子の成木への成長過程を考えてみるに、種子が木となってしまった段階においては、すなわち完全現実態に達してしまった段階においては、種子の木への運動は終っています。したがって完全現実態においては、運動は成立しません。また逆に可能態のままにとどまっている場合も、言い換えれば、種子のままでありつづけている場合も、何らの運動も起こっていません。それゆえ未だ種子でありながら、すなわち可能的にしか木でない状態にありながら、木へと現実活動する場合にのみ、種子は木への運動過程にあるのであります。かくして運動とは一般に「可能的なものの、可能的なものである限りにおける、完全現実態」ということができます。

月下の世界では何ものも永遠ではありえず、すべてのものが生成・消滅し、転化します。アリストテレスは、エンペドクレスとは異なって、四元素そのものも相互に転化し合うと考えました。火は温にして乾なるものであり、空気は温にして湿なるものであり、水は冷にして湿なるものであり、土は冷にして乾なるものであります。それゆえ火（温・乾）が乾を湿に変えると空気（温・湿）となり、逆に空気（温・湿）が湿を乾に変えると火（温・乾）になります。また空気（温・湿）が温を冷に変えると水（冷・湿）となり、水（冷・湿）が冷を温に変えると空気（温・湿）になります。さらにまた水（冷・湿）が湿を乾に変えると土（冷・乾）となり、土（冷・乾）が乾を湿に変えると水（冷・湿）になります。同様に土（冷・乾）と火（温・乾）との間にも冷と温の交換による相互転化があります。このようにアリストテレスは四元素の相互転化を四元素のそれぞれが有する温、冷、乾、湿という基本性質の相互転換によって説明しました。火から空気、空気から水、水から土、土から火といった転化ないしはその逆の転化は容易ですが、火から水、水から火、あるいは空気から土、土から空気といった転化が起こりにくいのはこのためであるといいます。後者のごとき転化が起こるためには元素はそれに固有する両性質とも変更しなければなりません。たとえば火（温・乾）が水（冷・湿）に転化するためには、火は温と乾の両性質とも冷と湿に変えねばならないのであります。

自然の合目的性

自然におけるすべての存在は転化し、運動します。ところで、運動があるところ、そこには必ず動かすものがなければなりません。このことは自ら動くものの場合でも例外でありません。動かす自己と動かされる自己は区別されるからです。しかし月下の世界におけるすべての動者はそれ自身もまた動かされます。なぜなら、あるものが他のものを動かすのは接触によってでなければならないでしょうが、接触するものはまた自らも影響を被らざるをえないからであります。月下の世界におけるがごとき動者はそれゆえすべて被動の動者（τὸ κινούμενον καὶ κινοῦν）であり、それ自身もまた他のものによって動かされます。しかしこの被動の動者の系列は無限であってはなりません。無限は現実態としては存在しないからであります。それゆえ自らは動かないで他のすべてのものを動かす第一の不動の動者（τὸ πρῶτον κινοῦν ἀκίνητον）が究極の原因として存在しなければなりません。ところで、この不動の動者は動力因（causa efficiens, τὸ ὑπό τινός）という意味での原因ではありえません。そういう意味での動者は、前述のように、それ自らも影響を被らずにいないからであります。それゆえアリストテレスは、すべての運動の第一の原因である不動の動者は目的としての原因、すなわち目的因（causa finalis, τὸ οὗ ἕνεκα）でなければならないと考えました。目的のみが動くものから影響を受けることなく、物を動かす原因たりうるからであります。すべてのものは恋慕うようにこの目的を目指して動きます。それは「愛されるものとして動かす」（κινεῖ ὡς ἐρώμενον）のであります。この目的因をアリストテレスは「思惟の思惟」（νόησις νοήσεως）として構想しました。それは純粋現実態、純粋形相であり、不動の動者を論じた『形而上学』の第十二巻がプラトン的と評されるゆえんであります。ためにW・イエーガーは『形而上学』の第十二巻をアリストテレスがまだアカデメイアに在学していた頃の彼の初期の論文であろうと推定しました。

　したがってすべての運動は、月下の世界のそれも、天上の世界のそれも、究極的には不動の動者である目的因にその原因を負っています。このことはすべての運動が「何のために」という目的性を帯びていることを意味しています。それゆえアリストテレスは自然における運動や物事のすべてが目的性によって貫かれていると考えました。自然は決して偶運（τύχη）によって生起するのではなく、また単なる必然性（ἐξ ἀνάγκης）の見地からだけで説明しうるものでもなく、その本質を捉えるためにはそれが

「何のために」(τίνος ἕνεκα) あるのかということ、すなわち目的の見地から考察しなければならないというのがアリストテレス自然哲学の一貫した立場でした。自然存在のすべてがその内奥の本質においては目的性によって貫かれているのであり、それゆえ「自然は何ものも無駄には造らない」(『政治学』A 1. 1253 a 9) のであります。

動物

自然において最も明白に目的性が認められるのは動植物といった有機的存在においてであります。アリストテレスは、それゆえ、この分野に彼の自然観に合致した重要な研究領域を見出しました。

動物の身体は三つの段階を経て形成されるとアリストテレスはいいます。第一の段階は火、空気、水、土の四元素であり、第二の段階は骨、肉、血液、毛などといった等質部分的なもの (τὰ ὁμοιομερῆ) であり、第三の段階は口、鼻、耳、脳、舌、歯、心臓、肺、胃、腸などの異質部分的なもの (τὰ ἀνομοιομερῆ)、すなわち器官 (ὄργανον) であります。そしてこれらの諸器官から全体である身体が構成されているのであります。身体は各器官からできており、器官(異質部分的なもの)は等質部分的なものからできており、等質部分的なものは四元素からできているという意味では、各器官の方が身体より先であり、等質部分的なものの方が器官(異質部分的なもの)より先であり、元素の方が等質部分的なものより先です。しかし物の実体(本質)の見地から見れば順序はこの逆で、等質部分的なものの方が元素より先で、異質部分的なもの(器官)の方が等質部分的なものより先で、全体である身体の方が各器官より先であります。身体全体を形成するために各器官があり、器官(異質部分的なもの)を形成するために等質部分的なものがあり、等質部分的なものを形成するために元素があるのだからであります。アリストテレスは前者の生成の順序よりも後者の実体の順序の方がより本質的であると考えていました。

なぜなら器官、たとえば口を説明するにはその素材を列挙するだけでは十分でなく、「養分を体内に取り入れる部分」というように身体全体に位置づけてはじめてそれを十全に果すことができるからであります。質料より形相、部分より全体が先であるというのがアリストテレス哲学の一貫した立場でした。

それゆえ、動物身体の各器官（ὄργανον）については、それが何のためにあるのかということ、すなわちその働き（ἔργον）を捉えることが重要な視点となります。こういった見地からアリストテレスは身体の各部分について詳細な観察を行ないました。彼の観察のいちいちをここで検討することはできませんが、それらは極めて綿密、細心なものであり、彼の観察の正確さはしばしば近代の動物学者たちを驚嘆させました。もちろんその中には、たとえば肺を生命の火を起こすふいごと見なしたり、頭を冷却器官と考えているなど、思い込みに基づいたナンセンスなものや誤謬もありますが、全体としては正確であり、当時としては驚くほどの正確さを示しています。この方面における彼の組織的研究は解剖学や生理学に不動の基礎を与える業績ということができます。

またアリストテレスは、身体の仕組みの相違、器官の相違、血液の有無、生殖方法の相違などに基づいて、動物を分類しました。分類の一覧表をアリストテレスが与えているわけではありませんが、『動物誌』における彼の記述を見れば、彼が体系的な分類のもとに動物を捉えていたことが確認されます。そういった記述から作成される一覧表をジャン・ブラン著『アリストテレス』（有田潤訳、クセジュ文庫、白水社）によって示せば、次のようになります。

A 脊椎動物（有血）
　I 胎生動物
　　1 人間

2 鯨類
3 胎生四足獣
(a) 分趾蹄反芻動物－羊、牛
(b) 非分趾蹄動物－馬、驢馬
(c) その他の胎生四足獣
Ⅱ 卵生または卵胎生動物
α 完全卵
4 鳥類
(a) けづめを持つ猛禽類
(b) 水かきを持つ游禽類
(c) はと
(d) 滑走する鳥、かわせみ
(e) その他
5 卵生四足獣－両棲類、大部分の爬虫類
6 蛇
β 不完全卵
7 魚類
(a) 軟骨魚類（さめを除く）
(b) その他
B 無脊椎動物（無血）

Ⅰ 完全卵生
　頭足類
　甲殻類
Ⅱ 特殊卵生
　昆虫
　くも
　さそり
Ⅲ 発芽または自然発生
　軟体動物（頭足類を除く）
　棘皮動物
Ⅳ 自然発生
　海綿
　腔腸動物

この表を見れば、アリストテレスが組織的な体系的見通しのもとに動物を観察していたことが実感されるでありましょう。

植物についても同じような分類を行なったであろうことが想像されますが、残念ながら植物に関する彼の論文は散逸して伝わりません。しかしアリストテレスに植物に関する論文があったことは、ディオゲネス・ラエルティオスの『ギリシア哲学者列伝』に掲載されているアリストテレスの著作目録の中に『植物について』（Περὶ φυτῶν）なる書名が見られることから確認されます。

魂（プシュケー）

ところで、生命の原理は魂（ψυχή）であります。「生命を有する」（ζωὴν ἔχον）ということは「有魂」（ἔμψυχον）ということとほとんど同義であり、それゆえすべての生き物には魂が存します。植物も、動物同様、魂を有します。植物と動物、あるいは下等動物と高等動物といった生物間に見られる能力や知的程度の相違はそれらの有する魂の能力の相違に基づきます。

魂と身体の関係は形相と質料の関係です。身体はそれだけでは本質なき質料であり、形相である魂によってはじめて本質を得ます。ところで、形相は現実態であり、質料は可能態であります。それゆえアリストテレスは魂を「可能的に生命を持つ自然的物体（身体）の第一の完全現実態」（『デ・アニマ』B 1. 412 a 31）と定義しました。

さて、形相がなければ、質料は本質を得ないし、また質料がなければ、形相は存在しえません。それゆえ、魂がなければ、身体は身体として成立しえないし、また逆に身体がなければ、魂は存在しえません。魂と身体はちょうど蜜蝋とそれに刻印された押印のようなものであって、言葉の上では区別しえても、現実には区別することの不可能なものであるとアリストテレスはいいます。アリストテレスはプラトンによって説かれた魂と身体の二元論を批判し、魂と身体の不可分性を強調しました。ピュタゴラス学徒やプラトンにおいては、身体は魂を閉じ込めている墓であって、魂は本来不死なる存在として身体から離れてあるべきものとされました。哲学はそのためにこそなされるべきものであり、したがってソクラテスやプラトンにとっては哲学は「死の準備」でした。これに対してアリストテレスは、眼から視力を切り離すことができないように、身体からその本質（形相）である魂を切り離すことはできないと主張します。視力を失った眼はもはや眼でないように、魂を失った身体はもはや身体ではないであろうと彼はいいます。「見る」ということが眼の本質であるなら、それを失った眼はもはや眼とはいわれません。身体の本質（形相）である魂も身体に対してそれとちょうど同じ関係にあるというのであります。

アリストテレスによれば、魂には栄養摂取的部分（θρεπτικόν）、欲求的部分（ὀρεκτικόν）、感覚的部分（αἰσθητικόν）、場所運動的部分（κινητικὸν κατὰ τόπον）、思考的部分（διανοητικόν）の五つの能力ないしは部分が存します。

最初の栄養摂取的能力とは、他のものを同化することによって個体を維持する生物に最も基本的な能力であって、それゆえそれはすべての生物に共通します。種において自己を再生する働きは生殖ですが、アリストテレスは生殖能力を栄養摂取的能力と同一の能力と見なしています。栄養摂取的能力は植物に属する唯一の能力であり、植物はこの能力しか有しません。動物はその上さらに欲求的能力、感覚的能力、場所移動の能力を有しますが、思考的能力、すなわち知性（νοῦς）を有するのは人間のみであります。

欲求的能力と感覚的能力と場所移動の能力は互いに密接な関係にあります。なぜなら、快苦を感覚するもののみが欲求するからであり、欲求するもののみが場所移動する動機を有するからであります。しかしすべての動物が場所運動の能力を有しているわけではありません。

感覚器官（αἰσθητήριον）としては、視覚、聴覚、臭覚、味覚、触覚の五つの感覚器官があります。いわゆるこの五感以外に感覚器官は存在しません。運動、静止、数、形、大きさなどはあるひとつの感覚に特有する対象ではなく、すべての感覚器官によって捉えられる共通なるもの（τὰ κοινά）であります。この共通なるものを捉える特別の感覚器官が第六の感覚器官としてあるわけではありません。アリストテレスはある箇所で、共通なるものは視覚、聴覚、触覚といった各感官がそれぞれ色や音や感触を感覚するときに付帯的に（κατὰ συμβεβηκός）感覚されると語っています。しかしその意味は、ディアレスの息子が付帯的に感覚されるといわれる場合のそれとは異なっています。ある白いものが感覚され、そしてそれがたまたまディアレスの息子である場合、ディアレスの息子は付帯的に感覚されるといわれます。この意味においては、運動、形、大きさ、数といった共通なるものはむしろ自体的に（καθ' αὑτό）感覚されるものに属します。ただしかし、それらは特定の感覚器官に特有のもの（ἴδιον）ではなく、それらに共通なるもの（κοινόν）であるという点において、色や音や感触などとは異なるのであります。

アリストテレスによれば、感覚（αἴσθησις）とは、対象から質料を抜きにして、形相だけを受け取る能力であります。それはちょうど蜜蝋が指環の形を素材の鉄や金なしに受け取るのと同様です。この感覚的形相（αἰσθητὸν εἶδος）が感覚対象の取り去られた後も残存するとき、それは表象像（φάντασμα）と呼ばれます。表象の能力は表象力（φαντασία）であります。そしてこの感覚ないしはその残留である表象から記憶（μνήμη）が、ある種の動物には生じないが、ある種の動物には生じてきます。記憶する能あるもののみが経験（ἐμπειρία）を有しえます。そしてこの経験を介して、技術（τέχνη）や学問（ἐπιστήμη）が獲得されます。

人間は思考的能力（διανοητικόν）、すなわち知性（νοῦς）を有し、思惟します。ところで、知性そのものは未だそこに何も書き込まれていない無記の板のようなものですから、知性はまずもって対象を受け容れねばなりません。知性（νοῦς）の思惟されるもの（νοητά）に対する関係は感覚（αἴσθησις）の感覚されるもの（αἰσθητά）に対する関係と同じです。感覚が感覚的形相を受け容れるように、知性は思惟的形相を受け容れねばなりません。それゆえ知性は一方では受動的（παθητικός）です。受動的知性（παθητικὸς νοῦς）は一種の容器のようなもので、感覚や表象像を思惟の素材として受容した状態で存します。しかし知性は他方ではそれらの思惟的形相に能動的に働きかけ（ποιεῖν）、そのことによって思惟します。それゆえ知性はこの観点では非受動的（ἀπαθής）であります。この知性を後の注釈家たちは能動的知性（ποιητικὸς νοῦς）と呼びました（アレクサンドロス『アリストテレス「デ・アニマ」注解』参照）。

この能動的知性という呼称はアリストテレス自身によるものではありませんが、アリストテレスの思想を正しく表現する概念であると一般には理解されています。能動的知性は光のようなものであって、光が可能的に色であるものを現実的な色とするように、可能的に思惟対象である素材は能動的知性によってはじめて現実的な思惟とされるのであります。この知性のみが非受動的であり、混ざり気がなく、常に現実態において存在します。したがってこれのみが不死であり、永遠であるとアリストテレスは説きました。それゆえ、アリストテレスによれば、魂のすべてが不死なのではなく、その思考的部分のみが、しかも受動的ではなく、能動的な部分のみが、すなわち能動的知性のみが不死なのであります。この能動的知性（ποιητικός νοῦς）の教説は初期のキリスト教思想に照明説や光の宗教などさまざまな形で影響を与えました。ソクラテス・プラトン哲学と異なり、アリストテレス哲学においては個的魂の不死性は説かれていません。というよりは、アリストテレスはそもそも魂を個的なものとは考えておらず、キリスト教世界で重要概念となった個的魂の不死性の問題はアリストテレス哲学では何らの問題系も形成しませんでした（アヴェロエス『アリストテレス「デ・アニマ」大注解』参照）。

以上、アリストテレスの自然学思想を概観しました。

第23講 アリストテレス（其の四）

本講ではまず『ニコマコス倫理学』および『政治学』を基本テキストとして、アリストテレスの実践学関係の思想を俯瞰します。その後、制作術関係の思想もあわせて概観します。

倫理学

倫理学は精密科学ではない。

倫理学※ないしは政治学の研究分野は行為・実践（πρᾶξις）の領域であります。ところで、行為に関する論述においてはその論証は数学におけるがごとき精確さは期し難い。それゆえアリストテレスは、この分野での研究は、おおよその事柄を、おおよそにおいて当てはまる出発点から論じて、おおよそにおいて妥当する結論を得るなら、それでもって満足すべきであるとして、倫理的研究が数学のような精密科学でないことをその研究の冒頭において強調しています。ソクラテスやプラトンは行為に関する問題に関しても善のイデアといった超越的原理から論じて絶対確実な学知（エピステーメ）を確保しようとしました。これに対してアリストテレスは、その場限りの仕方で語ることを数学者に許すべきでないように、倫理学上の問題に厳密な論証を求めるのもまた筋違いであるとして、両学問間の質的な相違を明確に指摘しています。また彼は世上一般の意見、いわゆる世論（τὰ φαινόμενα）も、そこにも何がしかの真理は表現されているとして、尊重しました。これは世上の意見などは信ずるに足りないとして、しばしば常識に反した極端な道徳思想を説いて怪しまなかったソクラテスやプラトンの超越的な倫理思想と著しい対照をなします。アリストテレスの倫理思想は著しく現実的であります。

※アリストテレスは「倫理学」という名称を本論においてはただの一度も使用していません。いわゆる倫理的研究も広い意味で政治学のもとに含めて論じています。

人間的善、最高善。

さて、技術や研究、あるいは行為や選択など、およそ人間によってなされるすべての活動はことごとく何らかの善（τὸ ἀγαθόν）を希求しています。それゆえ善（τὸ ἀγαθόν）をもってそれぞれの行為の目的と見なさねばなりませんが、諸々の目的の間には、他のより高次の目的に到達するための手段となるがゆえに目的とされるものから、それ自体が目的であって、もはや他のものの手段とはならない究極的な目的にいたるまで、目的間にさまざまな高低の序列が見られます。たとえば、鞍作り術の目的は鞍ですが、鞍は乗馬のための手段であり、また乗馬は勝利を目的とする戦争のための手段となり、そして勝利は国家存立のための手段であるというように。もはや他の善きものの手段とはならず、かえって他のすべての善きものがそのための手段となるような究極の善が最高善（τὸ ἄριστον）であります。だとすれば、一体何をもって人間の求めるべき最高善とすべきでしょうか。人間の求めるべき、あるいは人間が手に入れることのできる最高の善、すなわち人間的善（τὸ ἀνθρώπινον ἀγαθόν）を見定めること、それがアリストテレスがその倫理的研究によって目指した課題でした。

ところで、何が目指されるべき最高の善であるかに関しては、あらゆる人の意見が一致しているように思われます。すなわち人々の考えるところでは、それは幸福（εὐδαιμονία）であります。アリストテレスもこの点では彼らの意見に同意します。しかし、では一体何をもって幸福と考えるかに関しては、人々の意見はまちまちで一致しません。ある人は快楽を最高の善と考えているし、ある人は富がそれであるとし、またある人は地位や名声がそれであるとします。しかしこういった外的な善をもって最高善とすることの当らないことはただちに明らかとなります。なぜなら最高善といわれるべきはそれ自体が目的であるところの自足的な善でなければなりませんが、右記のすべては、なるほどそれぞれ善きものではあるが、幸福たるために追求されるものだからであります。それにまたそれらが必ずしも幸福と一致しないことも色々な事実からして知られます。同じ感覚でも快と感じる人もあれば不快と感じる人もあるであろうし、また同じ人であっても健康な場合と病気の場合とでは同一の感覚をまったく違ったように感じるでありましょう。また富を得ながら不幸な人の例はいくらでもあります。名声や地位に関しても同様です。それゆえアリストテレスは、自足的な真の幸福はこういった外的な善によっては得られず、人間本性に根ざした内的な善性に基づくものでなければならないと考えました。


機能、活動。

ところで、笛吹きは笛を上手に吹くときが最も幸福であり、船乗りは船を自由に操るときが最も幸福です。それと同じように、人間も彼が真に幸福であるのはその本性を完全に発揮して機能するときでありましょう。このようにアリストテレスは幸福を快楽や富や名声や地位といった外的善に求めるのではなく、そのものに固有する機能（ἔργον）ないしは活動（ἐνέργεια）に求めました。では、人間の本性に固有する機能とは何でありましょうか。真の人間的幸福を見出すためには、それゆえ、人間本性に固有する機能が何であるかを最初に見定めねばなりません。

アリストテレスが魂の能力として栄養摂取的能力（θρεπτικόν）、欲求的能力（ὀρεκτικόν）、感覚的能力（αἰσθητικόν）、場所運動的能力（κινητικὸν κατὰ τόπον）、思考的能力（διανοητικόν）の五つの能力ないしは部分を区別したとのことは前講の「自然学」において述べました。このうち、栄養摂取的能力はすべての生物に共通する能力ですから人間に固有する能力とはいえません。また欲求的能力と感覚的能力と場所移動の能力も、人間はこれらを動物と共有しています。だとすれば、人間に固有する能力といわれるべきは思考的能力ないしは思考的部分でありましょう。これらの能力ないし部分を有理的部分（τὸ λόγον ἔχον）と非有理的部分（τὸ ἄλογον）に大別するなら、人間固有の本性はその有理的部分にあるといわねばなりません。かくして、アリストテレスは人間本性に固有する機能を「理に即した、ないしは理を欠いていない限りにおける、魂の活動」（ψυχῆς ἐνέργεια κατὰ λόγον ἢ μὴ ἄνευ λόγου）（『ニコマコス倫理学』A 7. 1098 a 7）と規定しました。

それゆえ人間はその有理的部分に基づいて活動するとき、自己の本領を発揮するということができます。しかしただ単に活動するというだけでは不十分であります。笛吹きの幸福はただ彼が笛を吹きさえすれば実現されるというわけのものではなく、卓越性に基づいて立派に吹くことによってはじめて実現されます。それと同じように、人間もその徳ないしは卓越性に基づいて有理的部分に即した活動を立派に実現することによってはじめて真に辛福たりうるでありましょう。

徳（卓越性）

通常「徳」と訳されるギリンア語のアレテー（ἀρετή）は邦語の徳より広い意味を有する概念であり、

そのものに固有する性能ないし卓越性を意味するということについてはソクラテスの徳論を論じた際にも述べました。たとえば鋏や琴やペンにも徳はあるのであって、鋏の徳はシャープな切れ味であり、琴のそれは美しい響きであり、ペンのそれは書きやすさであります。人間の本性を最もよく発揮させる人間固有の性能ないしは卓越性、すなわち人間的徳（ἀνθρωπινὴ ἀρετή）としてアリストテレスは知性的徳（διανοητικὴ ἀρετή）と倫理的徳（ἠθικὴ ἀρετή）を挙げました。前者の知性的徳とは、理に即した（κατὰ λόγον）卓越性であって、技術（τέχνη）、思慮（φρόνησις）、学知（ἐπιστήμη）、「知恵」（σοφία）、「知性（直知）」（νοῦς）がそれであります。これらのあるものは他の仕方ではありえない事柄に係わり、他のものは他の仕方でもありうる事柄に係わります。前者をアリストテレスは認識的部分（τὸ ἐπιστημονικόν）と呼び、後者を勘考的部分（τὸ λογιστικόν）と呼びます。前者は別様でありえない永遠不変な必然的真理に係わる理論的な知的能力であり、学知（ἐπιστήμη）、知恵（σοφία）、知性（直知）（νοῦς）がそこに含まれます。後者は別様でもありうる現実的な事柄に係わる実践的能力であり、技術（τέχνη）と思慮（φρόνησις）がそれであります。この後者の別の仕方でもありうる事柄に関してのみ思量（βούλευσις）が行なわれます。別様でありえない永遠不変な事柄に関して思量する者はいないからであります。他方の倫理的徳とは、「理を欠かない限りにおける」（μὴ ἄνευ λόγου）魂の卓越性であり、勇気、節制、寛容、寛厚、豪壮、矜持など、習慣づけ（ἔθος）によって獲得される徳であります。かくして人間的善とは卓越性（徳）に即した魂の活動（ψυχῆς ἐνέργεια κατὰ ἀρετήν）であり、また以上のごとく卓越性（徳）がいくつかあるときは、最も善き究極的な卓越性（徳）に即した魂の活動であるということができるでありましょう。

知性的徳および最高の生活

さて、人間が他の動物から区別されるのは思考的部分によってであるとするなら、知性的徳（διανοητική ἀρετή）に即した活動こそ人間独自の境地における活動であることになります。また同じく知性的徳に基づく活動であっても、勘考的部分（実践知）によるそれよりも認識的部分（理論知）によるそれの方がより一層純粋で、より一層高次であります。ところで認識的な知性的徳に基づく魂の活動とは観照（θεωρία）であります。それゆえ観照こそ魂の最高の活動であり、人間が実現しうる最高の善であります。かくしてアリストテレスは、プラトンと同様、観照的生活（βίος θεωρητικός）、すなわち哲学者の生活を人生における最高の生き方であるとして、人間的善の最高位に位置づけました。なぜなら観照は最も純粋かつ快適であり、最も自足的な活動だからであります。観照は他の何らかのもののためになされるのではありません。何かを目的としてなされるような活動は実践的活動です。むしろすべての実践的活動は観照を実現するために、言い換えれば、観照のための閑暇（σχολή）を保証するためになされるのであり、それゆえ観照がそれらすべての活動の目的であります。観照においては人はいわば神々と共に霊妙な世界に飛翔するのであり、それゆえそれは最高の状態であって、他のもののためにあるべき状態ではなく、それ自体が目的であり、自足的であるような状態であります。かくして、人間の目指すべき最高善は観照（θεωρία）にあります。観照こそ人間が実現しうる最高の幸福であります。それゆえ人はこの自己の中にある不死ともいうべき最高の部分、認識的な知性的徳に即して生きることを何にもまして目指さねばなりません。

倫理的徳

しかしアリストテレスは人間の最高善をこのように知性による観照的生活にあるとするだけで事足れ

りとはしませんでした。なぜなら知性の観照によって得られる幸福は人間的（ἀνθρώπινον）というよりは何らか神的（θεῖον）ともいうべきものだからであり、わたしたちが観照的な生活を営みうるのは、わたしたちが人間である限りにおいてであるというよりは、むしろわたしたちの内に何か神的なものが存している限りにおいてであるといった方が真相に近いように思われるからであります。知性（ヌース）は、実は、アリストテレスによれば、もともとわたしたちの内に具わっていたものではなく、外からわたしたちの中に入ってきたものなのであります。「そうすると、残るところは、知性（ヌース）のみは外から入ってくる、そしてそれだけが神的であるということである。というのも、身体の活動は知性（ヌース）の活動と共通するところ何もないからである」と彼は『動物発生論』（II 3. 736 b 27）において語っています。「知性は外から入ってきた」というこの認識は、実はアリストテレスにのみ固有する思想であったわけではなく、ギリシア自然哲学に共通する一般的認識でもありました。

　ところが、人間は他方ではポリス的動物（ζῷον πολιτικόν）であります。換言すれば、共同体を形成し、集団の中で他者との係わりにおいて生きる動物であります。「ひとりで生きるためには人は神か野獣でなければならない」（『政治学』A 1. 1253 a 2）とアリストテレスはいいました。ところで、対人関係というこういった社会的レヴェルにおける徳は倫理的徳（ἠθικὴ ἀρετή）であります。かくして、倫理的徳（ἠθικὴ ἀρετή）の規定が次になされるべき課題となります。なるほど一方では観照という理想的な生き方を説きはするが、人間を何よりもポリス的動物として捉え、現実的な実際生活における人間の幸福を追求するアリストテレスにとっては、むしろこの倫理的徳の問題の方が一層焦眉の課題であったということができるでありましょう。このことは『ニコマコス倫理学』の大半が倫理的徳の分析に費やされていることからしても知られます。

徳は性状（ヘクシス）である。

倫理的徳とは、前述のように、勇気、節制、寛容、寛厚、豪壮、矜持など、対人関係において要請される魂の徳ないしは卓越性であります。さて徳（ἀρετή）は情念（πάθος）か能力（δύναμις）か性状（ἕξις）かのいずれかでなければなりませんが、アリストテレスは、徳は情念でも能力でもなく、性状（ヘクシス）であるとしました。情念（パトス）とは欲情、憤怒、恐怖、平然、嫉妬、歓喜、親愛、嫌悪、憧憬、憐憫など、魂における受動的な情態であり、能力とはそれによってわたしたちがそういった情態（パトス）を感受するところのものであります。ところで、情念や能力は選択によって選び取られるものではなく、したがって称賛や非難の対象とはなりません。これに反して徳は、よき徳を有するか、悪しき徳を有するかによって、称賛されたり非難されたりします。またいずれの徳を有するかは選択の結果であります。したがって情念とも能力とも異なる以上、徳は選択によって獲得される魂の性状（ἕξις τῆς ψυχῆς）であることになります。

ヘクシス（ἕξις）は動詞エケイン（ἔχειν）（「持つ」、「所有する」）に由来する名詞であり、活動と対立関係に立ちます。すなわちヘクシス（ἕξις）とは、活動が繰り返されることによって獲得された静止的な状態ないしは所有態をいいます。徳とは、それゆえ、アリストテレスによれば、一定の活動が繰り返されることによって生じた固定的な状態ないしは所有態、すなわち性状（ヘクシス）に他なりません。たとえば、二、三度早起きしたからといって、まだ早起きという徳を持つとはいえません。この段階では早起きはまだ固定的な性状（ヘクシス）とはなっておらず、流動的な状態にあります。だからこの段階にある者はすぐにまた朝寝坊をしてしまいます。ところが何度も何度も早起きを繰り返していると、その活動が固定化されてきて、やがてはそれが早起きというひとつの習性ないしは性状（ヘクシス）になります。このようにして固定化された早起きの性状（ヘクシス）が早起きという徳であります。また二、三度勇敢な振舞いをしたからといって、まだ勇気があるとはいえませんが、何度も繰り返して勇敢に振舞っていると、やがてはそれが一定の性状（ヘクシス）となって、実際に勇敢な人となります。このようにして生じた勇敢の性状（ヘクシス）が勇気（ἀνδρεία）という徳であります。それゆえ徳とは活動が固定化されることによって生じた一定の性状（ヘクシス）に他ならず、こういった性状（ヘクシス）を獲得するにいたった人が有徳の人であります。性状（ヘクシス）は魂に刻み込まれた固定的な性格ともいうべきものですから、一旦形成されればそれはもはや容易には変更されません。このようにして一定の性状（ヘクシス）を魂に刻み込んだ人が有徳の人であります。それゆえ有徳の人、すなわち一定の性状（ヘクシス）を魂に刻み込むにいたった人にあっては、顔も自然それらしい顔つきになってくるわけであります。それに対して未だ活動の状態にある者は流動的で、明確な性格を示しえません。彼はいわば生の素材とでもいうべき状態にあり、変易的で、不安定であります。男は三〇歳になれば自分の顔に責任を持たねばならないとよくいわれますが、それはアリストテレスの見解でもあったわけであります。

さて、このようにして一旦ある性状（ヘクシス）が固定化されてしまうと、今度は逆にその性状（ヘクシス）がそれに即した活動を生じさせるようになります。早起きの性状を有する人は不断に早起きするであろうし、勇気ある人は常に勇敢に振舞うでありましょう。このように徳はそれ自身ある一定の活動の結果に他なりませんが、ひと度形成されれば今度はその卓越性に即した活動を生み出す源泉になるのであります。

習慣づけ

徳はこのように一定の行為や活動の不断の繰り返し、すなわち習慣づけ（ἔθος）によって獲得されます。それゆえにこそそれらは倫理的徳（ἠθικὴ ἀρετή）と呼ばれるのであります。したがって倫理的徳ないしは卓越性においては習慣づけということが極めて重要な意味を持つことになります。否、むしろそれがすべてです。よい行ないが習慣づけられれば、よき徳が生じるが、悪しき行ないが習慣づけられれば、悪しき徳・不徳が生じることになろうからであります。幼少期における教育の重要性はまさにこの点にあります。それゆえ人は悪習に染まる以前の幼少の段階から一定の活動が習慣づくように教育されねばなりませんが、しかし、前述のように、どのような活動であってもよいというわけのものではなく、そこには自ずと正しき理（ὀρθὸς λόγος）があるのであって、然るべき時に、然るべき事柄について、然るべき人に対して、然るべき目的のために、然るべき仕方で、然るべき行為をなすように習慣づけられねばなりません。よき行為が習慣づけられることによってはじめてよき性状（ヘクシス）、すなわちよき徳が形成され、かくしてよき人となるのだからであります。

中庸

ところで、アリストテレスは行為のよさは常に超過と不足の中（μέσον）にあると考えました。「徳は中庸である」というのがアリストテレス倫理学のテーゼであります。たとえば、勇気（ἀνδρεία）は恐怖と平然の中であり、節制（σωφροσύνη）は放縦と無感覚の中であり、寛厚（ἐλευθεριότης）は放漫と吝嗇の中であり、豪壮（μεγαλοπρέπεια）は粗放と細かさの中であり、矜持（μεγαλοψυχία）は傲慢と卑屈の中であり、穏和（πραότης）は怒りんぼうと無感動の中であります。また過度の名誉心とその欠如の間にも、名称はありませんが、ある中的な状態が存在します。さらにまた誠実（ἀλήθεια）は虚飾と卑下の中であり、機智（εὐτραπελία）は道化と野暮の中であり、羞恥（αἰδώς）は無恥と内気の中であります。また機嫌とりと不愉快な人間との間にも親愛（φιλία）に似た中的な状態があります。かくして、徳とは、一般に、超過と不足の中的な状態、すなわち中庸（μεσότης）に他ならないということができます。

思慮

したがってわたしたちは常に正しき理にしたがって中的な状態を選び取るように心掛けねばなりません。するとここに何が中的な状態であるかを判別する知的能力が要請されることになります。実践の場面において働く知的能力は思慮（φρόνησις）であります。思慮は実践における魂の眼（ὄμμα τῆς ψυχῆς）ともいうべきものであり、正しき理にしたがって中を射当てる能力であります。それゆえ、然るべき時に、然るべき仕方で、然るべき行為を選び取ることは思慮（プロネーシス）によって可能となるでありましょう。

かくして、以上から、徳（ἀρετή）とは思慮（φρόνησις）によって正しき理にしたがって（κατὰ τὸν ὀρθὸν λόγον）常に中（τὸ μέσον）を射当てる魂の性状（ἕξις τῆς ψυχῆς）であると定義することができます。

選択と責任

前述のように、倫理的徳（ἠθικὴ ἀρετή）はそれ自身一定の活動の結果に他なりませんが、しかしひと度形成されてしまえば、今度はそれに即した活動を不断に生み出す源泉となります。したがって、よき徳（性状）を形成した者はよき行為を不断に行なうようになるでありましょうが、悪しき徳（性状）を獲得してしまった者は悪しき行ないを不断に繰り返すことになるでありましょう。悪しき性状は悪しき活動を生み出す傾向性を有するがゆえに、その傾向性に逆らって善行をなすということは悪徳を有する者にとってはもはや意のままになることでないからであります。すると、悪徳者が悪行を行なうことは彼の性状からの必然的な結果であり、いわば非随意的行為（ἀκούσιον）ともいうべきものであるがゆえに、彼にはその行為に対して責任はないというべきでしょうか。この問いに対するアリストテレスの答えはもちろん否であります。確かに悪しき徳（性状）から悪しき行為（活動）が結果するのは必然的ですが、しかしその悪しき徳（性状）そのものがすでに彼の選択（προαίρεσις）の結果だからであります。既述のように、徳とは一定の活動が繰り返されることによって固定化された性状（ヘクシス）に他なりませんでした。それゆえ悪徳を所有するにいたった者はそれに先立って悪しき行為を行なったのであります。行為そのものは、それをなすもなさないも彼の裁量下にあることですから、随意的（ἑκούσιον）であり、選択の対象であります。したがって行為の結果である悪徳も広い意味では随意的であり、選択の結果であります。ゆえにその徳（性状）に対しても彼にはもちろん責任があります。しかもそれが性状（ヘクシス）になるまで悪行を繰り返したのであってみれば、彼の責任は一層大であり、一層非難に値するといわねばなりません。二、三度同じ行為をしたところで、それが性状（ヘクシス）になることはないからであります。性状（ヘクシス）として固定化されるまでには行為は何度も何度も繰り返されねばなりません。だから、それが善き徳であれ、悪しき不徳であれ、徳を形成するということは忍耐強い活動によってはじめて実現されることなのであります。燕が一羽飛んだからといって、夏になったわけではないのであります。

　倫理的徳はこのようにすべて選択的であります。それゆえそれらにはすべて責任が伴います。ただ無知（ἄγνοια）による行為と強制（βία）による行為だけは随意的でない行為（τὸ οὐκ ἑκούσιον）ないしは非随意的行為（τὸ ἀκούσιον）と見なされるべきものであり、それらに対しては責任を問うことはできません。しかしこのことに対するアリストテレスの考えは極めて厳格であって、行為の原因が完全に行為者の外にあるような例外的な場合にのみそれを限定すべきであって、無知とか強制といった言い逃れを安直に許すことがないよう戒めています。無知といっても、認識能力を有する以上、たいていは知っていて然るべきであるし、またまったく抵抗しえないような強制といったものはむしろ稀だからであります。またアリストテレスは「知って不正をなす者はいない、彼が不正をなすのは無知による」というソクラテス的命題に対しても、事実の見地から反論を加えています。不正と知りつつも、誘惑に負けて不正を働く場合は明らかにあるのであります。そういった人は抑制なき人（ἀκρατής）と呼ばれます。無抑制（ἀκρασία）とはそれゆえ欲望や誘惑に負けて認識とは別の方向へ引きずられていく弱さであり、消極的な悪徳であります。それに対して、認識を無視して、むしろ積極的に欲望や快楽を追求する性向は放埒（ἀκολασία）であり、そういった性向を有する人は放埒な人（ἀκόλαστος）であります。それが無抑制によるにせよ、放埒によるにせよ、それと知って不正をなす場合は明らかに事実としてあるのであります。

快

さて、このようにして獲得された徳に即した活動が快いものであることは必然であります。徳は正しき理にしたがって思慮によって刻み付けられた性状（ヘクシス）ですから、それに即した活動が正しく健全なものであることは自明であるし、また徳が中的な性状（ヘクシス）である以上、それに基づく活動もまた穏やかなものになること、必然だからであります。アリストテレスは快楽を最高善とするエウドクソスの見解も退けますが、またいかなる快楽も善でないとするスペウシッポスの見解にも与しませんでした。むしろ彼は、快そのものは善なる性格のものであると考えていました。「万物が追求するところのものを善でないといって反対する人たちはたわごとをいっているのではなかろうか」（『ニコマコス倫理学』K 2. 1172 b 35）と彼はいいます。しかし、だからといって、エウドクソスのように快楽をもって最高善とするのは当りません。なぜなら快は活動の結果だからであり、快楽のよさは活動のよさに依拠するからであります。したがって、よき活動はよき快を伴うであろうが、悪しき活動は悪しき快ないしは不快を伴うでありましょう。ところで、よき活動とは徳に即した活動であります。それゆえ徳に即した活動が穏やかさと快適さとを伴い、しかもその快が善なる性格のものであることは必然であります。

かくして、徳に即して自己の本領を十分に発揮して機能するときにのみ、人は真に幸福な状態にあるということができるでありましょう。自足的な真の幸福はこういった魂の内的な善性に基づく活動によってはじめて得られるのであって、富とか名声とか地位といった外的な善によって得られるのではないのであります。しかしアリストテレスは同時に、人が完全に幸福であるには、容姿の美しさやある程度の富やよき友人やよき家柄やよき子供たちといった外的な善もまた必要であると考えていました。容姿がはなはだ醜悪であったり、貧しかったり、生まれが悪かったり、子供がなくて孤独であるような人は幸福とはいえないからであります。この点におけるアリストテレスの判断は、キュニコス学徒たちのそれとは異なり、極めて現実的でした。そういったものが欠けておれば、幸福は明らかに曇りを生じるでありましょう。

美しさ

さて、このようにして自己の中に不動の徳を確立した人は善き人ですが、彼はまた同時に美しい人でもあるでありましょう。徳は中庸と思慮の健全さを両契機とするものだからであります。善き人は美しいし、美しい人はまた善いといういわゆる善美（καλοκἀγαθία）の考えは、ギリシア人一般の通念であると共に、アリストテレスの信念でもありました。またアリストテレスは道徳的行為の道徳的たるゆえんはその美しさ（κάλλος）にあるのであって、何らかの効用にあるのではないと考えた点においても典型的なギリシア人であったということができます。勇敢な行為や正しき行ないは、そうすることが美しいがゆえになされるのであって、何らかの効用からなされるのではないという考えが『ニコマコス倫理学』の随所に見られます。

正義

また『ニコマコス倫理学』の第五巻において、アリストテレスはソクラテス以来の重要な概念である正義（δικαιοσύνη）についてかなり詳細に論じています。「正義とは人々をして正しい行為の実践者たらしめるような、すなわち人々に正しく行為させるのみならず、正しいことを願望させるような性状である」（『ニコマコス倫理学』E 1. 1129 a 8）。最初に正義をこのように一般的に定義した後、アリストテレスは正義を合法的（τὸ νόμιμον）と均等的（τὸ ἴσον）に区別します。一方では法を破る違法な人が正しくない人といわれており、また他方では過多を貪る不等な人が不正な人と考えられているからであります。したがって、一方では法を遵守する人が正しい人であり、他方では均等的な人が正しい人であります。

ところで、一方の合法的という意味での正義が諸々の徳の中のひとつではなく、むしろ徳全体と合致するものであることが、法とは結局社会的レヴェルにおいて表現された徳に他ならないということからして、知られます。なぜなら法は勇気ある人のなすべきこと（例えば隊伍を離れたり、遁走したり、武器を捨てたりしないこと）や節制ある人に属すべきこと（姦淫したり、放埒に流れたりしないこと）や穏和な人に属すべきこと（人を打ったり、罵倒したりしないこと）など、すべて徳と悪徳とに関する事柄を命じているからであり、したがって法にしたがうということは徳にしたがうことに他ならないからであります。合法的な正義はそれゆえ徳のひとつではなく、徳全体に通じる正しさ、すなわち全体的な徳（ὅλη ἀρετή）であります。なぜなら徳はそれぞれ正しさを表現するものであり、正しさなくしては徳として成立しえないからであります。かくして、広義における正義は徳と一致します。ただ両者はそのあり方を異にします。正義は対人関係（πρὸς ἕτερον）における正しさであり、徳はそういった関係を離れて端的に（ἁπλῶς）ある正しさだからであります。

他方の均等的な意味における正義は「徳の部分としての正義」（ἡ ἐν μέρει ἀρετῆς δικαιοσύνη）であり、

この意味での正義としてアリストテレスは配分的正義（διανεμητικὸν δίκαιον）と是正的正義（διορθωτικὸν δίκαιον）を区別しました。前者の配分的正義とは、分配における公正さであり、a：b＝c：dという幾何学的比例を本質とします。したがってこの正義によれば、ある人物が他の人物に比して二倍の値打があるなら、分配において彼は後者の二倍のものを得て然るべきだということになります。一律の平等ということは、それゆえ、アリストテレスによればむしろ正義にもとることなのであります。人間はそれぞれ値打ちにおいて相違があるし、そうである以上、配分もまたその価値に応じて異なって然るべきだというのが、アリストテレスの考えでした。社長の月給と社員の月給が異なるのは、アリストテレス的見地からしても、正義に適ったことであるわけです。後者の是正的正義とは、一方への偏りを是正して均等化するところに成立する正義であって、アリストテレスによれば、a－b＝b－cという算術的比例を本質とします。ある人物が他の人物から不当に多くを取った場合には、その不当に取られた分を前者から取り上げ、それを後者に補填することによって正当性が回復されねばなりません。これが是正的正義であります。それゆえ是正的正義は裁判官（δικαστής）の行なう正義であるといえましょう。裁判官の職務はまさに、加害者から彼の奪ったものを取り上げ、それを被害者に損害賠償させることによって、失われた均等性を取り戻すところにあるからであります。

国家

正義の考察と共にわたしたちは社会（ポリス）の領域に足を踏み入れることになります。

アリストテレスが人間をポリス的動物と定義したことは先に述べました。「人間は本性的にポリス的動物」（ὁ ἄνθρωπος φύσει πολιτικὸν ζῷον）（『政治学』A 1. 1253 a 2）であって、ひとりで自足して生きうる存在ではなく、共同体を形成することによってはじめて自足を実現しうる動物であります。

最初に男と女が生殖のために結びつきます。この夫婦の結びつきから必然的に親と子の関係が生じます。また支配するものと支配されるもの、主人と奴隷が結びつかねばなりません。なぜならある人間は本性的に支配するように生れついているが、ある人間は本性的に支配されるように生れついているからであります。このようにアリストテレスは人間の間に存する支配と被支配の関係、主人と奴隷の関係を一般に自然的なものと考えていました。ある人間は知性的卓越性において勝れているが、ある人間は身体的にしか勝れていないからであり、しかもある人間の身体は自由人のそれとして生れついているが、ある人間の身体は肉体労働にしか向かない奴隷的なものとして生れついているからであります。したがって前者が支配し、後者が支配されるのは、アリストテレスによれば、魂が支配し、身体が支配されるのと同様に、自然的なことなのであります。また主人が支配し、奴隷が支配されるのは、主人にとって有益であるばかりでなく、奴隷にとってもよいことであると彼はいいます。なぜなら奴隷は支配されることによってはじめて高尚な価値に奉仕することができ、徳に参加することができるからであります。一般に、ギリシア人は支配者として生れついており、異民族は支配されるべく生れついているというのが当時のヘラス人の一般的通念でしたが、それがまたアリストテレスの信念でもありました。このようにアリストテレスはその当時のギリシア社会の一般的制度であった奴隷制度を肯定したばかりか、それに『政治学』によって理論的支柱を与える仕事をしたのであります。

さて、以上の結びつきによって形成される最初の共同体は家（οἰκία）であります。そして家がいくつか結びつくことによって村（κώμη）が形成されます。ある家族は農耕を生業とし、ある家族は牧畜を生業とし、ある家族は手工を生業とするでしょうが、それらの家族は互いに不足するものを補い合うために寄り合わざるをえないからであります。そしてこの同じ理由によってさらにいくつかの村が結びついたとき、そこに国家（πόλις）が誕生したのであります。したがって国家（ポリス）が形成される理由のひとつは自給自足（αὐτάρκεια）を実現するためということであります。

このように国家（ポリス）はひとりでは自足しえない人間が自足的な生活を営むために必然的に要請される共同体ですが、しかし国家は単に生きるために要請されるだけのものではなく、善く生きるためにあるべき共同体であります。なぜなら単に生きることが目的ではなく、常に善く生きること、すなわち徳が目的でなければならないからであります。国家のみが善く生きることを可能にする共同体であります。したがって国家は単なる人間の集合体ではなく、最高善という目的によって統一された共同体であります。このように国家はひとつの道徳的目的を有し、それを追求する共同体であります。それゆえ国家はそれ自身他のすべての共同体の目的であります。すべては最高善という目的を目指してあらねばなりませんが、国家のみがその目的を追求しうる共同体であるがゆえに、他のすべての共同体は国家に従属しなければならないからであります。したがって国家は村や家やわたしたち個々人よりも先であります。なぜなら全体は部分に先行するからです。部分は全体があってはじめて部分としてありうるのであります。それはちょうど四肢や各器官が全体である身体があってはじめてそういったものとしてありうるのと同様であります。

国家は善き生活のためにあるべき共同体であります。したがってある国家が正しく組織され、運営された本来の国家であるかどうかは、それが国家全体の善を目指して組織され、運営されているかどうかによって判定されます。国家全体の善を目指して組織され、運営されている場合には、それは正しい本来の国家ですが、一部の支配階級の利益のみを目指して組織され、運営される場合には、それは本来の国家から逸脱した国家となります。アリストテレスは正しい国制として王制（βασιλεία）と貴族制（ἀριστοκρατία）と共和制（πολιτεία）を挙げています。王制はひとりの為政者によって統治される国制であり、貴族制は若干の為政者によって統治される国制であり、共和制は多数者によって統治される国制であります。アリストテレスはこの三つの国制の特にどれかに固執するということはせず、いずれの国制であっても、それが国家全体の共通の利益を目指して統治されている限り、「正しい国家」であるとしました。それに反して、為政者が自分たちだけの利益を計って統治するとき、「逸脱した国制」（παρεκβάσεις）が生じます。王制の逸脱形態は僭主制（τυραννίς）であり、貴族制の逸脱形態は寡頭制（ὀλιγαρχία）であり、共和制のそれは民主制（δημοκρατία）であります。僭主制は僭主ひとりの利益を目指した国制であり、寡頭制は少数の金持ち階級の利益を目指したそれであり、民主制は多数の貧乏階級の利益を目指したそれであります。民主制（δημοκρατία）に対するこのネガティブ評価はわたしたち近代人を当惑させますが、プラトンとアリストテレスに共通する認識なのであります。

　その国制が王制であっても、貴族制であっても、共和制であっても、国家全体の善を目指して統治されている限り、それは「正しい国家」ですが、しかし正しきは両極の中庸にあるという『ニコマコス倫理学』において説かれた一般的原則にしたがって、アリストテレスは国家の場合においても極端な寡頭制と極端な民主制の中間をいく国制が最も安定した理想的な国制であることを説いています。極端な金持ちと極端な貧乏の中間にある人々が国家において多数を占めることは必然的ですから、中間階級が政権を担当する国家が最も安定した国家になること、必定だからであります。ここでアリストテレスは、一般に、その国制の存続を願う人々が多数を占める国家は安定し、その存続を願う人々が少数派となる国家は変革されるという一般的原則を立てています。もっとも数といっても、ただ人間の頭数だけで決定されるべきものではなく、人間の数と財力と能力を総合して考えねばならない性格のものではありましょうが。

　さて、国家は善き生活を営む上で必要とされるものの自給自足を実現するために形成された共同体でした。このことが市民の数と国土の広さを決定する際に採られるべき一般的規準であります。アリストテレスの念頭にあった国家は当時の都市国家（ポリス）であって、その国家は国土に関しても人口に関しても極めて限定されたものでした。善く生きるのに自分たちだけで足りるだけの国土と人口というのが彼の構想する国家における国土と人口に関する一般的規準であって、これを具体的にいうと、一度の集会で一望の視野のもとに全国民に向って演説することができる程度の人口と、一望のもとに見渡すことのできる程度の国土を有する国家というのがそれであります。一スピタメーでも二スタディオンでももはや船でありえないように、小さ過ぎても大き過ぎても国家ではないであろうと彼はいいます。

国家には農民と職人と商人と軍人と富者と神官と判定者（行政官および裁判官）とそれに奴隷が属するでしょうが、このうち軍人と判定者（行政官および司法官）と神官のみが国家の構成部分と見なされるべきであって、農民や商人や職人は国家の部分ではなく、その従属物であるといいます。なぜなら善き国家においては市民は知性的卓越性を発揮するために閑暇な生活を送るべきであるがゆえに、市民は農業や手工や商業に携るべきでないからであります。ましてや奴隷は国家の部分などでは全然ありません。アリストテレスが奴隷を生来のものと考えていたとのことは先にも述べました。彼は奴隷を生きた道具と見なしています。アリストテレスの国家においては、したがって、軍人と行政者（裁判官を含む）と神官だけが国家の部分、すなわち市民なのであります。軍人と行政者と神官は異なる階級ではなく、同一の市民であって、同じ市民が若く血気盛んな時には軍人となり、年長となって思慮がつけば判定者（行政官および裁判官）となり、年を取れば神官になるというように、それらの職務を順に果していくべきであると彼は考えています。

以上のごとく、アリストテレスの国家論は、その大部分が当時のギリシア市民の因襲的な国家観を、その偏見も含めて、代弁したものであり、それに理論的整合性を与えたものということができるでありましょう。彼の考察は、結局のところ、都市国家（ポリス）の域を少しも出ないものでした。彼の国家論は徹頭徹尾都市国家（ポリス）の理論でしかなかったと総括せざるをえないでありましょう。アリストテレスはアレクサンドロスによって当時すでになされつつあった変革の意味といったものを感知していません。アリストテレスが彼の国家論を推敲していたときにはすでにアレクサンドロスが世界国家（コスモポリス）の創建によって従来の都市国家制度を根底から崩壊させつつあり、そのことによってかつての師の理論を時代遅れとしつつあったというのは、何ともグロテスクな歴史の皮肉であります。この二人の世界史的人物の出会いは、結局、互いを理解しないままに終ったと見るのが真相に最も近いようであります。

制作術

以下では、アリストテレスの制作術関係の思想から芸術論を取り上げ、考察します。

アリストテレスはその芸術論を芸術を主題的に取り扱った論文『詩学』（Περὶ ποιητικῆς）において集中的に論じています。しかし今日に伝わる『詩学』には欠損があって、十分に展開された彼の理論としてわたしたちが見出しうるのは悲劇論のみであります。叙事詩についても論じられてはいますが、たいていは悲劇との係わりにおいてであり、その論述は極めて簡略です。抒情詩について言及されているところはさらに少なく、喜劇と諷刺詩について論じられた部分は欠損していて伝わりません。したがってアリストテレスの芸術論といっても、結局は彼の悲劇論について語るのみで終ることになります。

さて、アリストテレスによれば、叙事詩の詩作、悲劇や喜劇の劇作、吹奏や弾琴といった芸術における創作や表現活動はすべて模倣によってなされます。芸術の本質は模倣（μίμησις）にあるというのがアリストテレス芸術論の出発点をなすテーゼであります。

模倣（ミメーシス）といっても、しかし、詩作においてなされる模倣は、実際に生起した個々の事柄の忠実な再現ではなく、蓋然的にか必然的に起こりうること、ないしは起こるべきことの模倣であるとアリストテレスはいいます。この点において詩は歴史とは異なります。歴史は過去の出来事の忠実な記述ですが、そういった出来事のすべてが詩作の対象になるわけではないからであります。個々の出来事の中には、必然的な関連性をもって起こるものもあれば、何らの内的な連関も有さず偶発的に起こるものもあるでしょうが、そういった出来事のすべてを事実あった通りに再現したところで、詩が構成されるわけのものではありません。詩人が模倣すべきは、起こりうること、ないしは起こるべきことの芸術的観点から見てあるべき必然的な展開であります。歴史の対象は事実ですが、詩作の対象は事実によって表現される本質であるということができるでありましょう。これをアリストテレスは、歴史の語るものは個々のもの（τὰ καθ' ἕκαστον）であるが、詩の語るものは普遍（τὸ καθόλου）であると語ることによって表現しています。それゆえ、アリストテレスによれば、詩は歴史より一層哲学的であり、一層尊いのであります。歴史は個物（事実）の模倣ですが、詩は普遍（本質）の模倣だからであります。詩と歴史の相違は、それゆえ、韻文で語られるか、散文で語られるかという点にあるのではありません。韻文で語られても、ヘロドトスは依然としてひとつの歴史であろうといいます。

アリストテレスのこの芸術評価はプラトンのそれと好対照をなします。プラトンにとって芸術はイデアの模倣である個物（事実）のそのまた模倣でした。それゆえ芸術はイデアから最も遠いもの、価値において最も低いものとされました。プラトンは彼の国家から詩人を、月桂冠を冠してではありますが、追放してしまっています。アリストテレスによれば、これに反して、芸術は本質（形相）のより純粋な模倣なのであります。実際に生起する出来事や事柄は偶然性に満ちていて、必然的な統一性を有するとは限りませんが、詩人の描くべきは出来事や事柄の芸術的観点から見てあるべき理想的な展開であります。それゆえ芸術は本質（普遍、形相）のより純粋な模倣であるという点において個物（事実）に勝っており、それゆえより哲学的で、より尊いのであります。

芸術の本質は、以上のごとく、模倣（ミメーシス）ですが、模倣の媒材、対象、仕方の相違によって異なった芸術ジャンルが生まれます。

媒材によって異なるというのは、たとえば、色彩や形態といった媒材によって絵画が、音という媒材によって音楽が制作されるといった具合であります。アリストテレスは特にリズム（ῥυθμός）と言葉（λόγος）と音階（ἁρμονία）の三つの媒材を挙げ、それらによって芸術分野を区別しています。音階とリズムを媒材とするものが吹奏術や弾琴術、すなわち音楽であり、リズムのみを媒材とするものが舞踊であり、言葉のみを媒材とするものが叙事詩であり、そしてこれらの媒材のすべてを多かれ少なかれ使用するものがディテュランボスや悲劇や喜劇であります。彫刻は一般にアリストテレスの芸術考察の対象とはされなかったようであります。

また模倣される対象の相違によっても芸術は区別されます。アリストテレスは、悲劇は優れた人間を模倣し、喜劇は劣った人間を模倣することによって、悲劇と喜劇は区別されるとしています。

同じく優れた人間を対象とする場合でも、叙事詩と悲劇とでは模倣がなされる仕方によって相違します。叙事詩の場合には作者が言葉によって事件を報告したり、登場人物に代わって物語ることによって模倣されますが、悲劇の場合には俳優が登場し、行為する（演技する）ことによって模倣されるのだからであります。

したがって悲劇と叙事詩は対象を同じくするが、媒材と仕方によって相違し、悲劇と喜劇は媒材と仕方を同じくするが、対象の点で相違し、喜劇と叙事詩は、対象の点でも、媒材の点でも、仕方の点でも相違するということができます。

さて、悲劇（τραγῳδία）とは、合唱隊を伴った舞台上で、俳優の演技によってなされる優れた人間の運命に関する完結した一定の大きさを有する模倣であります。

大きさに関しては、悲劇は叙事詩よりもずっと制約されています。叙事詩はかなり長大なものでありえますが、悲劇は少なくともその上演が日の出から日没までの間に終結するようなものでなければなりません。当時は一度に三つの悲劇がつづいて上演され、それらの優劣が競われたので、各悲劇は三つの悲劇を一日の内に上演することを可能ならしめる程度の長さのものでなければなりませんでした。これは外的事情からしての長さの制約ですが、内的観点からの規定として、アリストテレスは、悲劇の長さはその全体が一度でよく記憶される程度のものでなければならないとしています。

またその筋はひとつの完結した全体でなければなりません。全体には始めと中間と終りがありますが、勝手なところから始まったり、勝手なところで終ったりしてはならず、それらの間に芸術的観点から見た必然性と自然性がなければなりません。

さて、アリストテレスによれば、悲劇は恐怖と同情の念を喚起することによって情念のカタルシス（παθημάτων κάθαρσις）をなし遂げるところにその目的があります。それゆえその筋は、極めて善良な人間が幸運から不運に転落するようなものでも、邪悪な人間が不運から幸運に好転するようなものでも、また極端に邪悪な人間が幸運から不運に転落するようなものでもあってはならないとアリストテレスはいいます。なぜなら第一の場合は恐怖的でも同情的でもなく、ただ忌むべきことでしかないからであり、第二の場合は全然悲劇的でないし、第三の場合は当然であって恐怖的でも同情的でもないからであります。それゆえ悲劇は、徳や正義の点ではむしろわたしたち普通人とそれほど違わないが、ただ名声や幸運の点で普通人以上に恵まれているたとえばオイディプスのような人物が、幸運から不運に、それも自らの悪徳や邪悪さによってではなく、何らかの過失や運命によって転落するといった筋のものでなければならないといいます。この場合にのみ、わたしたちは恐怖と同情の念を催し、そのことによって自己の中の情念（パトス）を浄化するのであります。この情念のカタルシス（παθημάτων κάθαρσις）という有名な言葉は、その訳や解釈をめぐってさまざまに議論されていますが、芸術に対する深い体験を有する人であれば、説明されるまでもなく、その含意するところを感得されるのではと思います。

悲劇の構成要素としてアリストテレスは筋（μῦθος）と性格（ἦθος）と思想（διάνοια）と台詞（λέξις）と扮装（ὄψις）と音楽（μελοποιία）の六つを挙げています。

これら六つの要素のうち、悲劇にとって最も大切なものは筋であります。なぜなら悲劇は人物の模倣ではなく、行為の模倣、すなわち生涯と、その幸・不幸の模倣だからであり、そして行為の模倣は筋だからであります。もちろんある一定の行為がなされるについては、一定の性格と思想が前提となります。それゆえ、その限りにおいて、悲劇の登場人物は皆それぞれ明確な性格と思想を有する人物でなければなりません。しかしそれらは行為の動因としてのみ意味を有するものであって、たとえ明確な性格と思想があっても、もしそれらが何らの行為も事件も引き起こさなかったなら、その場合には悲劇は成立しないでありましょう。悲劇の悲劇たるゆえんは、ある行為がなされ、しかもその行為が悲劇的に展開するという点にあるのであります。それゆえ筋こそ悲劇の原理であり、魂であるとアリストテレスは主張します。性格は筋に次ぐものであり、また思想は、たいていは性格に基づくものであるがゆえに、性格に次ぐ第三のものであります。そしてそれに台詞がつづきます。台詞は思想や性格を表現する手段だからであります。音楽と扮装は悲劇の効果を高めるための手段でしかないがゆえにそれだけ芸術性の稀薄な要素であり、悲劇の本質からは疎遠であります。しかし劇的効果を高めるという点では音楽は最も有効な手段であります。それゆえアリストテレスは音楽を五番目に位置づけ、扮装を悲劇の本質から最も遠い要素として六番目に位置づけています。

筋は単純（ἁπλοῦς）か、複合的（πεπλεγμένος）かですが、悲劇の筋は複合的でなければならないとアリストテレスはいいます。複合的な筋とは逆転（περιπέτεια）と発見（ἀναγνώρισις）を含むところのものであります。逆転とは、主人公の状況があることを契機にして突然幸福から不幸に逆転することであり、発見とは、それまで知られていなかった事実が知られるにいたることであります。この発見と逆転とが『オイディプス王』の場合のように同時に起こるとき、悲劇の効果は最大限に発揮されるといいます。オイディプスは自分の実の父を殺し、自分の母と結婚していたという事実を知ることによって、自らの両眼を抉るにいたるのであります。悲劇について語るとき、アリストテレスはいつもソフォクレスの『オイディプス王』を念頭にしていたように思われます。

以上の所論を凝縮することによって、アリストテレスは悲劇に次のような定義を与えています。「かくして悲劇とは、その諸部分において種類のそれぞれ別である快く色づけされた言葉によるが、演技することによってであって、朗詠によるのではないところの、同情と恐怖とによってそういった情念の浄化をなし遂げる一定の大きさを有する厳粛にして完結した行為の模倣である」（アリストテレス『詩学』6. 1449 b 24）。

喜劇についてもアリストテレスは同じような定義を与えたであろうことが想像されますが、残念ながら喜劇について論じた部分は欠損していて今日に伝わりません。このことを題材にしてウンベルト・エーコーはあの有名な小説『薔薇の名前』を書きました。

第24講 ヘレニズム哲学（其の一）

本講より三回にわたりヘレニズム期のギリシア哲学を講義します。ストア哲学、エピクロス哲学、懐疑哲学であります。そのそれぞれを、ギリシア哲学全般を通して重要概念でありつづけた「徳」（ἀρετή）、「快」（ἡδονή）、「知」（σοφία, ἐπιστήμη）の三概念を基本コンセプトとして、俯瞰します。

ヘレニズム期展望

右記三学派の哲学のそれぞれを具体的に見るに先立って、まずヘレニズム期全般について述べておきたいと思います。

哲学史においてヘレニズム期というのは一般にアレクサンドロス大王の死（前三二三年）からローマ共和制の終結（前三一年のアクティウムの戦）にいたるまでのほぼ三世紀にわたるギリシア・ローマ時代をいいます。この時代の後半から次第に政治的覇権はローマに移り、最終的にはギリシアはローマの一属州に沈みますが、ヘレニズム時代の全般を通して哲学は一貫してギリシア人の営みであり、「ギリシア哲学」でありつづけました。

前三二二年のアリストテレスの死と共に古代ギリシアにおける偉大な形而上学思想の創造の時期は終結します。アレクサンドロスによる世界帝国の創建は、それまでのギリシア人の生存および思索の基盤であったポリス社会を崩壊せしめ、彼らから生活・文化両面にわたる精神的支柱を奪い去るにいたりました。その結果、コスモポリタンとなって広大無辺な世界に投げ出され、拠り所を失った人々が必要としたものがもはや形而上学的な世界説明でも公民的な道徳思想でもなく、もっぱら個人の生き方に指針を与える主観的な実践哲学でしかなかったとしても、それはむしろ当然のことといわねばなりません。広大な世界に投げ出されたとき、個人はむしろ自己に反省し、自己意識になるのであります（マルクス）。こうした時代背景のもとに登場してきた学派がストア派とエピクロス派であります。彼らの哲学もまた論理的部門や自然哲学を有してはいますが、それらは彼らの実践哲学を根拠づけるためのものでしかありませんでした。

ヘレニズムの時代は一般にギリシア文化衰退の時代ということができます。政治的にもギリシアは次第に覇権を失い、ギリシアに代わってローマが世界国家として登場してきました。活力が衰えつつある消極的な時代にまず現れる傾向は懐疑的傾向であります。懐疑的傾向はしたがってこの時代のひとつの特徴的な現象となりますが、それを特に哲学的主張として積極的に唱道した学派が懐疑派であります。ストア派、エピクロス派の哲学と並んで、懐疑哲学をわたしたちはヘレニズム期を代表する哲学のひとつとして受け止めねばなりません。またプラトンの創設したアカデメイアやアリストテレスのペリパトス派もなおその活動をつづけていました。紀元前後には後期キュニコス主義や新ピュタゴラス主義なども現れています。したがってこの時代はアカデメイア派、ペリパトス派、ストア派、エピクロス派、懐疑派、新ピュタゴラス派、後期キュニコス派などの諸派が乱立し、並存していた時代ということができます。特に主導的といえるような学派や思想は存在しませんでした。その結果、ヘレニズム期全般を通じて折衷的傾向が極めて一般的な傾向として見られるようになりました。

折衷主義的な傾向を示した哲学者の中でも最大級の存在というべきはあの有名なローマ人、キケロ（Marcus Tullius Cicero 前一〇六年－四三年）であります。彼はむしろローマの政界にあって演説家、政治家として名を馳せた人物であり、固有の意味での哲学者とはいえないかも知れませんが、大変な博学であり、あらゆる学派の思想に通じていて、数多くの著作をものしています。彼の著作群は古代哲学研究の貴重な資料でありつづけています。しかし彼のみならず、この時期の哲学者の多くが多かれ少なかれ折衷主義的傾向を示しており、ために一部の哲学史家はその哲学史の記述において「折衷主義」なる一章を設けているほどであります（例えばE・ツェラー『ギリシア哲学史綱要』参照）。折衷的傾向を「主義」とまでいえるかどうかについては議論の余地のあるところでしょうが、懐疑的傾向とあわせて折衷的傾向こそギリシア文化衰退の時代であったヘレニズム期の哲学を最もよく特徴づける現象ということができるでありましょう。

また東方オリエント世界への拡大と共にギリシア世界はシュペングラーのいうマギ的世界と接触し、そこからの影響を被らずにいませんでした。その影響がどのようなものであったか、明確に判別し難い面を有しますが、ヘレニズム期の哲学には明らかに「純粋ギリシア哲学」とはいえないような側面が多々見られます。おそらくその背後に広大なマギ的諸世界があり、そこからの影響がヘレニズム期のギリシア哲学に相当な陰影を加えていることは否定しえないでありましょう。特にストア哲学においてそのことは否定できません。ストアのゼノンは、フェニキア人と伝承されているところからして、セム系の人物だったと考えられます。

積極的な形而上学思想が再び哲学的思索の中心テーマとなったのは紀元三世紀の新プラトン派の勃興

においてであります。新プラトン派の哲学はギリシア哲学の最後の輝きと形容することができると思いますが、しかし彼らの思想はその時代に猛烈に噴出してきた宗教的パトスの哲学的表現ともいうべきものであって、純粋な理性哲学の展開とはいえません。なぜギリシア哲学の末期にあのような猛烈な宗教的パトスの噴出があったのか、そういった問題については、新プラトン哲学とそれにいたる諸動向と共に、第27講の「新プラトン哲学」において考察したいと考えています。

ヘレニズム期におけるギリシア哲学は、以上のごとく、混沌とした様相を呈していて明確に整理し難い面を有しますが、本講から三講にわたって、その代表的学派であるストア派、エピクロス派、懐疑派の哲学を、「徳」（ἀρετή）、「快」（ἡδονή）、「知」（σοφία, ἐπιστήμη）の三概念を基本コンセプトとして、展望したいと思います。右記三学派はこれらの概念のギリシアにおける最終的表現を示した学派ということができ、そういう意味において、新プラトン派の哲学と共に、ギリシア哲学の最終的表現がそこに見られるといって過言でないでありましょう。本講義においてこの三学派を特に取り上げるゆえんであります。しかしヘレニズム期にはこれらの学派以外にもさまざまな学統や傾向が並存し、活動していたということを忘れてはなりません。特に東方のマギ的世界からの影響ということを常に念頭に置いておかねばなりません。

徳（ἀρετή）

以下ではストア派の哲学を展望したいと思いますが、それに先立ってストアの先駆形態と目される小ソクラテス学派のひとつ、キュニコス派の哲学を取り上げ、ギリシア哲学の主要概念のひとつ「徳」（ἀρετή）の問題に省察を加えたいと思います。

(一) アンティステネスとキュニコス派

アンティステネス

キュニコス派は徳（ἀρετή）を最も純粋に追求した人々の集団ということができると思いますが、そのキュニコス主義の創始者はソクラテス学徒のひとり、アンティステネスであります。アンティステネス（Antisthenes 前四四五年頃－三六五年頃）はプラトンよりもかなり年長のアテナイ人ですが、しかし生粋のアテナイ人ではなく、彼の母はトラキア出身の女奴隷だったといわれています。このことが彼の立場と思想形成の上にかなりの影響を及ぼしているように思われます。最初はソピストのゴルギアスに師事し、彼自身すでに弁論術の教師として立っていましたが、ソクラテスを知り、彼に深い感銘を受けるにいたって、弟子ともどもソクラテスの門下生になりました。それ以降彼はソクラテスの徳の最も忠実な実践家となったのであります。彼の学派はキュニコス派（Κυνικοί）と呼ばれます。それは彼がアテナイ郊外の体育場キュノサルゲス（Kynosarges）で教えたからという説と、彼が犬（κύων）のような生き方をしたからという、二説あります。前三六六年には彼はまだ老人として生きていました。ディオゲネス・ラエルティオスの『ギリシア哲学者列伝』の著作目録にも見られるように彼は多作家でしたが、それらの著作はわずかな断片を残してことごとく失われてしまいました。

アンティステネスの徳論

アンティステネスはソクラテスの説いた「徳」（ἀρετή）をもっぱら行為において追求し、その求道的生活において、極端な、それゆえしばしば滑稽とすら見えるような実践をしました。アンティステネスによれば、人生において追求されるべきはただ徳（ἀρετή）のみであって、それ以外のすべては、徳の獲得に役立つ限りにおいてしか意味を有さないのであります。徳の獲得に役立つところのないものは、たとえそれが社会的にはどれほど評価されるものであっても、「どうでもよいもの」（ἀδιάφορα）であるし、ましてや徳の道に反するがごときは断固として退けられねばなりません。快楽は精神を軟弱化し、徳に反する方向に導くがゆえに、当然排斥されねばなりませんでした。「快楽に耽るくらいなら、気違いになった方がましだ」（μανείην μᾶλλον ἢ ἡσθείην）とアンティステネスはいったといわれます（ディオゲネス・ラエルティオス『ギリシア哲学者列伝』VI 3）。また富、名声、礼儀、習慣など、市民レヴェルにおける一切の外面的善に対してもアンティステネスは徳に係わりなきものとして軽蔑しか示さず、こういった見地から遂には、家、家族、財産、定職など、通常の市民生活に要請されるすべてのものを捨てて、乞食のごとき生活、犬（κύων）のような生き方をしました。彼は乞食僧のように一枚のマントを二重にして着用し、ずた袋を携帯し、手に杖を持って歩き廻った最初の人といわれています。キュニコス主義のこのイメージは彼の弟子のシノペのディオゲネスによって定着させられました。このことによってアンティステネスは一切の世俗的関心からの精神の独立を保持しようとしたのであります。

　市民生活における彼の態度は、通常の価値に対する軽蔑、一般的な慣習に対する無関心、冷淡、富や名声に対する無欲ということがその基調でした。国法の権威に対しても彼は懐疑的であり、徳の法が国家の法に勝るとしています。人生において求められるべきはただ徳のみだからであり、それは地上の一切の快楽や幸福を離れるところにあるものだからであります。また徳はそれのみで幸福たるものであると彼はいいます。というのは、他の何らかのもののために徳が求められるのではなく、徳それ自体が目的だからであり、また徳は自らの他に何ものも必要としないからであります。彼は徳の自足性（αὐτάρκεια）を強調しました。賢者、有徳の人は「自足せる人」であるといいます。このようにアンティステネスは、ソクラテスとは異なり、徳の何であるかは問わず、徳を行為の問題として、もっぱら実践において追求しました。徳にいたるには「ソクラテス的強さ」（Σωκρατικὴ ἰσχύς）があれば十分であって、多言や学識は必要ないといいます。「ソクラテス的強さ」、すなわち徳を求めて何ものにも動じない堅忍不抜の意志の強さを涵養するために、不評、艱難辛苦をむしろ好ましいとし、労苦（πόνος）の意味を強調しています。しかしこのことによって知性を不要としたり、その意味を過小評価したわけでは決してありません。「思慮は何にもまして堅固な城壁である」（ディオゲネス・ラエルティオス『ギリシア哲学者列伝』VI 13）と語っているからであります。また徳は教えうるものであるというソクラテスのテーゼもそのまま堅持されています。しかしやはり、一切の外面的善を排して、徳をあくまでも行為・実践において追求したところに、アンティステネス哲学の独自性があります。そのことによって彼はストア哲学の先駆となったのであります。

アンティステネスの存在思想

アンティステネスの存在思想はプラトンの形相説に対する反論と位置づけることができます。個人的にも彼はプラトンを「尊大な奴だ」といって嫌っていますが（ディオゲネス・ラエルティオス『ギリシア哲学者列伝』VI 7）、その形相論にも反対しました。それは彼が抽象的な普遍の存在を認めず、具体的な個物の存在しか信じなかったからであります。プラトンは『テアイテトス』および『ソピステス』の中で手でもって摑むことのできるものの存在しか信じない人たちについて語っていますが（プラトン『テアイテトス』155 E.『ソピステス』246 A）、これはおそらくアンティステネスとその一派の人たちのことを語ったものであろうと推測されています。アンティステネスによれば、それゆえ、存在するのは具体的な個々の事物のみであって、その普遍的な類である形相といったものは存在しません。「おおプラトンよ、わたしは馬は見るが、馬性なるものは見ない」（ὦ Πλάτων, ἵππον μὲν ὁρῶ, ἱππότητα δὲ οὐχ ὁρῶ.）と彼はいいました（シンプリキオス『アリストテレス「カテゴリー論」注解』66, 45）。これに対してプラトンは「それは君が、眼は持ってはいても、知性は持たないからだ」（同書、67, 18）と答えたといわれています。プラトンも負けていませんね。

このようにアンティステネスは普遍の存在を認めません。普遍の存在が認められない以上、当然また抽象的な普遍概念の意味も認められません。普遍的、抽象的概念を彼は「空しい考え」（ψιλαὶ ἐπίνοιαι）として退けました。かくして、言葉は個々の事物のそれぞれに一対一の関係で対応する「固有の言葉」（οἰκεῖος λόγος）しか可能でないことになります。ここからアンティステネスは、命題はすべて同語反復としてしか成立しないと主張しました。「人間は善である」とはいえず、「人間は人間である」、「善は善である」としか語りえないというのであります。ある物にはそれに固有するひとつの言葉しか対応しないがゆえに、その物に別の言葉を帰属させることは不可能だからであります。主語（個物）を述語（普遍）のもとに包摂することは、普遍の存在が認められない以上、不可能であります。ここから彼はまた矛盾したことをいうことの可能性、虚偽をいうことの可能性も否定するにいたったとアリストテレスは報告しています。「矛盾したことをいうことは不可能である」（οὐκ ἔστιν ἀντιλέγειν）、「虚偽をいうことも不可能である」（μηδὲ ψεύδεσθαι）といいます（アリストテレス『形而上学』Δ 29. 1024 b 34）。立言が「ソクラテスはソクラテスである」、「人間は人間である」というように同語反復としてしか可能でないとするなら、そこに矛盾の起こる可能性も、虚偽の入る余地もないからであります。これは具体的な個物の存在しか認めず、普遍の存在を否定する唯名論的な彼の存在思想からの当然の結果であります。

学派

アンティステネスの弟子に樽の中で生活していたというあの有名なシノペのディオゲネス（Diogenes 前三二三年頃没）がいます。彼はアンティステネスが始めたキュニコス主義を徹底し、文字通り犬のような乞食生活を実践しました。子供が水を手ですくって飲んでいるのを見て、唯一の持物であったお椀を恥じて捨てたほどであります。いつもみすぼらしい服装をし、またマントの破れ目をことさらに見せびらかしていましたので、プラトンから「君のそのマントの破れ目から君の虚栄心がちらちらするよ」といわれています。またアレクサンドロス大王との逸話は有名であります。哲学者に対して敬意を表すべくアレクサンドロスが何か所望のものはと尋ねたところ、日陰にしているので少し脇へとディオゲネスは答えたとのことです。「余がアレクサンドロスでなければ、ディオゲネスでありたい」というのがそれを聞いた王の言葉であったそうであります。

また彼の弟子にテーバイのクラテス（Krates 前三二八頃活躍）がいます。この人はテーバイにおいてかなりの資産家でしたが、キュニコス主義に共鳴し、財を捨てて乞食になりました。彼は「扉を開ける人」と渾名されていましたが、それは彼が誰の家でも構わずに入っていって、説教したからであります。また彼の妻のヒッパルキア（Hipparchia）も夫にしたがい、共に乞食しました。この他にもキュニコス主義に共鳴したおかげで乞食になった人は多くいます。キュニコス派の以上の外面史は徳の道はどのみち乞食僧への道でしかない理を教えています。それ以外は、彼らにいわせれば、偽善でしかないのでありましょう。

このキュニコス派の徳論はアンティステネスの時代には強力なプラトン哲学の影に隠れてどちらかといえば地味な存在でしたが、ヘレニズム期に不死鳥のように蘇えり、より徹底した体系的展開のもとに追求されることになります。キュニコス主義的徳の徹底的かつ体系的追求、それがストア哲学であります。事実ストアの創始者ゼノンの先生は前掲のクラテスでした。

(二) ストア哲学

学　派

古ストア

ストア哲学の創始者はキュプロス島のキティオン出身のゼノン（Zenon 前三三四年頃－二六二年頃）であります。彼は同時代の人々によって「フェニキア人」と呼ばれていることからして、セム系の人物であったと想像されます。最初商業に携わっていましたが、彼の荷を積んだ船がペイライエウス港の外で難破したために悄然としてアテナイに滞在していたときにクセノポンの『ソクラテスの思い出』（Memorabilia Socratis）に出会い、哲学を学ぶ決心をしたのであります。本屋の主人にどこへいけばこのような人に会えるかと尋ねたところ、たまたまそこに前述のキュニコス派のクラテスが通りかかり、あの人についていけといわれ、クラテスに師事するようになったとのことであります。彼はキュニコス派のクラテス、メガラ派のスティルポンとディオドロス・クロノス、それにアカデメイアのポレモンなどに就いて哲学を学びました。およそ前三〇〇年頃、彼自身教師として立ち、絵画柱廊（στοά ποικίλη）と呼ばれていた柱廊をめぐらした公共の会堂で教えました。ために彼の周囲に集まった人々は「柱廊の人々」（οἱ Στωικοί）と呼ばれるようになりました。これが「ストア派」という呼び名の起こりであります。彼は質素な身なりをし、パンと水のみで生き、節制と堅忍において比類なき存在でした。学園を出たところで躓いてころび、足の指をくじいたとき、地面を打ちながら「今いくところだ、なんでそんなにわたしを呼ぶのだ」といって、その場で息を止めて自殺しました。

ゼノンを継承したのはトロアスのアッソス出身のクレアンテス（Kleanthes 前三〇四年頃－二三三年頃）であります。彼は弁論の人ではなく、身体の頑丈な、どちらかといえば朴訥な人物であったらしい。最初は拳闘家として活動していましたが、ゼノンの弟子となり、哲学を研究するようになってからは井戸の水汲みを生業としました。労働をいとわず、彼のことをロバのようだといった人がいるほどです。また赤貧という点では師に劣らない人であり、書板が買えなかったのでゼノンから聴いたことはすべて陶片や牛の角に書きつけていたといわれています。歯茎に腫れ物ができたので医者から二日間何も食べないようにいわれていたところ、腫れ物が退いた後もそのまま引きつづいて食を取ることを拒み、死亡しました。長く生き過ぎてしまったという感想を持っていたようであります。「ゼウス賛歌」という詩歌がクレアンテスの作として今日に伝わりますが、その朴訥なイメージとは異なり、立派な作品であります。

クレアンテスはキリキアのソロイ出身のクリュシッポス（Chrysippos 前二八一／七七年頃－二〇八／四年頃）によって継承されました。彼はクレアンテスとは異なり、頭脳明敏で弁が立ち、メガラ派や当時懐疑的傾向を強めつつあったアカデメイア派などとさかんに論争しました。またおびただしい数の著作をものし（その数は七〇五篇以上にのぼるといわれています）、ストアの学説を普及させました。すなわちストアの学説はクリュシッポスによって体系化され、組織化され、普及させられたのであります。クリュシッポスがいなかったなら、ストアもなかったであろうといわれるほどであります。しかしその死に方は余り哲学的ともストア的ともいえないようであります。未醗酵の葡萄酒を飲んだために死亡したとも、ロバが無花果を食べるのを見て笑い過ぎて死んだともいわれています。

中ストア

この学派の命脈はしかし以上の三者でもって終焉することはなく、前二世紀のロドスのパナイティオス（Panaitios 前一八〇年頃－一一〇年頃）やシリアのアパメイア出身のポセイドニオス（Poseidonios 前一三五年頃－五〇年頃）などを経由して、帝政ローマ時代にまで継承されました。この二者はローマ人との親交も篤く、やや折衷的で、ストアの学説をローマ人に馴染みやすいものにしたといわれています。キケロはその著『義務について』（De officiis）を著すに当たってパナイティオスに深く依拠していますし、またキケロは実際にロドス島でポセイドニオスの講義を聴いています。彼のポセイドニオスに対する敬意を含め、さまざまな報告がポセイドニオスを「大学者」として伝えており、ポセイドニオスのその当時における存在感は今日のわたしたちが断片資料から想像するよりも大きかったのかも知れません。彼は単に著名なストア哲学者というだけでなく、地中海地域一帯を遍く旅し、歴史、地理、科学、数学などにわたる数多くの著作を著した広範な学識の持ち主であったとのことであります。ローマの知的世界に及ぼした彼の影響は極めて大であったことが想像され、キケロやセネカやストラボンなどの一々の発言の背後にポセイドニオスの存在を見る学者もいるほどです。

新ストア

帝政ローマ期では有名なセネカ（Lucius Annaeus Seneca 前四年頃－後六五年）、エピクテトス（Epiktetos 後五〇年頃－一三〇年頃）、マルクス・アウレリウス（Marcus Aurelius Antonius 後一二一年－一八〇年）などが著名なストア学徒として知られます。セネカはローマ宮廷の大臣、エピクテトスは奴隷、マルクス・アウレリウスは皇帝でした。セネカはあの悪名高き皇帝ネロの師傅でしたが、皇帝の命にしたがって従容として死につきました。「耐えよ、そして、控えよ」（ἀνέχου καὶ ἀπέχου）という言葉をわたしたちに残したエピクテトスのストア哲学を彼の境涯から切り離して理解することはおそらく不可能でありましょう。またマルクス・アウレリウスは哲人皇帝として著名であり、彼の『自省録』（τὰ εἰς ἑαυτόν）は前線の野営地における内省的な枕頭のメモですが、今日も多くの読者を得ています。疫病、飢饉、地震、河川の氾濫、ゲルマン民族の侵入など、彼が当面したさまざまな困難を前にしてなお宇宙的ロゴスにしたがって従容と生きようとした彼の高潔な生き方に共感する人は今日においても少なくありません。ストア哲学は人間の身分、出自、国籍、境涯を越えた普遍性を有する哲学であったことがこれらのストア学徒やその言動からも理解されるでありましょう。しかしこれらのローマ人たちのストア主義は、ストアの学説そのものの信奉であったというよりは、ストア主義への心情的な共鳴であったように思われます。巨大帝国を建設したローマ人の質実剛健の尚武の気風がストアの学風に合っていたのでありましょう。

ストア研究の基本文献は Ioannes ab Arnim, Stoicorum Veterum Fragmenta（Stuttgart, I 1905, II 1903, III 1903, IV 1924）であります。ローマ時代のストア学徒のそれを除けば、ストア学徒たちの著作は、アプロディシアスのアレクサンドロス、アエティオス、ガレノス、キケロ、セクストス・エンペイリコス、セネカ、ディオゲネス・ラエルティオス、ピロデモス、プルタルコスなどといったギリシア・ローマの古典著作家たちの著書に引用された断片を残して、すべて失われてしまいました。今日のストア研究はほぼ例外なくヨハネス・フォン・アルニムによってそれらの諸著作から蒐集された右の『断片集』に依拠しています。

ストア派はヘレニズム期のギリシア・ローマにおいてこのように息の長い学派であったので、通例、ゼノン、クレアンテス、クリュシッポスなどの前三世紀の草創期のそれを古ストア、パナイティオスやポセイドニオスなどの前二世紀のそれを中ストア、帝政ローマ時代のそれを新ストアとして、三つの時期に区分して扱うのが哲学史の慣行となっています。

学説

ストア派は哲学を論理的部門(λογικόν)と自然的部門(φυσικόν)と倫理的部門(ἠθικόν)に区分します。これはその後の西洋哲学において伝統となった哲学の三区分法であります。しかしこれらの部門のそれぞれを切り離して独立させても意味はなく、各部門は全体との有機的連関のもとに置かれねばならないとストア学徒はいいます。哲学全体を果樹園に譬えるなら、論理的部門はその囲み、自然的部門は土と樹、倫理的部門は果実に当たるというのが、哲学とその各部門の関係を説明するストア派の比喩であります。あるいは哲学を動物に譬えるなら、論理的部門は骨と腱、自然的部門は肉(あるいは魂)、倫理的部門は魂(あるいは肉)であります。卵に譬えるなら、論理的部門は殻、自然的部門は白身(あるいは黄身)、倫理的部門は黄身(あるいは白身)であります。自然的部門と倫理的部門の位置づけが異なるのは、人によってどちらに強調点が置かれるか、その相違によります。

論理的部門

ストアの論理学(λογικόν)には、わたしたちがその名称から想像するような狭義の論理学だけでなく、認識論、言語論、弁論術など、言葉(λόγος)に係わるあらゆる研究が含まれます。その論理学体系は人と時代によってかなりの相違が見られ、一義的に規定することはできませんが、一般に論理的部門は今日の認識論に相当する規準論（περὶ κανόνων）と、ほぼ論理学に相当する弁証論（διαλεκτική）と、言葉をよく語るための術である弁論術（ῥητορική）に区分されます。弁証論はさらに「表示するもの」（σημαῖνον）に関する学と、「表示されるもの」（σημαινόμενον）、すなわちレクトン（λεκτόν）（言表内容）に関する学に区分されます。前者は文法、詩学、音楽論などを含み、後者がほぼ今日の形式論理学に相当します。

規準論

ストアの認識論は、その形態から区分すれば、模写説であります。しかしただの模写説ではなく、その汎自然主義的な世界観に基づく極めて独特な模写説ということができます。

ストア学徒たちは、魂は生れたときにはまだそこには何も書かれていない無記の板にも等しいものであるといいます。魂は一切の表象（φαντασία）を対象、すなわち外的な事物から得るのであります。表象は、ゼノンおよびクレアンテスによれば、事物による「魂への刻印」（τύπωσις ἐν ψυχῇ）であります。クレアンテスはそれを蜜蝋の上に押印された指環の刻印のようなものと説明しています。これに対して、クリュシッポスは刻印という考えを批判し、表象を事物による「魂の変容」（ἑτεροίωσις ψυχῆς）としました。それは彼が、声が空気の変容であるように、表象を魂の変容と考えない限り、魂は多くの表象を受け容れることができなくなると考えたためであります。多くの形象が刻印されれば各形象は判別できなくなりますが、空気はその変容である多くの声を受け容れることができます。いずれにせよ、表象は存在を基礎とし、それに対応します。したがって表象は想像（φανταστικόν）や妄想（φάντασμα）とは区別されねばなりません。想像は対応する対象なしに生ずる心像であり、それも狂人の場合のように過度になれば、妄想となります。

しかしながら、ある表象が存在に対応する真なる表象であるか、それとも存在を基礎としない想像ないしは妄想、あるいは存在を基礎としていても、それと一致しない偽なる表象であるかはいかにして判別されるのでしょうか。ストア学徒たちは、それは表象そのものが有する明証性（ἐνάργεια）によって可能になると考えました。ある表象は、わたしたちがそれに同意（συγκατάθεσις）を与えざるをえないような性格のものであり、ある表象は同意を与えることが不可能であるような性格のものであります。表象そのものがそういった性格を有しています。したがってある像が存在に対応する真なる表象であることをわたしたちは表象そのものが有する明証性から直覚的に把握するのであり、他方存在に対応しない偽なる表象であることをやはり表象そのものから直覚的に知り、退けるのであります。把握（κατάληψις）は表象そのものの明証性に基づきます。それは表象そのものが有する明証性による「表象への同意」（συγκατάθεσις）であります。これを逆にいうなら、わたしたちがそれに対して同意を与えざるをえないような表象が存在に対応する真なる表象であり、同意を与えることを差し控えるか、ないしは拒否せざるをえないような表象が偽なる表象であります。ストア学徒たちは前者を把握的表象（καταληπτική φαντασία）と呼び、後者を非把握的なもの（ἀκατάληπτον）と呼びました。したがって表象の真偽の基準（κανών）は把握的表象という点にあります。すなわち、ある表象がそれに対して同意を与えざるをえないような表象、すなわち把握的表象であるなら、それは真であり、同意を拒まざるをえないような表象、すなわち非把握的表象ならば、それは偽であります。このようにストア学徒によれば、表象の真偽は表象そのものから直覚的に知られるのであって、それ以外に何か別に根拠があるわけではないのであります。

　表象の真偽は表象そのものから知られるというこの主張は、一見したところ、独断的な断定としか思えないかも知れませんが、しかし対象も魂も物体であるという点では同じであり、本質的に異ならないとするストア派の汎自然主義的な世界観からすれば、これは極めて当然な主張なのであります。ストア学徒によれば、後述するごとく、魂や表象など精神的と思えるものもすべて物体であり、それらは物体の精妙な流れ、気息（πνεῦμα）であります。したがってそれ自身物体である魂は真なる表象によって対象（物体）といわば同感し、共感し合うのであり、そのことによってその表象の真実性を疑う余地なく確信することができるのであります。まさにこの物体（魂）と物体（対象）の共感（συμπάθεια）が把握的表象であり、把握的表象によって両者は共鳴関係に立つのであります。共鳴状態にあるとき、魂はいわば真実の真っ只中にあるわけであります。

表象の真実性はしたがって把握（κατάληψις）にあります。把握が確固として揺ぎないものになったものが知識（ἐπιστήμη）であります。知識とは「確固としていて議論によって覆されることのない把握」（κατάληψις ἀσφαλὴς καὶ ἀμετάπτωτος ὑπὸ λόγου）であります。把握的表象は誰もが有しますが、これを揺ぎないものとするにはそれを固定化する力がさらに必要とされます。そういった力ないし卓越性を所有するのはひとり賢者（σοφός）のみであるといいます。それゆえストア学徒によれば、知識とはただ賢者のみが所有するところのものなのであります。

以上の認識論をゼノンは次のような身振りによって説明したといわれています。最初に指を広げた手を示し、これが表象だとし、次に指を少し折り曲げて、これが同意だとしました。それからこぶしを握りしめて、これが把握だとし、そして最後に握りしめたこぶしを他方の手でしっかりと掴んで、知識とはこういうものであり、ひとり賢者のみの所有するところだといったとのことであります。

弁証論

言葉においては「表示するもの」（σημαῖνον）と「表示されるもの」（σημαινόμενον）が区別されます。

前者は意味内容を伝達する媒体としての言葉であり、音声（φωνή）や分節化された音声である語りとしての言葉（λέξις）が含まれます。こういった意味での言葉の学である言語論や文法学をストア学徒たちはさかんに研究し、それらの発展に大きく貢献しました。後者の表示されるものとは言葉によって表現される意味内容、言表内容であり、これをストア学徒たちはレクトン（λεκτόν）と呼びました。レクトンに関する学が今日でいう形式論理学に相当します。

レクトンは「完備している」（αὐτοτελής）か、「不完備」（ἐλλιπής）であるかであります。前者は命題や推論など文の形をしたレクトンであり、後者は単独に言表されたレクトン、すなわち名辞・概念であります。この表現によってストア学徒たちはレクトンを第一義的には命題として捉えていたことが理解されるでありましょう。なぜなら客観世界に存在しているものは「ソクラテス」や「ディオン」といった孤立した個体では決してなく、「ソクラテスが話している」とか「ディオンが歩いている」といった事態ないしは事象だからであり、したがってその模写であるレクトン（言表内容）も当然第一義的には「ソクラテスは話す」とか「ディオンは歩く」といった命題ないしは文であるはずだからであります。「ソクラテス」、「ディオン」、「話す」、「歩く」といった概念は命題から抽出することによってはじめて得られるものなのであります。ストアの論理学は、アリストテレス論理学のような名辞論理学ではなく、命題論理学であったといわれるゆえんであります。

不完備なレクトン、すなわち概念において最高位にあるものは範疇（カテゴリア）であります。ストア学徒は次の四つの範疇を列挙しました。㈠基体（ὑποκείμενον）。㈡質（ποιόν）。㈢状態（πὼς ἔχον）。㈣関係的状態（πρός τι πὼς ἔχον）。そしてこれらすべての上に「或るもの」（τι）を置きました。ところで基体は実体（οὐσία）とも呼ばれ、事物そのものを意味します。質は事物の有する性質であります。状態は一定の性質を有する事物のあり方であり、関係的状態は他の事物との関係においてあるあり方であります。ストアの範疇論は「或るもの」（τι）が次第に限定されて、具体的なあり方を取っていく段階を示すことを特徴とします。

完備したレクトンの最も基本的なものは命題（ἀξίωμα）であります。命題とは文の形をしたレクトンで、真か偽かであるものです。しかしストアの命題がアリストテレスの命題と最も異なる点は、アリストテレスにおいては「人間は二足の動物である」といったごとく主語‐述語概念の包摂関係が抽象的に問題とされていたのに対し、ストアにおいては、命題はそういった概念の抽象的な包摂関係ではなく、実際に起こっている客観的な事象の言表として捉えられていたという点にあります。これは存在するのは物体的な個物のみであり、抽象的な普遍は空虚な言葉でしかないとする彼らの唯物論的な存在思想からの当然の結果ということができます。したがってストアの命題は「明るい」とか「天気がよい」とか「この女は子供を産んだ」とか「ディオンは散歩している」といった事象の言表であって、それ以上のものではありませんでした。ストアの論理学は唯名論の立場に立つ命題論理学でした。

命題は単純であるか、複合的であるかであります。複合命題は単純命題の結合によって得られる命題ですが、結合の仕方によって㈠結合（仮言）命題（συνημμένον）、㈡帰結命題（παρασυνημμένον）、㈢対等命題（συμπεπλεγμένον）、㈣選言命題（διεζευγμένον）、㈤根拠命題（αἰτιῶδες）、㈥比較命題（διασαφοῦν τὸ μᾶλλον καὶ τὸ ἧττον）に区別されます。結合（仮言）命題とは「もし…」によって結合される複合命題（「もし昼なら、明るい」）であり、帰結命題とは「…であるから」によって結合される複合命題（「昼であるから、明るい」）であり、対等命題とは「かつ」によって結合される複合命題（「昼であり、かつ明るい」）であり、選言命題とは「あるいは」によって結合される複合命題（「昼であるか、あるいは夜である」）であり、根拠命題とは「…であるゆえに」によって結合される複合命題（「昼であるゆえに、明るい」）であり、比較命題とは「よりも」によって結合される複合命題（「夜であるよりも、昼である」）であります。

二つの前提命題から第三の命題が結論として導出される推理式が推論（συλλογισμός）と呼ばれることはアリストテレスの場合と同様です。しかし推論の場面においても、命題の場合と同様、ストアにおいて問題とされたのは、アリストテレスの場合のような概念ないしは命題の抽象的な包摂関係ではなく、実際に生起している事象の時間的な継起ないしは伴立でした。アリストテレスにおいては推論は、「すべての人間は死す、ソクラテスは人間である、ゆえにソクラテスは死す」というように、一応事実とは切り離された概念の抽象的な包摂関係として問題にされていました。これに対して、ストアにおいては、推論は、「この女は乳を持っている。それは彼女が子供を産んだからである」というように、実際に生起している事象の時間的な継起ないしは伴立として捉えられているのであります。これは、先の場合と同様、事象の模写としてしか言葉は意味を持たないとする彼らの唯名論的な言語観からの当然の見解といえましょう。

さて、推論は非決定的か、決定的かであります。前者は「昼ならば、明るい。さて昼である。ゆえにディオンは散歩する」というように、両前提と結論との間に何らの規定関係もないような推論であり、後者は「昼であるか、夜であるかである。さて昼ではない。ゆえに夜である」というように、両前提によって結論が一義的に決定される推論であります。証明を必要としない推論、すなわち無証明的推論（ἀναπόδεικτος）も決定的推論のひとつであります。クリュシッポスはいくつかの種類の無証明的証明を列挙しています。またストア学徒たちはアリストテレスにおいてはいまだ十分に考察されていなかった仮言的推論や選言的推論を詳細に研究し、この方面において論理学研究を発展させた功績を有します。

自然的部門

ストアの自然哲学は唯物論と汎神論の統合という性格を有します。すなわちストア学徒によれば、存在するものはすべて物体（σῶμα）であって、非物体的な実在は存在しません。魂や生命や精神的と思われているものもすべて物体であり、それらは物体の精妙な流れ、気息（πνεῦμα）であります。ましてやイデアや形相といった非物体的な実体は認められません。普遍は存在せず、存在するのは物体的な個物とその総体としての世界のみであるといいます。もっとも彼らも時間と場所と空虚とレクトンが非物体的であることは認めたようですが。しかし少なくとも非物体的な実体は存在しません。ストアの自然哲学はこのように存在するすべての実在を物体とする唯物論思想としてまずその姿を現します。

ところで、物体には質料的な面だけでなく、質料の中に働く力の面が存します。したがって世界は死せる質料の全体ではなく、生ける力の全体であって、これをストア学徒たちは、ヘラクレイトスに倣って、火（πῦρ）としました。全体である世界はそれゆえ生きた火であり、この火が、「造化の火」（πῦρ τεχνικόν）として、万物を「諸存在の因果連鎖」（αἰτία εἱρμένη τῶν ὄντων）として形成していくというのがストアの世界観であります。ストアの自然観においては、それゆえ、自然は生きたものとして捉えられています。自然は生きたそれ自身で働く性状（ἕξις）であり、また地上の一切の事物を生む（φύειν）原理であります。大地に生うるすべてのものは自然によって生み出され、維持されています。しかし自然は地上にあるすべてのものを一挙に生み出すのではありません。それは時間の経過と共に因果の連鎖によって一歩一歩事物を作り出していく根源的な力、すなわち火（πῦρ）として存在します。換言すれば、自然は「道にしたがって生成に向かって歩む造化の火」（πῦρ τεχνικὸν ὁδῷ βαδίζον εἰς γένεσιν）なのであります。

個々の自然物はこのように生ける根源火から因果の連鎖を経て生み出されてきますが、この過程はしかし無限に進みゆくのではなく、一定の時間を経た後、万物は再び根源火による「万有の火化」（ἡ ἐκπύρωσις τῶν ὅλων）、すなわち世界大火によって焼き尽くされ、また新たに以前と同じ過程が再興されるといいます。再び「ソクラテス」や「プラトン」が現れ、以前とそっくり同じことが繰り返されるでありましょう。しかもこの再興は一度だけでなく、何度も何度も繰り返されます。根源火からの万物の生成と世界大火によるそれへの還元という円環の永劫回帰の思想がストアの世界観でした。ニーチェはシルバープランナ湖畔を散歩していたときに雷に打たれるように永劫回帰の思想に打たれたと語っていますが（ニーチェ『この人を見よ』参照）、彼の心中のどこかにストアのこの思想があったのかも知れません。ニーチェはもとは古典文献学者であり、ギリシア哲学に通じていました。

しかし、ストア学徒たちはこの根源火を盲目的、偶然的、機械的とは考えないで、それ自身知性（ヌース）であり、理性（ロゴス）であり、世界組織の秩序と合目的性を種子的ロゴス（σπερματικός λόγος）という形で自己の内に蔵する神（θεός）であると考えました。それはまたゼウスとも呼ばれています。物体の全体としての世界、万物を生み出す生きた自然、造化の火、万物を貫く理性（ロゴス）、神、ゼウス、これらはストア派においてはすべて同じものを意味しているのであって、異なった観点から同一のものに対して与えられた異なる呼称でしかないのであります。ストアの自然哲学は自然即神、神即自然とする汎神論であり、しかも神そのものも物体として捉えられているのですから、唯物論的な汎神論ということができるでありましょう。しかしその当の自然（物体）は生命と知性を有する造化の火（πῦρ τεχνικόν）と考えられているのであります。

それゆえ根源火の展開である自然は、根源火そのものが理性（ロゴス）ですから、厳格な理法（ロゴス）によって規定されています。自然の諸物が根源火から因果の連鎖によって必然的に生成してくるという限りでは、自然は宿命（εἱμαρμένη）であります。しかしこの過程の全体である根源火そのものは理性（ロゴス）であり、また諸物が種子的ロゴス（σπερματικοὶ λόγοι）によって浸透されているという限りでは、自然は摂理（πρόνοια）によって貫かれているのであります。卜占が可能とされるゆえんであります。ストアにおいては宿命（ヘイマルメネー）と摂理（プロノイア）は矛盾しないのであります。

　こういった観点からストア学徒たちは世界をひとつの「大きな生き物」（τὸ μέγα ζῷον）と考えました。そこではすべてのものが有機的に統一され、美しい全体を造り出しています。自然は何ものも無駄には造りません。個物はそれぞれ「固有の性質」（ἰδίως ποιόν）を有していて、全く同一であるような二物は決して存在しませんが、それでも万物は、そのすべてが自然全体というひとつの生き物の部分であり、アスペクトであるという意味において、同じものに属しているのであります。物体という共通の観点においてはすべてが同一の基盤を有しており、連続しているからであります。それゆえ海面に落された一滴の葡萄酒も海全体に広がり、やがては宇宙全体に広がるであろうといいます。したがって諸物の間には宇宙的な共感（συμπάθεια）が存します。事物も魂も人間も動物も植物もすべては生ける同一の自然の部分ないしはアスペクトでしかないからであります。諸物の中に見られるこの広汎な共感をストア学徒たちはまた協和（συμπνοία）とか協調（συντονία）といった表現によっても語っていますが、魂が表象の真実性を認知する把握（κατάληψις）の理論がこの共感（συμπάθεια）に基づく理論であったことは先に述べた通りであります。ストア学徒によれば、世界は神々や人間や動物や植物や諸物によって構成されたひとつの「巨大なポリス」（ἡ μεγάλη πόλις）なのであります。人間を男女の差、社会的身分、家柄、貧富、国家といった違いを越え、さらにギリシア人や異民族といった民族的差異性をすら越えた世界市民（κοσμοπολίτης）として捉える世界市民主義（Kosmopolitismus）がストアの世界観、人間観を貫く基調でした。

倫理的部門

以上の所論を糾合してストア学徒たちは彼らにとって最も重要な概念であった「徳」（ἀρετή）の問題を展開します。

ストア学徒によれば、自然はそれ自体が理性（ロゴス）でした。それゆえその過程は厳格な理法（ロゴス）によって貫かれています。自然の一部であるわたしたちの人生もまたこの自然の理法（ロゴス）にしたがわねばなりません。しかも単にしたがわねばならないというだけでなく、自然の理法（ロゴス）にしたがうというまさにそのことが人生の目的（τέλος）であるとストア学徒たちは考えました。クレアンテスは人生の目的を「自然に一致して生きること」（τὸ ὁμολογουμένως τῇ φύσει ζῆν）と規定しています。ゼノンによれば「（自己に）一致して生きること」（τὸ ὁμολογουμένως ζῆν）であります。しかしこの両定義は結局は同じことを意味します。自然にしたがうということは自然の理法（ロゴス）にしたがうことであり、自己にしたがうということは自己の理性（ロゴス）にしたがうことですが、自然の理法もわたしたちの理性も根源的には同一のロゴスだからであります。もっともゼノンによって「一致して生きること」（τὸ ὁμολογουμένως ζῆν）と定義されていた人生の目的が、クレアンテスにいたってはじめてそれに自然が付け加えられて、「自然に一致して生きること」（τὸ ὁμολογουμένως τῇ φύσει ζῆν）と定義されたとするこの説には、すでにゼノン自身が人生の目的を後者のように定義していたとするツェラーを代表者とする異論が存しますが。いずれにせよ、ストア学徒によれば「自然に一致して生きる」（τὸ ὁμολογουμένως τῇ φύσει ζῆν）というまさにその点に人生の目的はあるのであります。否、そのことこそが人生の目的そのものなのであります。

ストア学徒によれば、それゆえ、自然（ロゴス）にしたがうというただその一事だけが絶対的に要求される徳（ἀρετή）であり、それのみが善（ἀγαθόν）であって、それから逸脱することは不徳（κακία）であり、その点にのみ悪（κακόν）は存します。ところでロゴス（自然）にしたがうか否かということの間にはいかなる程度の差も存しないがゆえに、善であるか否かということの間にも程度の差はありません。ロゴス（自然）にしたがっており、それゆえ善であるか、それから逸脱しており、それゆえ悪であるかであります。それ以外のすべては「善悪どちらでもないもの」（ἀδιάφορα）であります。かくして、ストア学徒にとっては、健康や病気、快や苦、美や醜、力や無力、富や貧、名声や不評、生まれのよさや悪さなどといった相対的な善や悪は「どうでもよいもの」（ἀδιάφορα）であり、顧慮に値しないものであって、生や死ですらそうであるとされました。自然（ロゴス）にしたがうことにのみ正しさ、すなわち徳があり、それから逸脱することにのみ悪さ、すなわち不徳があるのだからであります。ストア学徒たちもまた思慮（φρόνησις）、勇気（ἀνδρεία）、節制（σωφροσύνη）、正義（δικαιοσύνη）といったプラトン的諸徳を挙げてはいますが、それらは自然との一致という唯一無二の徳を達成するための能力ないし性状という意味においてのみ徳と呼ばれるに過ぎないのであり、他方無思慮（ἀφροσύνη）、不正（ἀδικία）、臆病（δειλία）などといった諸不徳もやはり自然からの逸脱という唯一の不徳との関係においてのみそう呼ばれるのであります。

人間は富や地位や名声といった世俗的なすべての善を犠牲にしてでも魂の支配的部分（τὸ ἡγεμονικόν）である理性（ロゴス）に指導されて自然（理法）に一致して生きねばなりません。すなわち理性的に生きねばなりません。ところが人間には衝動（ὁρμή）があり、適度である場合にはそれはまだしも自然的ですが、過度になると情念（πάθος）となります。情念（パトス）とは「過度の衝動」（ὁρμὴ πλεονάζουσα）であり、「非理性的な自然に反する魂の運動」（ἡ ἄλογος καὶ παρὰ φύσιν ψυχῆς κίνησις）であって、それによって人間は自然の理法（ロゴス）から逸脱する可能性を有します。ストア学徒は特に苦悩（λύπη）、恐怖（φόβος）、欲望（ἐπιθυμία）、快楽（ἡδονή）の四つの情念を挙げています。苦悩には憐憫、嫉妬、羨望、くやしさ、煩悶、悲嘆などが含まれ、恐怖には恐れ、逡巡、羞恥、驚愕、狼狽などが含まれます。また欲望には願望、憎しみ、野心、憤怒、愛欲、憎悪などが含まれ、快楽には恍惚、他人の不幸への喜び、悦楽などが含まれます。これらの情念（パトス）は魂の病気（νόσος ψυχῆς）ともいうべきものであり、たいていは誤った判断（κρίσις ἡμαρτημένα）やドクサ（δόξα）に基づきます。

ところで、理性（ロゴス）そのものである自然の一部としての人間の中にどうして非理性的で反自然的な情念（パトス）が生じるのかということを問題とする人もあるでありましょうが、このことはストア学徒たちの問題にはなりませんでした。ストア学徒たちは、確かに人間の中には情念（パトス）が存在し、それによって人間はしばしば自然（理法）から逸脱した行動を取るにいたるということを事実として確認し、そしてそれを根絶せんと欲すのであります。

それゆえストア派の実践論はこれらの情念（パトス）を徹底的に排除し、強固な意志によって行動を厳格に自然の理法（ロゴス）にしたがわせることを目指したものとなりました。ここからストア派のあの厳格な道徳思想が生み出されたのであります。いかなる情念（パトス）によっても影響されることのない魂の不動の状態、アパテイア（ἀπάθεια）を彼らは人間的態度の理想としました。魂がこのようなアパテイアの状態にあり、自然の理法（ロゴス）と一致して微動だにしない人がストア学徒のいう賢者（σοφός）であります。

賢者の眼は澄んでおり、彼はもはや情念（パトス）がそれでもって人を誘う空しい想いによって動かされるということはありません。このように情念（パトス）から解放され、魂の支配的部分（ト・ヘゲモニコン）によって統治されてもっぱら理性的であるような人生が「穏やかな人生」（εὔροια βίου）であることは必定であり、これがすなわち幸福（εὐδαιμονία）であると彼らは考えます。したがって幸福は徳の結果であって、それ以上の意味は有しません。徳は幸福を結果するか否かに係わりなく、それ自体で求められねばなりません。徳はそれ自体が目的であって、他の何ものも前提としないからであります。徳は他の何ものも必要とせず、自足的（αὐτάρκης）であります。人間の目指すべきはあくまでも徳であって、幸福ではありません。この点にストアの倫理思想と次講で取り上げるエピクロスのそれとの間の最大の争点があります。ストアの倫理思想が「厳格主義」（Rigorismus）といわれるゆえんであります。

しかし、自然の理法（ロゴス）と完全に一致した賢者の生活が極めて稀な実際上実現不可能な生活であり、人間的（ἀνθρωπίνον）というよりは何らか神的（θεῖον）ともいうべきものであることはストア学徒たち自身がよく知っていたことであります。それゆえストア学徒たちは、一方では賢者によってのみ実現されうる「完全に正しい行為」（κατορθώματα）をあくまでも理想として掲げながらも、他方では完璧ではないまでも、その場その場で要請される道徳的規範に適った行為も「ふさわしい行為」（καθήκοντα）として承認しました。カテーコンタ（καθήκοντα）はキケロによって義務（officia）と訳されたものですが、人間がその都度当面する状況下にあって他のものに優先して選び取られるべき当為に適った行為を意味します。人間は情念（パトス）を完全に根絶し、自然のロゴス（理法）との一致を完全に実現していなくとも、それぞれの状況下において正しい行為を選び取ることは可能であり、そういった行為が「ふさわしい行為」（カテーコンタ）であります。これに反して情念（パトス）を完全に根絶し、自然（理法）と一致して微動だにしない賢者のみが所有しうる完全な正しさがカトルトーマタ（κατορθώματα）であります。

カテーコンタ（καθήκοντα）の理論は確かにストアの厳格な道徳思想の緩和であるかも知れません。しかしこのことをもってただちにストア哲学の後退とするのは当りません。なぜなら、さもなければ、ストアの倫理思想は「一切か、さもなければ無か」の思想となり、しかも賢者の生活は事実上不可能と考えられる以上、机上の空論でしかなくなるからであります。カテーコンタ（καθήκοντα）の理論によってストア派は実践論（περὶ πράξεων）を獲得することができたのであります。ストア哲学をローマ人に繋いだ中期のストア哲学者のひとり、パナイティオスの哲学的努力は主にストアの厳格な徳の概念をこういった実践的な方向に敷衍させるところにあったと推定されています。いずれにせよ彼はキケロが『義務について』（De officiis）を著すに当たってベースにした哲学者でした。

以上がストア哲学が全体として語るところですが、それまでの純粋ギリシア哲学とはずいぶんと趣を異にする哲学であるといわざるをえません。おそらくこの哲学の背後にはシュペングラーのいうマギ的世界とそこからの影響があるのでありましょう。オリエントのマギ的要素がギリシア哲学の中に浸透してきてギリシア的諸概念をまとい、全体としてギリシア哲学の枠組みの中で姿を現した哲学、それがストア哲学であったといえるのではないでしょうか。

以上、ソクラテス学派のひとつ、キュニコス派の実践論とヘレニズム期のストア哲学の体系的徳論を見ることによって、ギリシア哲学における基本概念のひとつである「徳」（ἀρετή）の問題が中期から末期にいたるギリシア哲学の過程の中でどのような展開を見せたかを概観しました。

第25講 ヘレニズム哲学（其の二）

快（ἡδονή）

本講ではギリシア哲学における「快」（ἡδονή）ないし「幸福」（εὐδαιμονία）の問題を取り上げ、そういった観点からヘレニズム期のギリシア哲学のもうひとつの主要学派であるエピクロス派の哲学を展望したいと思います。しかしエピクロスの快楽主義の哲学を見るに先立って、前講の場合と同様、小ソクラテス学派のひとつであるキュレネ派の快楽説を概観します。そしてそれと比較する形でエピクロスの快楽主義の哲学に省察を加えます。キュレネ派の快楽説はギリシアにおいて説かれた最も徹底した快楽主義思想ということができると思いますが、その動的快楽思想がエピクロスによってどのように改変されてより普遍性を有する快楽主義の哲学が生み出されたかを見ることが本講の課題であります。

(一) キュレネ派の快楽思想

学派

キュレネ派もまた小ソクラテス学派のひとつですが、快楽主義の哲学を徹底して唱えた学派として知られます。創始者はソクラテス学徒のひとり、アリスティッポス（Aristippos 前四三五年頃－三五五年頃）であります。アリスティッポスはアフリカ沿岸のギリシア系ポリス、キュレネの人でしたが、ソクラテスの名声をしたってアテナイに登り、ソクラテスの門下に列しました。しかしソクラテスの「よく生きよ」という勧めを「快く生きよ」という意味に解し、そこからこともあろうに極端な快楽主義の哲学（Hedonismus）を唱えるにいたったために他のソクラテス学徒から余りよくいわれなかった人であります。ソクラテスの「よく生きる」（εὖ ζῆν）は「善く生きる」こと、すなわち有徳に生きることを意味すると同時にまた「快く生きる」こと、すなわち幸福に生きることも意味しています。徳と幸福の一致は近代哲学においては理念でしかありませんが（カント）、ソクラテスにおいてはそれが現実でした。前講で取り上げたアンティステネスはこの前者の面を採り、ソクラテスの命題をその方向において極端化し、徳（ἀρετή）を人生唯一の目的であるとして快を捨てましたが、それに反してアリスティッポスは後者の面を捉え、ソクラテスの命題をアンティステネスとはちょうど逆の方向にやはり極端化したわけであります。彼は快（ἡδονή）を人生の目的としました。このことによって彼はソクラテス的精神から完全に離反した主張をなすにいたりましたが、しかしこれとてもやはりソクラテス哲学の一側面からの一帰結ということができ、そういう意味において彼はかろうじてソクラテス学徒とされている人であります。彼の学派はキュレネ派と呼ばれましたが、「キュレネ」という呼称は快楽主義の別称となりました。

アリスティッポスの哲学

アリスティッポスはその快楽主義哲学をプロタゴラス風の主観主義的な認識論によって根拠づけています。彼は感覚（πάθος）と「われわれの外にあって感覚を生じさせるもの」（τὸ ἐκτὸς καὶ τοῦ πάθους ποιητικόν）を区別します。このうち「感覚だけがわれわれに現れています」（μόνον τὸ πάθος ἡμῖν ἐστὶ φαινόμενον）。わたしたちの外にある物は、おそらくそれが感覚の原因でしょうが、それ自身はわたしたちの表象ではありません。認識においてわたしたちが直接係わるところは自分の内に生じた感覚であって、物それ自体ではないからであります。ここからアリスティッポスは、わたしたちが知るのはわたしたち自身の主観的な感覚でしかないと結論しました。わたしたちは自分の内に生じた感覚を知覚するだけで、その原因を知覚しはしないからであります。ところで、感覚はすべて個人的、主観的でありますから、それゆえ自己の感覚が他の人のそれと一致しているかどうかをわたしたちは確かめることはできないといいます。名称が等しいからといって、その対象が同じであるとは限らないからであります。また感覚が物それ自体の真の姿を伝えるものであるかどうかもわたしたちは確かめることはできません。まさに当の感覚以外のどのような認識根拠もわたしたちは有してはいないからであります。わたしたちは、厳密にいえば、自分の内に生じた主観的な感覚を知っているに過ぎないのであります。アリスティッポスの認識論はプロタゴラスのそれよりも一層主観主義的であります。

アリスティッポスはこの認識論的主観主義からただちに倫理的主観主義を帰結します。以上のごとく、感覚だけが認識においてわたしたちの直接係わるところのものであるとするなら、したがってそれだけがわたしたちの知るところのものであるとするなら、行為に対してもわたしたちはただ感覚しか規準となしうるものを有していないことになります。感覚以外の規準がたとえ存在したとしても、それ自身は表象でないがゆえにわたしたちはそれを知ることはできないからであります。知っていないものを行為の規準にすることはできません。

ところで、感覚は快か不快か、そのいずれでもないかの、いずれかであります。感覚が教えるものは快（ἡδονή）か苦（πόνος）かであって、それ以外のものではありません。それゆえ、アリスティッポスとキュレネ学徒は、快（ἡδονή）を善とし、苦（πόνος）を悪としました。感覚にとってはそれ以外に善や悪があるわけではないからであります。あったとしても、それを感覚は教えることはできません。かくして、快（ἡδονή）が求められるべき唯一の善であることになります。彼らは快を人生の目的（τέλος）としました。他方、苦は避けられるべき悪であります。ところで、感覚は運動において成立すると彼らは考えます。彼らは快を「なめらかな運動」（ἡ λεία κίνησις）、苦を「ざらざらした運動」（ἡ τραχεῖα κίνησις）、そのどちらでもない状態を「無運動」としました。

快（ἡδονή）は、快というその一点においては、精神的な快も、身体的な快も、何ら異なるところありません。快である限り、それがいかなる由来のものであれ、すべて善なる性質のものであります。強度であればあるほど、それは好ましい。それゆえ彼らは精神的な快よりも、むしろ身体的、感覚的な快の方をよしとしました。身体的な快の方が一層強烈で、明確だからであります。またすべて感覚は現在的であります。過去の思い出や未来への希望からくる幸福感は、快としては劣っています。過去の感覚はすでに消え去っており、未来のそれはまだ生じていないからであります。それゆえ彼らは幸福を快としてはむしろ劣るものと考え、現在のこの瞬間における個々の感覚的、身体的な快を目的としました。このようにキュレネ学徒の目的とした快（ἡδονή）は、現在のこの瞬間における個々の身体的、感覚的、積極的な「運動における快」（κατὰ κίνησιν ἡδονή）であって、次に述べるエピクロスが目的としたそれのような「苦痛のない状態」といった消極的な静止的快（καταστηματική ἡδονή）ではありませんでした。これはギリシア哲学史上において説かれた最も徹底した快楽主義思想（Hedonismus）であり、むしろ享楽主義とでも呼ぶべきものであります。

　しかしアリスティッポスもさすがにソクラテス学徒のひとりであり、識見（φρόνησις, ἐπιστήμη, παιδεία）の意味を説いています。しかしそれは識見そのもののためではなく、それがもたらす利益のゆえでした。例外は認められていますが、一般に賢者は快楽に満ちた楽しい人生を送り、愚か者は苦しい人生を送るといいます。これを逆にいうなら、徳を求めて苦しんでいるような者は馬鹿で、快楽を楽しんでいる者が賢者だということになります。アリスティッポス自身、いかなる境遇にあっても人生を最大限楽しむ術を心得た人でした。講義に対してはもちろん授業料を取ったし、娼婦と同衾もしたし、また王侯のもとに侍って恥じませんでした。それは彼が以上のような大哲学を後ろ盾としていたからであります。しかし他方では彼は常に精神の独立性と自由を堅持すべきことを説いています。娼婦と交わっているといって非難した人に対して、彼は、要は快楽に身を染めないことではなく、快楽に負けないことだと答えています。アンティステネスは「所有する者は所有される」と考えてすべてを捨てましたが、アリスティッポスは「所有しても、所有されない」（ἔχω, ἀλλ' οὐκ ἔχομαι）ことを身上としたわけであります（ディオゲネス・ラエルティオス『ギリシア哲学者列伝』II 75）。

　彼の教説は娘のアレテー（Arete）と彼女の息子で「母に教えられた人」（ὁ Μητροδίδακτος）と呼ばれたアリスティッポス（Aristippos）などに継承されました。またこの学統に属する人としては「無神論者」（Ἄθεος）テオドロス（Theodoros 前三世紀始め頃の人）と「死を勧める人」（Πεισιθάνατος）ヘゲシアス（Hegesias 同じく前三世紀始め頃の人）が有名です。これは快楽主義が最終的には無神論やペシミズムに結果することを歴史的に示したものとして興味深い現象ということができます。キュレネ派の快楽主義哲学はソクラテスの時代にはどちらかといえば異端思想と見なされがちで、傍流に追い遣られていましたが、ヘレニズム期に蘇り、精神化されてエピクロス哲学に継承されるところとなりました。快楽主義もまたある種の普遍性を有する哲学であることをこのことは示しています。次にそのエピクロスの快楽主義の哲学を概観し、ギリシアにおける快楽主義思想の最終的表現を確認したいと思います。

(二) エピクロス哲学

学　派

学派の創始者はサモス島生れのアテナイ人、エピクロス（Epikouros 前三四一年－二七一年）であります。彼の両親は父をネオクレス（Neokles）、母をカイレストラテ（Chairestrate）といい、サモス島のアテナイ人入植者でした。父のネオクレスは教師でしたが、教師という仕事は当時はそれほどかんばしい職業とはいえず、一家の生活は裕福とはいえないものであったようであります。子供の頃、エピクロスは母と共に家から家へと浄めの門付をして廻ったという話が伝えられています。他にネオクレス、カイレデモス、アリストブロスという三人の兄弟がありましたが、彼らも後年エピクロスの勧めで哲学研究に加わり、共にエピクロスの学園の構成員になっています。

前三二二年、18歳になったエピクロスはアテナイに上り、二年間滞在しました。それはその年齢にあるアテナイ青年には二年間の兵役の義務が課せられていたからであります。その時のアテナイは前年のアレクサンドロス大王の死（前三二三年）と、それに伴って起こった反マケドニア蜂起によって騒然たる情勢下にありました。そのためにアリストテレスがアテナイを去らざるをえなくなったことは「アリストテレス講義」(第20講)で申し上げました。そういった情勢下であったにもかかわらず、エピクロスはアカデメイアにおけるクセノクラテスの講義を聴いたようであります。またリュケイオンにおけるテオプラストスの講義も聴いたと想像されます。

二年滞在した後、エピクロスはアテナイを離れ、コロポンの家族のもとに帰りました。というのは、反マケドニア運動が挫折した結果、サモス島のアテナイ人入植者たちもマケドニアのアレクサンドロス大王の後継者ペルディッカスによって迫害され、サモス島から追放されてしまっていたからであります。エピクロスの家族も難を逃れて対岸の小アジアのコロポンに移住していました。そのコロポンの家族のもとに彼も合流したわけであります。それからのしばらくはコロポンを中心に、ある時はロドス島のペリパトス派の哲学者プラクシパネス(Praxiphanes)の門下に、ある時はテオスのデモクリトス派の哲学者ナウシパネス(Nausiphanes 前四世紀後半に活躍した原子論哲学者)の門下に学んだりして、過ごしていたものと思われます。特に後者からは彼自身の哲学ともなるデモクリトスの原子論哲学を学び取ったはずですが、師のナウシパネスに対してはエピクロスは軽蔑しか示さず、彼のことを「軟体動物」と呼ぶなど、後にはさんざんに悪口をいうようになりました。

前三一一年頃、まずレスボス島のミュティレネーで、次いで翌年には小アジア北方のランプサコスで、エピクロスは彼自身の学校を開きました。ミュティレネーでの教授は当地の哲学者や住民の反撥に遭って短期間しかつづけることができませんでしたが、彼はそこでヘルマルコス(Hermarchos)という終生の弟子を得ています。この人はエピクロスの没後、学園の指導を引き受けた人であります。ランプサコスでの教授活動はかなりの成功を収め、彼はそこに四年間滞在しました。また弟子にも恵まれ、ランプサコスでエピクロスのもとに集まった弟子の中には、第二のエピクロスと呼ばれたメトロドロス(Metrodoros）、ポリュアイノス（Polyainos）、イドメネウス（Idomeneus）、レオンテウス（Leonteus）とその妻のテミスタ（Themista）、コロテス（Kolotes）など、生涯彼に付きしたがった人たちがいます。この最後のコロテスに対しては後にプルタルコスが『コロテス駁論』（Adversus Colotem）を書いています。プルタルコスはエピスロス哲学に我慢ならなかったようで、『他の哲学者（エピクロス以外の哲学者）たちの教えにしたがっては（快く）生きることはできないということについて』というコロテスの論文に対して、プルタルコスは『エピクロスにしたがっては快く生きることはできないということについて』という論文を著して揶揄しました。

前三〇七年、35歳になったエピクロスは弟子の数人と共にランプサコスからアテナイに移り、市街地から少し離れたところに庭園の付いた小さな家を購入して、そこで共同生活を始めました。やがてエピクロスの思想に共鳴する人たちが各方面から集まるようになり、彼を中心に心の平安を求めて哲学を研究する人々のサークルが庭園内に形成されるようになりました。彼らは、ストア学徒たちが「柱廊の人々」（οἱ Στωικοί）と呼ばれたように、「庭園出の人々」（οἱ ἀπὸ τῶν κήπων）と呼ばれました。学園の雰囲気は晴朗と静謐さによって支配されており、人々は互いに対する敬意と友情によって結ばれていました。心に傷を持つ人々が安らぎを求めてエピクロスのもとに集まりました。学園の聴講者の中には遊女や奴隷も混じっていたといわれています。ディオゲネス・ラエルティオスはエピクロスの学園に加わっていた幾人かの遊女の名前を伝えていますが、最も有名なのはレオンティオン（Leontion）であります。このことが原因で学園はしばしば人々の邪推の対象となり、論敵から「エピクロスの豚」といった誹謗を浴びせられることもしばしばでしたが、これは根拠なき中傷以外のものでありません。エピクロスの求めたものは、後述するように、晴朗な心の平静さであり、そのことによって彼はいかなる道徳家にも及びもつかないような澄明で高潔な境地に達しているからであります。

エピクロスは二、三度、友人を訪ねてイオニアに戻った以外は、後半生のすべてをアテナイの学園で過しました。公の場に出ていくことも、公衆を前にして話すこともありませんでした。「隠れて生きよ」（λάθε βιώσας）というのが彼の生活のモットーでした。彼の生活は、後述するように、パンと水を常食とした極めて質素なものでした。情念や野心や妄想から解放された晴朗で平静な心境、すなわちアタラクシア（ἀταραξία）が彼の生活の基調でした。すなわち彼は自分の哲学と同じように生きたのであります。そしてその生き方を保持したまま、前二七一年、すでに彼に先立っていたメトロドロスの遺児たちを友人に託しつつ、72歳で逝きました。学園の指導はヘルマルコスが継承しました。

学派はこの後も長く続き、ヘルマルコスはポリュストラトス（Polystratos）によって継承され、ポリュストラトスはディオニュシオス（Dionysios）によって継承され、ディオニュシオスはバシレイデス（Basileides）によって継承されました。前二世紀の後半には「庭園の僭主」（ὁ Κηποτύραννος）と呼ばれたアポロドロス（Apollodoros）が学園を指導しています。このようにして学園の指導を継承していった学頭の数はカエサルの時代までに14人を数えました。前二世紀にはエピクロスの教えは地中海地域全域に伝播し、アレクサンドリアでもローマでも知られるところとなりました。ローマでは特に前一世紀に大きな流行を見ています。ローマにおけるエピクロス主義者の主な人としては『徴証について』（De signis）の著者として知られるピロデモス（Philodemos, 前六〇年頃活躍）と詩人のルクレティウス（Lucretius Carus 前九六年頃－五五年頃）を挙げることができます。特に後者はエピクロスを神のごとき存在として崇拝する熱烈なエピキュリアンであり、ローマにおけるエピクロス主義者中最重要人物でありま す。彼の著作『事物の本性について』（De rerum natura）は、エピクロスの著作のほとんどが散逸してしまっている今日、エピクロスの自然哲学上の学説を確認する上で極めて重要な典拠となっています。

エピクロスは多作家で、三〇〇を越える著作をものしましたが、そのことごとくが散失してしまい、今日では三つの書簡（『ヘロドトス宛書簡』、『ピュトクレス宛書簡』、『メノイケウス宛書簡』）と、エピクロスの著作からの門下生による抜粋と思われる『主要教説』（Κύριαι δόξαι）と、それに断片を残すのみでであります。三書簡と『主要教説』はディオゲネス・ラエルティオスの『ギリシア哲学者列伝』の第十巻に保存されています。『ディオゲネス・ラエルティオス』がエピクロス研究の第一資料とされる事情は今日も変わっていません。オイノアンダのディオゲネス（Diogenes Oenoandenis）による碑文（後二〇〇年頃）もエピクロスの主要な教説を知る貴重な資料であります。このオイノアンダのディオゲネスの碑文はエピクロスの教説が地中海地域一帯の民衆レヴェルにも広まっていたことを示すものとしても注目されます。一八八八年にヴァティカンの文庫の中から『エピクロスの勧め』と題された81片の断片がK・ウォトケによって発見されましたが、その幾つかは『主要教説』の箴言と同じであり、また内容的にも特に新しい思想を告知するものはありませんでした。またポンペイ近くのヘルクラネウムの発掘によって『自然について』を含むエピクロスの炭化したパピルスが発見されましたが、欠損の多い断片が公にされたのみで終ったようであります。失われたエピクロスの著作を補うという意味において重要な書は前掲のルクレティウスの『事物の本性について』（De rerum natura）であります。エピクロスの現存する書簡や断片によっては確かめることのできない自然哲学上の多くの論点をわれわれはこの書によって確認することができます。

学　説

哲学研究が倫理的目的に奉仕する事情はエピクロス派においてはストア派におけるよりももっと切でありります。すなわち哲学は魂から苦悩を取り去り、「平静な心境」（アタラクシア）を得るためにのみ研究されるべきものなのであります。エピクロスにとっては、哲学は魂の苦悩を癒す医術でした。「人間のどんな苦悩も癒さないような哲学者の言葉は空しい。なぜなら、身体から病気を追い払わないような医術が何の役にも立たないように、哲学も、もしそれが魂の苦悩を追い払わないなら、何の役にも立たないからである」（断片2の54）とエピクロスはいいます。

エピクロス派においても哲学は、ストア派におけると同様、規準論（τὸ κανονικόν）、自然学（τὸ φυσικόν）、倫理学（τὸ ἠθικόν）の三部門に区分されます。

規準論

エピクロスは定義や命題や推論を主題的に取り扱う弁証論（論理学）には何らの関心も示しませんでしたが（というのは、それらは魂の苦悩を癒すのに少しも役立たないから）、命題や判断の真偽を決定する規準論については論ずるところがありました。

すべての判断の真偽がそれに準拠して決定される最終の標識（κριτήριον）は、エピクロスによれば、感覚（αἴσθησις）であります。感覚は明証的であり、すべて真であって、感覚の明証性（真理性）は何ものによっても反駁されないといいます。なぜなら同種の感覚は同種の感覚を、有効性が等しいために、反駁しえず、異種の感覚もまた異種の感覚を、同じものについての標識とはならないがゆえに、反駁することはできないからであります。また思考も感覚を反駁することはできません。逆に思考こそ、感覚に依拠し、感覚に準拠してその真偽が決定されねばならないところのものなのであります。かくして、エピクロスによれば、感覚は何ものによっても反駁されず、また何らの正当づけも必要としないのであって、常に真であります。感覚の明証性（ἐνάργεια）こそ、すべての表象の基礎であり、真理の最終の標識であります。

さて、感覚から先取的観念（πρόληψις）が得られます。先取的観念（プロレープシス）というのは、同じ感覚が繰り返されることによって心の中に形成された普遍的観念ないしは概念であり、外界からしばしばわたしたちに現れたものについての記憶であります。わたしたちは、たとえば人間を何度か知覚すれば、自ずと心中に人間の記憶をとどめ、そのことによって「人間」という観念ないしは図式を形成するにいたります。そして今度は逆に「人間」という言葉が発せられるや、ただちに人間の姿を思い浮かべるようになります。この心中に形成された観念ないし図式がエピクロス学徒たちによって先取的観念（プロレープシス）と呼ばれたものであります。思考はすべて先取的観念によってなされます。先取的観念もまた、感覚に基づくものであるがゆえに、明証的であり、真理の標識であります。

先取的観念と対象の一致・不一致が問題となる場合にはじめて真か偽かの問題が生じます。たとえば、あそこにいるのは馬か牛かと問うような場合がそれであります。この場合、わたしたちはすでに先取的観念によって馬がどういうものであり、牛がどういうものであるかを知っており、そしてその上で自己の判断ないしは想定と対象の一致・不一致を問題にしているわけであります。したがって真か偽かの問題は判断（δόξα）ないしは想定（ὑπόληψις）においてはじめて生じる問題であります。

ところで、判断は、確証されれば真であり、逆証されれば偽であります。たとえば、遠方から「あの塔は丸い」と判断したとして、近づいてみて、それが実際その通り丸ければ、その判断は確証されたことになり、したがって真ですが、四角であることが判明すれば、逆証されたことになり、したがって偽であります。近づいて確証されるまでは「塔は丸い」という判断は真偽の不明なものであり、「確証の期待されるもの」（τὸ προσμένον）と呼ばれます。

確証される場合だけでなく、逆証されない場合もまた、命題は真とされるべきであるとエピクロスは考えました。無逆証とは不明なものが明瞭な現象によって逆証されないことをいいます。たとえば、空虚の存在は何ものによっても確証されませんが、また何ものによっても逆証されません。むしろ運動という明瞭な現象が存在する以上、その条件として必然的に想定されねばならないところのものであります。それゆえ空虚が存在するという命題は、感覚によっては確証されないが、明瞭な現象によって逆証もされないがゆえに、真とされねばならないというのであります。

かくして、セクストス・エンペイリコスの要約するところによれば、確証（ἐπιμαρτύρησις）と無逆証（οὐκ ἀντιμαρτύρησις）があるものが真であることの標識であり、無確証（οὐκ ἐπιμαρτύρησις）と逆証（ἀντιμαρτύρησις）が偽であることの標識であります。しかしこれらのすべての場合に基礎とされ、土台とされるものは感覚の明証性であります。すべての判断は、最終的には、感覚に照らして確証ないしは逆証されるのだからであります。

感情（πάθος）もまた真理の標識であるといいます。感情（パトス）とは感覚によってわたしたちの中に生ぜしめられた受動的情態であり、快（ἡδονή）か苦（ἀλγηδών）かであるものです。快は生き物の本性に合致した感情（パトス）であり、苦は合致しない感情（パトス）であります。それゆえ感情（パトス）が行為の規準であり、物事の選択と忌避は快と苦という二つの感情（パトス）に基づいてなされます。

以上の感覚（アイステーシス）と先取的観念（プロレープシス）と感情（パトス）の他に、さらにエピクロス学徒は「思考の表象的な直覚的把握」（φανταστικὴ ἐπιβολὴ τῆς διανοίας）も真理の標識に数えたとディオゲネス・ラエルティオスは報告していますが、この「思考の表象的な直覚的把握」が何を意味するのかは、テキストが少なく不明瞭であることもあって、必ずしも明らかでありません。おそらくそれは、感覚の直接的な明証性がなくとも、思考だけで確信に達しうるような把握をいうのでありましょう。

たとえば、物体を分割していけば、もはやそれ以上分割しえない最小の単位としての原子（アトマ）に到達するはずであるといった確信がそれであります。

自然学

原子論

エピクロスの自然哲学はデモクリトスの原子論哲学の焼き直しであります。彼の自然研究は魂から不安を取り除き、平静な心境（アタラクシア）を獲得せんとする実践的意図によって貫かれています。エピクロスは特に神的存在による人間の運命に対する干渉と死後における魂の劫罰の観念の中に魂を不安ならしめる二大元兇を見ました。この不安から魂を解放するのに最も適した自然哲学を彼はナウシパネスから学んだデモクリトスの原子論哲学の中に見出したわけで、そこで彼は右の意図を実現するためにデモクリトスの原子論を、彼の意図にそぐわないところは適宜修正して、採用したのであります。

したがってエピクロスも、デモクリトスと同様、それ以上分割しえない物体の最小の粒子、原子（ἄτομα）と、原子がそこにおいて運動する空虚（κενόν）を全宇宙の基本要素とします。原子（アトマ）は物体を分割することによって得られるもはやそれ以上分割しえない最小の単位として構想されたもので、不可分（ἄτομον）、不転化（ἀμετάβλητον）の粒子をいいます。それは充実（πλήρη）しており、空虚を含まないがゆえにもはやそれ以上分割されないとされました。それゆえにこそ、それはアトモン（「分割しえないもの」の謂）と呼ばれるのであります。また空虚も存在します。なぜなら空虚（κενόν）ないし空間（χώρα）と呼ばれる不可触な実在がなかったなら、物体はそれが存在するところも運動する場所も有さないことになるであろうし、また空虚の存在は何ものによっても逆証されないからであります。

さて、原子は数において限りなく、空虚もその広がりにおいて無限であるとエピクロスは考えます。すなわち万有（τὸ πᾶν）は無限であるとエピクロスは考えました。それゆえ、デモクリトスと同様、彼も世界（κόσμος）は無数にあると主張します。なぜなら原子の数に限りがなく、また全宇宙がその広がりにおいて無限である以上、世界をひとつに限る理由は全然ないからであります。そのあるものはわたしたちの世界に似ているが、あるものは似ていないといいます。これは自分の世界を唯一無比と考える不遜を宇宙的規模において破壊するという点で有意味な思想であります。世界と世界の間を彼は中間世界（μετακόσμιον）と呼びました。そこは新たな世界の誕生するところであり、またそこには神々が住まいするといいます。

すべての事物は原子の結合からできている合成体（συγκρίσεις）であり、それらは分解してまたもとの原子に戻っていきます。それゆえ「有らぬものからの生成」とか「有らぬものへの消滅」といった本来の意味での生成や消滅はありません。なぜならそういった意味での生成や消滅があるとするなら、何でもが何からでも生じることになるし、また他方すべての事物がとうになくなってしまっているはずだからであります。普通に生成や消滅といわれているものは原子の結合・分離に他ならず、原子そのものには生成も消滅もないのであります。「何ものも有らぬものから生じることはないし、また有らぬものに消滅していくこともない」（μηδὲν τὲ ἐκ τοῦ μὴ ὄντος γίνεσθαι μηδὲ εἰς τὸ μὴ ὂν φθείρεσθαι）というのがこの派の自然哲学の大原則でした。否、これはエピクロス派の自然哲学の原則であっただけでなく、ギリシア自然哲学の一般的公理でもありました。シンプリキオスはこの原則を「（ギリシア）自然学の共通の公理」（τὸ ἀξίωμα κοίνον τῶν φυσικῶν）と呼んでいます（『アリストテレス「自然学」注解』103, 13. 162, 24）。一般にギリシアには「無からの創造」（creatio ex nihilo）というヘブライ的観念はありませんでした。原子の総体、すなわち万有（τὸ πᾶν）は、それゆえ不変であり、永遠であって、それは今それがある通りにこれまでもあったし、これからもまたあるであろうといいます。

原子は無数に存在するが、それらは大きさ（μέγεθος）と形（σχῆμα）と重さ（βάρος）によって相互に異なるといいます。レウキッポスとデモクリトスは大きさと形を原子に帰していましたが、エピクロスはさらに重さを固有の特性として原子に加えたわけで、この点は彼独自の点であります。

それゆえ彼は原子の元初運動を垂直の落下運動と考えました。レウキッポスやデモクリトスは原子の元初運動をさまざまな方向への交錯運動と考えていたと想像される（バーネット）のに対し、原子に固有の重さを帰属させた結果、エピクロスは原子の運動を落下運動と想定するにいたったわけで、この点が彼の原子論とレウキッポスおよびデモクリトスのそれとが分岐する最初の点であります。原子の運動に始まりといったものはなく、それらは永遠このかた運動していますが、何ものの衝突も受けずに空虚中を運動するときには原子は、雨滴のように、大きさ、形、重さに関係なく、すべて等速で落下するといいます。アリストテレスが重い物体の落下は軽い物体のそれに比して速く、また空虚中では物体の運動速度は無限大になるがゆえに空虚は存在しないと考えていたのを考えあわせると、この原子の空虚中における等速の落下運動というエピクロスの見解の先進性が理解されるでありましょう。また原子の速さは極めて高速であり、思料しえないほどの短時間に考えうるどのような距離も通過してしまうといいます。しかしその速度は無限ではありません。

偏倚

このように原子は最初はすべて等速で垂直に落下していますが、ある不定の瞬間に、不定の場所で、若干の原子の落下運動に当初の垂直方向からわずかな偏りが生じるといいます。その結果、原子間に衝突が起こり、ある原子は上に突き返されて跳ね上がり、ある原子は絡み合って気体や液体や固体状の諸物が形成されたというのがこの派の事物生成論であります。すなわち原子は跳ね返って遠くに隔たるか、跳ね返って絡み合い、その運動がすぐに曲げられるか、跳ね返った原子が絡み合った他の原子によって囲まれるかのいずれかの状態になるといいます。この説明によってエピクロスは気体、液体、固体の三態を説明しているのであります。したがってエピクロスによれば、固体中においても原子はわずかは運動しているのであります。

この偏倚（παρέγκλισις）の考えは、それが突然の偶然を自然に導入するものであるがゆえに、当初から多くの議論を巻き起こしてきた教説ですが、エピクロスにしてみれば、原子に衝突を起こさせ、事物を生成させるためにどうしても要請される想定でした。しかしこういった自然哲学上の観点もさることながら、倫理的観点からしてもエピクロスは偏倚（パレンクリシス）の想定を必要としていたのであって、彼の真の意図はむしろそちらの方にあったというべきかも知れません。すなわち彼は人間に自由を保証するために偶然を必要としていたのであります。レウキッポスおよびデモクリトスの原子論哲学においては、自然の過程はすべて原因によって機械的・必然的に決定されていくのでした。「何ものもいわれなくしては生じない。すべては根拠から必然によって生じる」と彼のものとされる唯一の断片の中でレウキッポスは語っています（断片B2）。これは機械論的な決定論であり、倫理的観点においては宿命論を招来します。決定論ないし宿命論といった深刻な世界観は気楽に生きたいと願うエピクロスの耐えうるところではありませんでした。そこで彼は、突然の偶然を自然に導入することによって必然性を打ち破り、宿命の連鎖から魂を解放し、意志に自由を保証せんとしたのであります。偏倚（パレンクリシス）の想定は意志の自由を宇宙的規模において説明する理論でもあったわけであります。

偶発性

空虚を除けば、原子とその合成体である事物以外に自体的といえるような実在は存在しません。それ以外のすべては、事物に恒常的に所属する本属性（συμβεβηκός）か、事物にたまたま出来したり、付帯したりする偶発性（σύμπτωμα）かであります。本属性とは事物そのものに恒常的かつ不可分的に属する特性をいい、エピクロスが挙げている例でいえば、形、色、大きさ、重さなどがそれであります。これに対して、物体に一時的に属する特性や状態は偶発性（シュンプトーマ）と呼ばれます。たとえば、奴隷状態と自由、貧困と裕福、戦争と平和などは、すべて偶発性であります。これらに自体的な存在性は帰属しません。

エピクロスは時間（χρόνος）も偶発性のひとつと考えました。彼にとっては時間は、空間とは異なり、世界の実在を構成する原理ではありませんでした。時間は昼と夜、四季、感情と無感情、運動と静止などに伴いますが、これらはすべて事物に付随する偶発性であります。したがってそれらに伴う時間は偶発性に伴う偶発性であります。たとえば奴隷状態はひとつの偶発性ですが、その状態が長いか短いかはそれまたひとつの偶発性であります。それゆえエピクロスは時間を「偶発性の偶発性」（σύμπτωμα συμπτωμάτων）と呼びました。このように彼にとっては時間は何ら根本的な原理ではなく、ましてや自体的に存在する実在ではなく、それ自身偶発性である現象に付随する偶発性でしかありませんでした。

魂（プシュケー）

したがって、エピクロスによれば、魂（ψυχή）もまた非物体的な何かなのではありません。もしそれが非物体的な何かであるのなら、それは身体に働きかけることも、身体から働きかけられることもなかったであろうといいます。なぜなら働きかけるということは原子（物体）の接触によってのみ可能だからであります。エピクロスは魂（プシュケー）もまた原子の合成体であると考えました。それは微細な部分からなり、全組織にあまねく分散しており、熱をある割合で含んでいる気息に似た物体（σῶμα）であるといいます。ルクレティウスの記述から推測するに、エピクロスは以上の気息（πνεῦμα）と熱（θερμός）の他に、空気（aer）と「まったく名称を受け取っていない」（omnio nominis expers）第四の元素を加えた四つの成素から魂はなると考えていたようであります。熱は空気を伴い、空気が混入していない熱は存在しないがゆえに、空気も魂の成素と考えねばなりません。しかし以上の気息と熱と空気だけでは感覚を作り出すのに十分とはいえません。そこで彼は感覚を作り出し、それを身体全体に伝播する成素として第四の元素を考えたのでありましょう。それは未だ名称を受け取っていないが、気息や熱そのものよりもさらに稀薄な存在であって、微細で滑らかな原子からなるといいます。この無名の第四の成素も、それゆえ、気息や熱より稀薄であると考えられてはいますが、やはり原子からなるものであり、それゆえ物体（σῶμα）であることに変わりはないのであります。感覚はこの第四の無名の成素によって魂に生ぜしめられた魂の一偶発性であります。この偶発性は物体から発する小物体（原子）の接触によって生み出されます。エピクロスも、デモクリトスと同様、視覚を物体から発せられる剥離像（εἴδωλα）によって説明しました。視覚は対象から発せられた剥離像（エイドーラ）が空中を伝わってきて魂に達することによって生み出された偶発性ですが、このように剥離像を不断に発するにもかかわらず物体が減少することなくもとの形態を保つのは、常に新しい原子が補充されるからであるといいます。

死はわれわれに係わりない。

したがって身体が滅びると共に魂もまた消滅します。身体は原子の合成体ですから、当然分解してまたもとの諸原子に戻っていきますが、この事情は魂においても異ならないからであります。魂は身体によって囲み保たれているが、身体が分解すれば、囲むものがなくなるがゆえに魂もまた分散してしまうとエピクロスは想像していたようであります。魂はそれゆえ、身体同様、可死であります。これは古代ギリシアの哲学においてはむしろ異例の思想でした。意外に思われるかも知れませんが、魂も可死であることをはっきりと説いた哲学はエピクロスの哲学以外にはギリシアには存在しませんでした。それゆえ「死はわれわれに係わりない」とエピクロスは説きます。「なぜならわれわれが生きている間は死はまだわれわれに訪れていないし、死が訪れたときにはわれわれはもはやいないのだから。」この思想によってエピクロスは死への恐怖から人々を解放しうると信じました。キリスト教徒をはじめ、大多数の人にとっては、死後も少なくともこのわたしの魂は存続すると想うことがこの辛い人生を生きる上での慰めですが、エピクロスにとっては、身体も魂も死と共に消滅してしまい、死後何も残らないということが慰めだったようであります。

神は不死にして至福な生命体

　神的存在によって運命が変えられはしまいかという不安も理由なき杞憂であるとエピクロスは説きます。なぜなら神々は中間世界にあってひとり至福を楽しむのであって、人間界のことなど神々の関知するところではないからであります。それゆえエピクロスは無神論者ではありません。「神々は確かに存在する。神々についての観念は明証的であるから」（『メノイケウス宛書簡』）と彼はいいます。ただ彼は神々について俗衆が信じているような神話（μῦθος）を退けんとのみ欲するのであって、神々が人間界のことに関心を持ち、悪人に罰を下したり、善人に恩恵を与えたりすると主張することこそ、神々に対して不敬をなすものであるとエピクロスは説きます。神は「不死にして至福な生命体」（ζῷον ἄφθαρτον καὶ μακάριον）ですが、骨折り仕事や気遣いや怒りや恩恵などは至福性と調和しないからであります。これらはすべて、弱さや恐怖、隣人への依存などの存するところに生じるものであります。換言すれば、不完全性の徴でありますす。そのようなものは神々には関係ありません。のみならず、エピスロスの神は一般に人間に関心を持っておりません。これを淋しいというか、ありがたいというか、それは人それぞれによることでありましょう。いずれにせよ、この思想によってエピクロスは心を恐怖させ、不安ならしめる呪ともいうべき神話の桎梏から魂を解放せんとしたのであります。

自然の諸現象

自然の諸現象に対する説明も、エピクロスの場合には、魂から不安を取り除き、「平静な心境」（アタラクシア）を獲得するという実践的目的を実現するためになされるものでしかありませんでした。それゆえ彼は可能な説明を幾通りか列挙するだけで、特にそのどれかを自説として主張するということはしませんでした。むしろ幾通りかの説明が可能な場合に、そのどれかを偏愛し、それに固執するのは愚か者のすることであるとして、それを戒めています。エピクロスにしてみれば、自然現象がまったく説明されないということでも困ります。それは心を不安ならしめるから。しかしひとつの説明に限定するということも、心を拘束する結果になるゆえに、先の目的から見て、不都合でした。そこで彼は合理的に可能な説明を幾通りか併記するにとどめたのであります。この場合にのみ、魂を不安から解放すると共に、魂を拘束する結果に陥らずにすますことができるからであります。そこで、たとえば、日・月蝕は天体の火が消えることによって起こるとも説明できるし、また他の天体が間に割り込んでくることによって起こるとも説明できますが、このどちらも逆証されない以上、説明はそのどちらであってもよいといいます。また地震は地中に閉じ込められた風が大地を揺さぶるために起こるとも説明できるし、また多量の土塊が地中で落下するために起こるとも説明できるといった具合であります。いずれにしても、彼の自然哲学は、徹頭徹尾、魂を不安から解放し、平静な心境（アタラクシア）を実現するためのものでしかありませんでした。

倫理学

快こそが祝福ある生の始めであり、目的である。

前講でも見ましたが、ストア学徒たちは人生の目的を徳におき、幸福はその結果に過ぎないとしていました。これに対して、エピクロスは幸福こそが人生の目的（τέλος）であるとします。しかも彼の考えた幸福の内容は快（ἡδονή）でした。われわれが徳を求めるのは、徳そのもののためではなく、それがもたらす快ゆえであって、「快こそが祝福ある生の始めであり、終り（目的）である」（τὴν ἡδονὴν ἀρχὴν καὶ τέλος εἶναι τοῦ μακαρίως ζῆν）（『メノイケウス宛書簡』）とエピクロスは主張します。

先の規準論においてわたしたちはエピクロスが真・偽の最終の規準を感覚に求めていたのを見ました。ところで、倫理的見地においては感覚の受動的情態、感情（πάθος）が善・悪の最終の規準であります。感情（パトス）が教えるものは快か苦かであって、それ以外のものではありません。だとするなら、善（ἀγαθόν）とは快（ἡδονή）に他ならず、悪（κακόν）とは苦（ἀλγηδών）に他ならないことになります。感情（パトス）が究極の規準とされる限り、快・苦以外に善・悪の標識があるわけではないからであります。

かくして、快が「第一の生まれながらの善」（ἀγαθὸν πρῶτον καὶ συγγενικόν）であり、苦が唯一の悪（κακόν）であって、選択（αἵρεσις）と忌避（φυγή）はすべて快・苦を規準としてなされます。快が目的であり、善であることはすべての生き物が生れ落ちるとすぐに快に喜びを感じ、苦しみに対しては理由もなく反撥するという事実からしても明らかであるといいます。エピクロスの説く実践哲学は、それゆえ、わたしたちをできるだけ純粋に快の状態に保ち、不快を細心に避けることを目指したものとなりました。エピクロスの倫理思想が快楽主義（Hedonisumus）といわれるゆえんであります。

消極的、静止的快。

しかしエピクロスの実践哲学は快楽主義（Hedonisumus）というこの言葉から連想されるものとは幾分その趣を異にしています。それは彼が積極的、動的な快ではなく、消極的、静止的な快を求めたからであります。なるほど、どのような快も、それが快であるという限りにおいては、すべて善なる性質のものであり、ある快は善であるが、ある快は悪であるといったわけのものではありません。それらが快である限り、すべては追求されるべき善であります。それらの間に本性的な違いはありません。しかしある快は刹那的、瞬間的で、かえってその何倍もの煩いをもたらすのに対し、ある快はより純粋で、持続的であるという違いが存します。たとえば、身体的な快はたいてい刹那的で、かえってその何倍もの不快をもたらしますが、精神的な快はより純粋で、持続的であります。それゆえエピクロスは前者の身体的、積極的な快を、それらがもたらす不快のゆえに退け、より純粋で混ざりけのない生涯にわたるような永続的な快を追求すべきことを説きました。「性交が人を益することは決してない。もしそれが害を加えなかったなら、それだけで足れりとすべきである」（断片2の8）と彼は語っています。

　ところで、積極的、動的な快を追求する限り、永続的な快の状態にとどまりえないことは明らかであります。もしそれが得られなければ、わたしたちは苦しみを感じざるをえないし、またそれらはたいていより多くの煩わしさや不快を伴うものだからであります。それゆえエピクロスはむしろ消極的な快、すなわち苦痛のない状態を目標としました。「快が目的であるとわれわれがいうとき、われわれの意味する快は、一部の人がわれわれの主張に無知であったり、賛同しなかったり、あるいは誤解したりして考えているのとは違って、道楽者の快でもなければ、性的な享楽の内に存する快でもなくて、実に身体において苦しみのないことと魂において煩いのないことに他ならない」（『メノイケウス宛書簡』）とエピクロスは語っています。同じく快を人生の目的にしたといっても、キュレネ派のアリスティッポスの追求した快が、既述のように、身体的、享楽的な積極的快、すなわち「運動における快」（ἡ ἡδονὴ κατὰ κίνησιν）であったのに対し、エピクロスの求めた快は「静止的な快」（ἡ ἡδονὴ καταστηματική）、すなわち身体において苦痛なく、魂において煩いがないという消極的な状態でした。

エピクロスの勧め

エピクロスの勧めは、かくして、どうすれば身体において苦痛なく、魂において煩いのない状態を、言い換えれば、もはや何ものによっても乱されることのない「平静な心境」（ἀταραξία）を確保することができるかを示す処方箋となります。

自然研究（φυσιολογία）が必要とされるのももっぱらこの見地においてでした。というのは、神話に関する気掛かりや死に対する恐怖を解消しえずしては、わたしたちは純粋無雑な形で心境の平静さを保つことはできないからであります。これらのことが少しもわれわれの魂を煩わさないとするなら、われわれはもはや自然研究を必要とはしなかったであろうとエピクロスはいいます。

ところで、エピクロス的見地に立てば、これらの問題がもはや魂を不安ならしめるようなものにならないことは先に述べた通りであります。というのは、彼の自然哲学によれば、神々は中間世界にあってひとり至福を楽しむのであって、人間界のことなど神々の関知するところではないからであり、また他方、わたしたちの魂も可死である以上、死はわたしたちに係わりなきものだからであります。「われわれが生きている間は死はまだわれわれに訪れていないし、死が訪れたときにはわれわれはもはやいないのだから」（ディオゲネス・ラエルティオス『ギリシア哲学者列伝』第十巻　一二五）。

肉体の苦しみに対する恐怖も、大部分は想像に基づくものであって、いわれなきものであるといいます。というのは、激しい苦痛は長くつづかないし、長くつづく苦痛は激しくないからであります。この見地に立てば、どんな肉体の苦しみもこれをうまく軽視することができるとエピクロスは説きます。また宿命の桎梏からも偏倚（パレンクリシス）によって魂は解放されています。「一部の人々が万物の主として導入している宿命は、賢者はこれを笑うのだ」（『メノイケウス宛書簡』）。賢者はそれゆえ、神々の干渉を気遣うことなく、死を恐れることもなく、また肉体の苦しみにいたずらに恐怖することもなく、自由にこの生を楽しむのであります。それゆえ、死を願うことも、死を説き勧めることも、共に愚であります。生を厭わしく思い、死を願わしめているものは当の生そのものであるし、また本当に後者のように考えているのなら、彼自身がさっさとこの世から立ち去っていけばよいからであります。この見地においては思慮（φρόνησις）といった徳もまた重要な要素となります。なぜならわたしたちは思慮深く、正しく、美しく生きることなくしては、快く生きることはできないからであります。これを逆にいえば、快く生きることなくしては、人は思慮深くも、正しくも、美しくも生きることはできないのであります。

一切の善の始めであり、根であるのは胃袋の快である。

しかし快および欲求の最も基本的なものは身体的であり、「一切の善の始めであり、根であるのは胃袋の快（ἡδονὴ τῆς γαστρός）である」（断片2の59）とする点で、エピクロスは醒めたところを見せています。知的な善も洗練された善もすべてはこの快に帰されます。この基本的な身体的欲求を充足せずしては、平静な心境（アタラクシア）の獲得など問題ともなりえないという点では、エピクロスは何らの幻想も抱いていませんでした。「肉体が叫べば、魂もまた叫ぶ」のであります。「飢えない、渇かない、寒くない。」これが肉体の叫びであります。この自然の声を無視することは魂にとって困難であるばかりでなく、危険であります（断片2の44）。この見地からエピクロスはキュニコス学徒が実践したような極端な禁欲主義や苦行を反自然的であり、無意味であるとして、退けました。質素にも限度があるのであって、それを無視する人は過度の贅沢を求める人と同様に過つといいます。

しかしこのことは他方、欲求であれば、どのような欲求でも満足すべきであるということも意味しません。欲望（αἱ ἐπιθυμίαι）をエピクロスは「自然的で、必須なもの」（αἱ φυσικαὶ καὶ ἀναγκαῖαι）と「自然的ではあるが、必須ではないもの」（αἱ φυσικαὶ καὶ οὐκ ἀναγκαῖαι）と「自然的でも、必須でもないもの」（αἱ οὔτε φυσικαὶ οὔτ' ἀναγκαῖαι）とに区別しました。最初の自然的で、必須な欲望とは、衣、食、住など、生存を維持する上で必要とされる最も基本的な身体的欲求であって、この欲求を無視することは反自然的であり、危険です。次の自然的ではあるが、必須でないものとは、贅沢な食事とか、つづけざまの飲酒とか、美少年や婦女子と遊び戯れることなど、自然的ではあるが、充足されなくとも特にわたしたちを苦しませることのないような欲求であります。第三の自然的でも、必須でもないものとは、富、地位、名声、世界征服など、直接生存に係わりを有さない欲求であって、それらはすべて「空しいドクサから」（παρὰ κενὴν δόξαν）生じたものであります。

第一の自然的で、必須な欲求が充足されねばならないことは前述の通りであります。しかしこの基本的な欲求にとって必要とされるものは極めてわずかであり、またそれは容易に獲得されるものであることをエピクロスは指摘します。この点でエピクロスには自然に対する一種の楽天主義がありました。「至福な自然に感謝しよう。彼女は必要なものは容易に獲得しうるものとし、獲得しにくいものは不必要としたがゆえに」（断片2の67）といいます。

足るを知る。

「自然的ではあるが、必須でない欲望」、あるいは「自然的でも、必須でもない欲望」が空しいドクサ（κενὴ δόξα）に基づくものでしかないことを指摘することにエピクロスは飽きることがありませんでした。「飽くことを知らないのは、多くの人々のいうように、胃袋ではなく、胃袋についての誤ったドクサ、すなわち胃袋はこれを満たすのに際限なく必要とするという誤ったドクサである」（断片1の59）とエピクロスは説きます。これらの欲望を満足させることは多くの場合非常に困難で、またたいていそれらは何倍もの煩いを伴います。しかもそれらは熱病のごときものですから、どこまでいっても真に満足させられるということはありません。それゆえエピクロスは、そういった欲望を満足させようとして苦闘するよりも、むしろそれを無視する方が賢者の知恵であるとしました。それらはドクサに基づくものでしかないがゆえに、もしそのドクサの空しさが洞察されるなら、容易に解消するはずのものだからであります。こういった欲望、たとえば富、地位、名声、権力、支配といったものに対する熱望が空しいドクサに基づくものでしかないことを洞察させるところに哲学の有効性と存在意味があります。真に必要なものは極めてわずかであることを知ること、すなわち「足るを知ること」が幸福にいたる必須の知恵であることをエピクロスは繰り返し説きました。自足（αὐτάρκεια）は最大の富であると彼はいいます。足るを知る者にとっては不十分ということはないからであります。「水とパンで暮しておれば、わたしは身体の快に満ちみちている」（断片2の37）。「飢えない、渇かない、寒くないが肉体の要求であるが、これを満たさんとして、満たすにいたれば、人はゼウスとさえ幸福を競いうるであろう」（断片1の33）と彼は語っています。これに反して、わずかなもので十分と思わない者にとっては、十分なものは何もありません。際限のない欲求にとっては、最大の富ですら貧となるからであります。

アタラクシア

欲望に対する空しいドクサから解放され、もはやそれらによって煩わされることのない平静で澄明な心境が「アタラクシア」（ἀταραξία）であります。エピクロスの勧めはすべてこのアタラクシアを目指して説かれたものでした。人々の渇望する多くの善が空しいドクサに基づくものでしかないことを洞察し、ごくわずかなもので足るを知って平静で澄明な心境で生きる人がエピクロスのいう賢者（σοφός）であります。すなわち、「神々については敬虔な考えを持ち、死に対しても恐怖を抱かず、人生の目的が快であることを省察し、善の限度は身体において苦痛なく、魂において煩いのないことであることを、しかもそれは容易に獲得されるものであることを正しく認識して、空しい想いをいたずらに追うことなく、また悪いことどもの限度は時間的にも苦痛の点でもわずかであることを知って肉体の苦しみにいたずらに恐怖することもなく、一部の人々が万物の主として導入している宿命はこれを笑い、自由にこの生を楽しむ人、このような人以上に優れた人を誰か考えることができるであろうか」とエピクロスは問うています（『メノイケウス宛書簡』）。

隠れて生きよ。

賢者もまた正義を尊ぶでしょうが、それはそうすることが身の安全をより確かなものにするからであります。エピクロスは正義（δικαιοσύνη）をプラグマティックな観点でしか捉えていないのが注目されます。「正義はそれ自体である何かなのではない。それはむしろどんな場合にもせよ、人間の相互的な交通の際に互いに加害したり加害されたりしないことに関して結ばれる一種の契約である」（『主要教説』33）といいます。エピクロスによれば、正義はそれ自体で価値ある何かなのではなく、それがもたらす安心のゆえに尊ばれるべきものなのであります。というのは、わたしたちは不正を犯して平静な心境でいることは不可能だからであります。不正を犯しながら、発覚せずにいることは難しいし、発覚しないという保証を得ることは不可能であります。たとえ現在のところは千回も発覚しないでいるとしても、将来ともに発覚しないと信じることは何人にもできません。不正を犯した者は決して動揺を免れることはできないでありましょう。それゆえ正義は安全をより確かなものとし、煩いを避ける賢者の知恵のひとつなのであります。正義の最大の果実は心境の平静であります。エピクロス的観点においては、それゆえ、不正もそれ自体として悪なのではありません。発覚しはしまいかというそれから生ずる気づかいのゆえに、悪とされるのであります。「賢者は発覚しないと知った場合、法の禁ずるところを行なうであろうか」とエピクロスは自問しています。「端的な答えは容易でない」（断片 2 の 2）といいます。

賢者は正義の遵守やその他の方策によって安全をより確かなものとするように配慮するでありましょうが、社会的な係わりの中で生きる限り真の安らぎを得ることは不可能であります。それゆえエピクロスは世間から退いた隠棲生活の方をよしとしました。「人々からの損なわれることのない安全は煩いごとを排除しうる何らかの工夫によってもある程度までは得られるけれども、その最も純粋な源泉は多くの人々から逃れた平穏な生活から生れる安全である」（『主要教説』14）といいます。「われわれは日常の私事や国事の牢獄からわれわれ自身を解放すべきである」（断片 1 の 58）。「隠れて生きよ」（λάθε βιώσας）（断片 2 の 86）という勧めはエピクロス哲学の根幹に係わる格率だったのであります。

しかしエピクロスは人間嫌いだったわけではないし、また右の勧めをそういった観点から説いたわけでもありません。「生活事情のいかんを考えてのことではあるが」と付帯条件が付けられてはいますが、「賢者もまた結婚し、子供を設けることもあるであろう」（ディオゲネス・ラエルティオス『ギリシア哲学者列伝』X 1. 119）とされています。エピクロスは少数の親しい人々との交友を愛しました。エピクロスの庭園はまさにそういった友愛の空間でした。彼は友情（φιλία）の意味を特に強調しています。それはひとつには友情が安全保障をより確かなものにするからという功利的な理由からですが、エピクロスの友情に対する気持はそれ以上のものがあって、「友情は皆それ自身のゆえに望ましい」（断片1の23）といいます。ある断片では「友情のためには危険すら犯すべきである」（断片1の28）と、彼の哲学の一般的原則を破壊しかねないようなことまでいっています。

エピクロスの実践哲学は以上のようなものでしたが、これは極めて私的な真理を追求した哲学であって、公的な生活に生きんとするローマ人には好まれませんでした。カトーやキケロやセネカにとってエピキュリアンはむしろ公的な社会道徳を破壊するものとしか映らなかったのでありましょう。彼らはあからさまにエピクロス哲学に嫌悪を表明しています。『英雄伝』の著者のプルタルコスが『コロテス駁論』を書いてエピクロス哲学を揶揄したとのことは先にも述べました。しかしそれにもかかわらずエピクロス哲学は前一世紀のローマで大きな流行を見ていますし、また地中海地域一帯の民衆レヴェルにも広く伝播していたことはオイノアンダのディオゲネスの碑文などによっても確認されます。明らかにエピクロスの哲学は人間の内面のある種の真理を語るものでした。それはおそらく私的な空間に真理を見出すようなタイプの人間の哲学なのでありましょう。人間が私的であることが普遍性を有する限り、エピクロスの哲学は普遍性を持ちつづけます。したがってそれは、ストア派など公的なロゴスを説く哲学からは絶えず排撃されながらも、あるタイプの真理として時代を越えて生きつづけました。それはギリシアを出、ローマにいたり、さらにアルプスをも越えて、近代ヨーロッパに伝播して生きつづけています。近代世界においてもエピクロス哲学に共感を表明する哲学者は少なくなく、たとえば近代の代表的エピキュリアン、アナトール・フランス（一八四四年－一九二四年）の『エピクロスの園』は今日もなお私的空間に真理を見出す知的リベラリストたちの隠れ家でありつづけています。それにまたエピクロスの哲学は、意外なことではありますが、近代の多くの唯物論哲学者たちの支持を得ました。P・ガッサンディ（一五九二年－一六五五年）、D・ディドロ（一七一三年－八四年）、ラ・メトリー（一七〇九年－一七五一年）などのフランスの唯物論者、それにK・マルクス（一八一八年－一八八三年）などがエピクロス哲学に共感を表明しています。ハンナ・アレントのいう「公共空間」（public space）と「私的空間」（private space）が人間の生きる二つの空間であるとするなら、エピクロスの哲学はこの後者の私的空間の真理を語った哲学であったと総括することができるのではないでしょうか。

それにしてもなぜヘレニズムのこの時期に私的真理を追求したこのような哲学が生まれ、かつ流行したのでしょうか。ヘレニズム期のローマ時代は慳貪な時代であったといわれます。ますます危険化していく世界情勢の中にあって、否、むしろそうであったからこそ、庭園内でこのような思想が育まれたのでありましょう。そういう意味ではエピクロス哲学もやはり間違いなくヘレニズムという時代の申し子ともいうべき哲学であったといって過言でありません。しかしエピクロス哲学は、ヘレニズム期の哲学でありながら、「純粋なギリシア哲学」であり、マギ的世界からの影響を受けたようなところがまったくありません。ヘレニズム期の他の諸思想を多かれ少なかれ色づけしているマギ的な色調がそこにはまったく見られないのであります。このことは神的存在による人間の運命に対する干渉と死後における魂の劫罰の観念をエピクロス哲学が完全に捨象してしまっているところに象徴的に見られるわけですが、これらの観念においてこそヘブライズムをはじめとするマギ的世界観がヘレニズム期のギリシア哲学に最も影響を及ぼした点なのであります。エピクロス哲学がストア哲学と際立った対照をなす最大ポイントはここにあります。その説くところの消極的性格にもかかわらず、エピクロス哲学は極めて知的であり、かつ明るいのであります。ここにエピクロス哲学が今日においてもなお知的リベラリストたちに偏愛されるゆえんがあるのでありましょう。エピクロス哲学をわたしたちは「混沌としたヘレニズム期における純粋ギリシア哲学」と形容して差し支えないのではないでしょうか。

第26講 ヘレニズム哲学(其の三)

知(σοφία, ἐπιστήμη)

懐疑哲学

本講ではヘレニズム期の哲学の三番手として懐疑哲学(Skeptizismus)を取り上げ、ギリシア哲学の「知」(σοφία, ἐπιστήμη)に関する言説の最終的表現を確認するべく、ヘレニズム期の懐疑哲学の諸動向を展望します。

幾多の学説を生み出してきたギリシア哲学ですが、その末期になって自らの知の可能性を全面的に否定する哲学が学派の姿を取って登場してきたことはまったくもって驚きという他ありません。しかしこの現象は決してたまたまのものでも、単なる思いつきからなされたものでもないということを認識しなければなりません。人間の認識は思われているほど強固でも確立されてもいないことに想いを致すとき、懐疑哲学（Skeptizismus）の登場の必然性が確認されるのであります。人間の認識が決して確立されていないこと、あるいは確立されえないことは、イギリスの経験論やカントの批判哲学、あるいはフッサール現象学、また現代の論理実証主義の哲学や分析哲学など、哲学の歴史において繰り返し「認識の哲学」が新たな装いのもとに登場してくることからしても確認されます。

人間の認識は、それが超越の構造を取る限り、常に問いつづけられねばならない運命（ゲシック）を背負っているのであります。主観性の哲学は「すべてのものを前に立てる表象的思惟」（Vorstellen）をその本質とします。したがってその認識が主観性のそれである限り、認識は超越的構造を自らの構造とせざるをえず、認識と対象の間に距離を発生させずにいないのであります。そしてその距離が絶えず認識に疑念を生じさせることになります。この主観性の知の動向はすでに初期ギリシアおいて始まっており、ゼノンやソピストたちが懐疑的言動を繰り返していたことはすでに見ました。アリストテレスは認識の懐疑主義と絶えず戦わねばなりませんでした（『形而上学』第四巻参照）。近代においても、たとえばヒュームなどが懐疑哲学を大々的に唱道するなど、懐疑論は折にふれて何度も復活しています。むしろ懐疑論はあらゆる時代、あらゆるところに見られる普遍的現象といって過言でないのではないでしょうか。人間の認識が「主観－客観」の超越の構造の中に組み込まれた瞬間から、言い換えれば、哲学が主観性の哲学となった瞬間から、懐疑は人間認識のいわば運命（ゲシック）になったのであります。主観性の表象的思惟（Vorstellen）と懐疑は切っても切れない関係にあるのであります。事実主観性の哲学は不断に懐疑を生み出してきたし、また絶えずそれと戦いつづけてもきました。哲学が主観性の哲学である限り、このことは終焉することなく、この戦いは今後も継続されねばならないでありましょう。わたしたちは懐疑哲学（Skeptizismus）の発生の必然性と根本性を認識しなければなりません。そしてまさにそういった懐疑的精神の大規模な出現がヘレニズム期のギリシアにあったのであります。それが以下に見るヘレニズム期の懐疑哲学の諸派であります。

しかし懐疑派の哲学もさすがにギリシアの哲学であり、懐疑的精神を虚無的な否定性のパトスに解消してしまうのではなく、人間的認識の可能性を問いつづけるという形で表現することによってギリシア的知性の面目を保ってはいます。もっともそれに対して彼らは常に否定の結論しか結果することができませんでしたが。ギリシアの懐疑哲学は決してニヒリズム（虚無主義）ではありません。ニヒリズムは主観性の哲学の特殊近代的表現であって、唯一ゴルギアスを例外として、ギリシアに真の意味でのニヒリズムの哲学は存在しませんでした。懐疑哲学は否定性の哲学の一形態ではありますが、以下でも見るようにその言説は結構明るいのであります。

組織的な懐疑哲学（Skeptizismus）の表明は、前四世紀から前三世紀にかけての古懐疑派における懐疑と、前三世紀から前二世紀にかけての中アカデメイアにおける懐疑と、前一世紀から紀元二世紀にかけての新懐疑派における懐疑の、ヘレニズム期からローマ帝政期にかけての三つの時期のそれらに区別されます。ヘレニズム期から帝政ローマ期にかけて懐疑的動向が数世紀間つづいたのであります。しかし懐疑的動向そのものはこれらヘレニズム期の三学派によって突然始まったものではなく、これまでの講義でも見たように、すでにゼノンやソピストたちの言動において懐疑的傾向が見られたし、より組織的には小ソクラテス学派のひとつであるメガラ派の活動において懐疑的精神が争論術（Eristik）という形で表現されています。

本講ではまず最初にメガラ派の活動を懐疑哲学の先行形態として概観しておきたいと思います。そして、その後、ヘレニズム期の右記三学派の懐疑哲学（Skeptizismus）を展望します。懐疑哲学もまたほぼギリシア哲学の全史に及ぶ歴史的動向であったことをご理解ください。

(一) エウクレイデスとメガラ派

小ソクラテス学派のうち、キュニコス派とキュレネ派はソクラテス哲学の倫理的側面を取り上げ、それをそれぞれの方向において極端化したとのことは前講と前々講において講じました。これに対してメガラ学徒たちはソクラテス哲学の弁証的側面に注目します。ソクラテスの対話術が有している弁証的、論争的要素を彼らは論争のための論争の術、争論術（Eristik）にまで尖鋭化させました。ためにこの学派は争論学派の名を得るにいたったほどであります。ソクラテスは街頭での対話（διάλογος）にその哲学的実践を見出していたわけですが、対話（ディアロゴス）は、いかにそれが教育的実践の装いを取ろうとも、またソクラテスの意図がどうであれ、論争的姿勢をその内に内包しており、常に相手の論（ロゴス）に対する懐疑的スタンスを基調とします。ソクラテス哲学の内にすでに懐疑的精神が内包されていたのであります。しかも攻撃的な形を取ったそれがであります。しかしこのことはむしろ当然のことといわざるをえず、ソクラテス哲学は、他所でも指摘しましたが、主観性の哲学の典型であるだけに、その内に懐疑性を不可避の要素として内蔵していたのはむしろ当然であったわけです。メガラ学徒たちはソクラテス哲学のその側面に注目し、それをより鮮明な形で取り出しました。それゆえメガラ派もソクラテス哲学を弁証的・論理的側面という一側面において先鋭化し、その懐疑的本性を顕在化させた学派ということができるでありましょう。メガラ哲学もまたソクラテス哲学の一側面からの一帰結なのであります。

　このように小ソクラテス学派を経由する系譜で見るとき、ストア派の徳論も、エピクロスの快楽主義の哲学も、懐疑派の諸哲学も、すべてソクラテス哲学を源流としていることが確認されます。本講義ではソクラテスを西洋形而上学における主観性の哲学の権化として罵っていますが、こういった点から見るとき、結構偉大な哲学者であったとはいわねばならないのかも知れません。

学派

メガラ派の創始者はメガラの人、エウクレイデス（Eukleides 前四五〇年頃－三八〇年頃）であります。彼は熱心なソクラテス学徒であり、メガラとアテナイの関係が険悪化し、メガラ人のアテナイ訪問が極刑をもって禁止されたときも、女装し、夜陰に乗じてソクラテスのもとに通学したといわれるほどであります。彼は故郷のメガラで学校を開きました。ソクラテスが処刑されたとき、一時期プラトンは彼のもとに身を寄せています。この学派に属する人としては、エウブリデス、ディオドロス・クロノス、スティルポン、アレクシノスなどが言及に値します。

エウクレイデスはソクラテスの概念論から出発します。ソクラテスの対話（ディアロゴス）は事物の本質規定、すなわち定義を目指すものでした。ところで定義はすべて類的、概念的性格を有しています。たとえば「人間とは何か」という問いに対して与えられるべき人間の定義は、この特定の個人にのみ該当する特殊であってはならず、すべての人間に該当する普遍、人間一般という類、すなわち人間の概念でなければなりません。人間の本質は個々のすべての人間に該当するものでなければならないからであります。そもそも対話において使用される言葉（ロゴス）そのものがすでに概念的本性を有しています。それゆえソクラテスの定義術は、真理は個々の個物にあるのではなく、個物の類である概念にあることを暗黙の内に語っているのであります。

ところで、個物は多であり、生成・消滅の流れの中にあって可変的、変易的であるのに対し、概念は一であり、変わることがありません。ここからエウクレイデスも、プラトンと共に、真理は個々の感性的な個物にあるのではなく、それらの概念、すなわちそれらの「非物体的形相」（ἀσώματα εἴδη）にあると考えました。ここにはヘーゲル哲学にまで通ずる西洋形而上学の概念的性格が鮮明に現れています。真理は個物にあるのではなく、概念（Begriff）にあるというのがヘーゲル哲学全体がその上に立つエレメント（境位）でした。この概念を客観的、実在的と考えるか、主観的な観念中における名前（nomina）に過ぎないと考えるかに、中世一千年の普遍論争の争点がありました。前世紀に特にかしましく議論されるようになった観念論か唯物論かの論争もこの問題の延長線上にあります。

また、概念は個物に対して類的統一をなすものであります。個物は多ですが、概念は一です。概念はこのように統一の方向を志向します。概念のこの個から類への統一の上昇過程において、一方プラトンは人間一般、三角形一般、ベッド一般といったそれぞれの形相（種概念）にとどまりましたが、エウクレイデスはこの統一の方向をさらに進み、類的統一を究極的な一者（τὸ ἕν）にまで収斂させます。彼はこの一者をエレア派の一者と同一視します。パルメニデスが「存在」（τὸ ἐόν）という一者の存在のみを認め、その他のすべてをことごとく否定し去ったとのことについてはすでに第9講の「パルメニデス」において論じました。「非存在」（τὸ μὴ ἐόν）は端的に不可能であるがゆえに、それを前提せずしては成立しない生成、消滅、空虚、運動、多もことごとく不可能となるからであります。パルメニデスによれば、一であると共に全体である「存在」（τὸ ἐόν）しか真実には存在せず、それ以外のすべては「死すべき者どものドクサ」（βροτῶν δόξα）でしかないのであります。女神がパルメニデスに託宣した真理とは、そのようなものでした。

エウクレイデスも、パルメニデスと同様、世界にはただ一者しか存在しないと考えます。そして彼はこのパルメニデスの説いた一者（τὸ ἕν）こそ、ソクラテスのいう善（τὸ ἀγαθόν）に他ならないとしました。それゆえ、エウクレイデスによれば、世界には善（τὸ ἀγαθόν）という一者しか存在しないのであって、善（ἀγαθόν）に対立するものはことごとくその存在が否定されねばならないことになります。かくして、善（ἀγαθόν）は今やエレア派の「存在」（τὸ ἐόν）が有していたのと同じ規定を獲得することになります。すなわち、善（ἀγαθόν）は一であると共に全体であり、常に自己同一であり、消滅することもなければ生成することもなく、また運動することもありません。思慮とか神とか知性と呼ばれているものも善（τὸ ἀγαθόν）と異なる何かなのではなく、唯一の善（τὸ ἀγαθόν）がさまざまな名称でもって呼ばれているものに過ぎないといいます。このように、エウクレイデスは善（τὸ ἀγαθόν）という一者の存在のみを認め、他のすべての存在をことごとく否定しました。彼の哲学はソクラテスの概念哲学とエレア派の存在思想の統合から得られたものであります。

争論術

一者である善（τὸ ἀγαθόν）以外に何ものも存在しないことを証明するのに、メガラ学徒たちはゼノンに倣って間接帰謬法（deductio ad absurdum）を使用しました。すなわち善（τὸ ἀγαθόν）以外のものの存在を仮定し、そこからさまざまな不合理な帰結を取り出してみせたのであります。しかし彼らの議論は次第に積極的な目的を見失っていき、ただ相手をやり込めることだけを目的とした論争のための論争の術、争論術（Eristik）に堕していきました。メガラ派が争論学派の名を得るにいたったゆえんであります。彼らはさまざまな議論をもって論争しましたが、彼らが弄した陥穽推理（Fangschluss）としては、エウブリデス（Eubulides 前三世紀の人）の創始に帰される次のようなものがあります。

「嘘つき」（Ψευδόμενος）。

これは「俺は嘘つきだ」とある男がいったとする場合、それは真か偽かと問う議論であって、

「すべてのクレタ島人は嘘つきだとクレタ島人はいった」という形で論理学の教科書によく出てくる命題であります。さて、彼のいう通り、彼が実際に嘘つきだとするなら、彼は真実をいったことになり、彼は嘘つきでないことになります。したがって内容と矛盾します。他方、彼が嘘をついたとするなら、彼が嘘つきであることが嘘であることになり、彼は嘘つきでないことになります。だが事実彼は嘘をついたのですから、やはり矛盾します。このように肯定しても否定しても矛盾に陥る論理学上のアポリアとして右記命題がよく引証されるわけですが、ラッセルは命題の中に階層（タイプ）を設けることによってこのアポリアの解決を図りました（ラッセルの「タイプの理論」参照）。

「覆面した男」（Ἐγκεκαλυμμένος od. Διαλανθάνων）あるいは「エレクトラ」。
エレクトラはオレステスを弟として認識する。しかし彼女は自分の前に立っている覆面した男（オレステス）を自分の弟とは認識しない。したがって彼女はオレステスを認識すると共に認識しない。

「堆積」（Σωρίτης）。
これは、一粒の穀物は未だ堆積をなさない。もう一粒加えても、やはり堆積をなさない。すると一体いつ堆積となるのかというものであって、すでにゼノンによって同様の議論が展開されています。

「禿げ頭」（Φαλακρός）。

これは先のとはちょうど逆の議論で、毛を一本抜いても禿げ頭とはならない。二本抜いても、三本抜いてもそうである。一体何本抜いたときから禿げ頭なのかというものであります。

「角を持った人」(Κερατίνης)。

君は失っていないなら、まだ持っている。君は角を失わなかった。それゆえ君は角を持っている。

以上のような陥穽推理を駆使してメガラ学徒たちはさかんに論争しました。特にアレクシノス(Alexinos スティルポンの若年の同時代人)は「極めて論争好きな人」(ἀνὴρ φιλονεικότατος)であったそうで、どのような学説もすべて反駁したといわれています。メガラ学徒のような議論をもってすれば、反駁できない学説などあるわけがありません。

ディオドロス・クロノス(Diodros Kronos 前三〇七年没)は、現実的なもののみが可能的であることを証明した議論によって有名でした。対立したものの一方が現実となると、他方は不可能であります。もしそのものも可能だったとするなら、可能なものから不可能なものが生じたことになり、これは不合理であります。この議論は当時「主要な議論」(κυριεύων)と呼ばれ、極めて有名でした。また彼はゼノンのパラドックスを模した四つの証明によって運動を否定したともいわれています。

スティルポン(Stilpon メガラの人、前三二〇年頃アテナイで教える)は、言葉によって表現されるものは普遍(概念)であって個物ではないこと、したがって言葉によっては個物は決して表現されないことを指摘しました。「人間がいるという人は誰のことをいっているのでもない」と彼はいいます(ディオゲネス・ラエルティオス『ギリシア哲学者列伝』II 119)。なぜなら「人間」というのは、この人間に限定されるものでもなければ、あの人間に限定されるものでもないからであります。あの人間よりも特にこの人間を意味しているとするどんな根拠もありません。したがってこの言葉はどの人間のことをいっているのでもないとスティルポンはいいます。また「この人間」にしても「あの人間」にしても、やはり個体を表現するものではありません。「この」というのはどのこのでもあり、それ自身普遍だからであります。「あの」の場合も同様であります。したがって言葉（ロゴス）によっては決して個物は表現されないと彼は主張するのであります。

哲学が概念（ロゴス）の学である限り、個物こそが実は哲学の最大の難問なのであります。中世一〇〇〇年をかけて人類は個体を捉えようとしましたが、中世個体論は結局そのことを実現しませんでした。ドゥンス・スコトゥスは「このもの性」（haeceitas）を神に棚上げしてしまっています。個、個人、人権は近・現代世界では民主主義の前提概念として不可侵の概念ですが、哲学的には無根拠であります。哲学の見地から見るなら、それらは決して確立した概念ではないのであります。「個人」は哲学にとって今日もなお謎のままでありつづけているといって過言でありません。すべての人間が結局はこの「個」の問題において呻吟してきたし、また呻吟せざるをえないというのにであります。

以上のような議論によってスティルポンは、存在し、真理が属するのは概念（普遍）であって、個物ではないというメガラ派の命題を再確認しました。「野菜とは、ここに示されているこのものではない。なぜなら野菜は何万年も前から存在していたからである。したがってこれは野菜ではない」（前掲箇所）と彼はいいます。「人間」にしろ「野菜」にしろ、それらはすべて概念（普遍）であって、決して個物ではないのであります。それゆえ、真理は概念にあるのであって、個物にあるのではありません。ヘーゲルはこのスティルポンの議論を見て我が意を得たと思ったようであります。ヘーゲルはスティルポンを高く評価しています（ヘーゲル『哲学史講義』参照）。ヘーゲル哲学の第一命題は感覚的確信は真理ではないということでした。『精神現象学』（『意識の経験の学』）を絶対知まで導く推力はまさにこの「感覚的確信は真理ではない」というスティルポンの命題なのであります。

そしてスティルポンはこういった概念（普遍）はそれぞれ異なった規定を持つ以上別のものであり、各々がそれ自体として独立してあると考えました。「教養あるソクラテス」と「知者ソクラテス」は、異なる規定をもつ概念である以上、異なるものであるといいます。ここから彼は、逆の立場からではありますが、アンティステネスと同じように命題は同語反復としてしか可能でないと見なすにいたっています。「人間は善である」とはいえず、「人間は人間である」、「善は善である」としか語りえないといいます。「人間」も「善」も概念としては同格のものであり、しかも異なる概念だからであります。

スティルポンはまた他のメガラ学徒より一層倫理的傾向を示し、メガラ主義をキュニコス主義と結びつけた人として知られます。彼は不動心（アパテイア）を一切の哲学的努力の最高目的としました。賢者は自足せる人であって、友人すら必要としないといいます。このことによって彼はストア哲学の源流のひとつとなったのであり、事実ストアのゼノンは彼に学んでいます。

しかしメガラ派の弁証的・争論的傾向は一般に懐疑主義に道を拓くものでした。メガラ学徒たちを駆動していた論争的精神は、より強化され、整備されてヘレニズム期に蘇り、ヘレニズム期の懐疑哲学の諸派を駆動する原理となってその姿を再び歴史の上に顕在化させることになりました。

(二) ヘレニズム期における懐疑哲学

懐疑哲学が学派として組織的に展開されたのはヘレニズム期の懐疑派の諸派においてであります。へレニズム期の諸派においては、ストア派においても、エピクロス派においても、アパテイア（不動心）あるいはアタラクシア（平静な心境）といった実践的目的を目指してすべての哲学的努力がなされていたとのことは前講と前々講において講じました。このようにアタラクシア（平静な心境）が目的とされる事情はヘレニズム期における諸派に共通に見られる特徴ですが、この事情は懐疑哲学においても変わりません。ただストア派やエピクロス派においては、彼らの実践哲学を根拠づけるためにとにかくも規準論や自然哲学が構想され、定説的な学説が説かれていたのに対し、懐疑主義（Skeptizismus）においてはいかなる定説的な学説も説かないということによってアタラクシア（平静な心境）の実現が図られるという点が異なります。すなわち、どのような学説にもそれと反対の内容の学説が対置されるし、また感覚にしろ、思考にしろ、事物のそう見えること、そう思われることは教ええても、それがそれ自体においてもそうであるということまでは教ええない以上、いかなる定説的な学説も独断論（Dogmatismus）に陥らずしては説きえないと懐疑論者たちは考えるのであって、それゆえ哲学者の取りうる唯一の正しい態度は、認識を断念して、いかなる事柄に対しても判断を差し控えること、すなわち判断中止（ἐποχή）であるとしました。そしてこのように判断を中止するとき、もはやどのような学説にも見解にも与しないのですから、すべての執着から離れることになり、その結果アタラクシア（平静な心境）が形に影がそうように実現されると懐疑論者たち（Σκεπτικοί）は説くのであります。

　判断中止（エポケー）によるアタラクシア（ἀταραξία）の実現、これが懐疑哲学（ἡ σκεπτικὴ φιλοσοφία）の説く教説のすべてであります。それゆえ彼らはすべての場合に断定的な定言を避け、ただ「わたしに現れるところでは」（ὡς ἐμοὶ φαίνεται）とか、「どちらともいえない」（οὐ μᾶλλον）とか、「おそらくそうかも知れない」（τάχα ἔστιν）とか、「そうでもあろう」（ἐξέσται）とか、「そうでもありうる」（ἐνδέχεται）と語るのみでした。何事も断定しないという点では彼らの教えは徹底しており、「何事も断定しない」というテーゼそれ自体も不動のものではないとしています。というのは、この「何事も断定しない」というテーゼは下剤のようなもので、ちょうど下剤が有害物を身体から排泄させると同時に自分も一緒に体外に出てしまうように、自らの断定性も共に排除しているというのであります。

以下、古懐疑派、中アカデメイアの懐疑、新懐疑派の順に、ヘレニズム期から帝政ローマ期にかけて標榜された懐疑主義の諸動向を展望したいと思います。

古懐疑派

懐疑哲学（Skeptizismus）の創始者はエリスの人、ピュロン（Pyrrhon 前三六五年頃－二七五年頃）であります。彼はアブデラ出身の哲学者アナクサルコス（Anaxarchos 前三四〇／三七年頃最盛期）と共にアレクサンドロスの東方遠征に従軍した経歴を有します。アナクサルコスと共にインドの裸の哲学者たち（Gymnosophistai）と交わったようで、一糸もまとわず蚊や蝿に身をさらしてかまわないジャイナ教の裸行者の無頓着な生き方を見たことが、判断を中止して何物にもこだわらない彼の懐疑哲学を生み出す機縁になったと推測している学者もいます。帰国後、郷里のエリスで自らの学派を開いて教えましたが、著作としては一冊も残さず、その思想はプレイウス出身の弟子ティモン（Timon 前三二〇年頃－二三〇年頃）によって伝えられました。ティモン自身は独創的な哲学者とはいえないかも知れませんが、あらゆる哲学者や哲学を揶揄・批判した極めて辛辣なその著『シロイ』（Σίλλοι）によって知られる懐疑哲学者であります。学説はもちろんのこと、どのような事物や価値であれ、それらを肯定的に評価する素地は懐疑哲学には残されていなかったのであります。わたしたちはここに人間の心底に潜む懐疑精神の執拗さ、根源性を見なければなりません。

ティモンによれば、ピュロンは、幸福に生きるためには人は、㈠「事物がどのような性質を有しているか」、㈡「事物に対してわれわれはどのような態度を取るべきか」、㈢「事物に対して正しい態度を取るとき、そこからわれわれは何を得ることができるか」の三点を明らかにしなければならないとしました。そしてそれに対して彼はそれぞれ次のように答えたといわれます。

第一の点に関しては、ピュロンは、事物の本性をわれわれは知ることができないとしました。なぜなら、感覚はわれわれに事物のそう見えることは教ええても、それがそれ自体においてもそうであるということまでは教ええないからであり、また思考も単に主観的なものでしかないからであります。どのような問題に関しても対立する学説の存することがこのことを傍証しています。

そしてこのことから次に、第二の点に関して、判断中止（エポケー）が事物に対してわれわれの取りうる唯一の正しい態度であることが帰結します。なぜなら「事物はわたしにはこのように見える」とはいいえても、「それがその本性においてもそうである」とは何人もいうことはできないからであります。蜜が甘いものとしてわたしに現れるとは語りえても、それがそれ自体においても甘いとは何人も語りえません。かくして、事物がその本性においていかなるものであるかに関しては、われわれは判断を中止せざるをえないことになります。

そして、このように判断を中止するとき、いわばその付随現象として、アタラクシア（平静な心境）が形に影がそうように結果するとピュロンは説くのであります。判断を中止する者にとっては、懸命になって追求するべきものも、逃れるべきものももはや存在しないからであります。あるものがその本性において善であるか悪であるかを決定しない者にとっては、追求すべきものも、逃れるべきものもないことになるでありましょう。死や死後の生活も、それらがいかなるものであるか断定することができないとするなら、もはやわたしたちの関心の対象とはなりません。かくして、判断を中止する者にとっては心を乱すものはもはや何もないことになり、彼は平静な心境の内に生きることになるというのがピュロンの信じて疑わないところでした。

ピュロンは以上のことを教説として説いただけでなく、実生活においてもその教説に一致した生き方をしたと『ディオゲネス・ラエルティオス』は伝えています。彼は何事に対しても判断を中止して断定せず、したがって馬車であろうと、犬であろうと、崖であろうと、何ひとつ避けなかったとのことであります。しかし幸い彼の傍にはいつも付き添っていた友人がいて、彼が馬車に轢かれたり、犬に咬まれたり、崖から落ちてしまうようなことはなかったようであります（ディオゲネス・ラエルティオス『ギリシア哲学者列伝』第九巻、第十一章参照）。「哲学者」と称する生き物が何とも世話のやける存在であることは古代ギリシア以来のことであったようであります。

ピュロンの説くところはおそらくこれ以上には出ていなかったであろうと想像されています。古懐疑派に帰されることもある「懐疑の十の方式」は後の懐疑学徒、新懐疑派のアイネシデモスのものであろうとする点で、諸家は一致しているようであります。

アカデメイアにおける懐疑

古アカデメイア

アカデメイアは前三八五年頃にプラトンによってアテナイに設立された学園ですが、その活動期間は長く、プラトン没後も九〇〇年以上もの永きにわたってその歴史を刻むことになりました。アカデメイアが閉鎖されたのは西暦五二九年、東ローマ帝国皇帝ユスティニアヌス一世（Justinianus I）の命によってであります。アカデメイアは、したがって、かつて存在した大学の中で最も長くつづいた「大学」であり、現在にいたるもこれ以上の歴史を有する大学は存在しません（イタリアのボローニア大学がこの年数を若干越えたかも知れません）。アカデメイアに関する確かといえるような資料は残念ながら何も伝えられていませんが、アカデメイアではプラトンは哲学や数学などを教授し、かつ研究したものと想像されます。特に数学を重視し、「幾何学を知らざる者、ここより中へは立ち入るべからず」と書かれた表札を学堂の玄関に掲げていたそうであります。

プラトンの死後、アカデメイアは彼の甥のスペウシッポス（Speusippos 前三四七年－三三九年在任）によって継承されました。スペウシッポスの死後は、彼の学友であると同時にまたアリストテレスの学友でもあったクセノクラテス（Xenokrates 前三三九年－三一四年在任）がほぼ25年の長きにわたってアカデメイアを指導したといわれます。クセノクラテスの死後はアテナイ人のポレモン（Polemon 前三一四年－二六九年在任）がアカデメイアを指導し、彼の死後は同じくアテナイ人であったクラテス（Krates 前二六九年－二四六年在任）が学頭となっています。プラトンの死からほぼ一〇〇年間にわたるこの頃までのアカデメイアは一般に「古アカデメイア」と呼ばれます。古アカデメイアにおいては特に数学が重視されるようになり、次第にピュタゴラス主義的傾向を強めていったようであります。後には神秘主義的傾向も見られるようになりました。そういったアカデメイアの体質にアリストテレスが終生批判を繰り返したとのことは第19講の「アリストテレス」のところで述べました。

中アカデメイア

クラテスを継承したアルケシラオス（Arkesilaos 前三一五年－二四一年）と共にアカデメイアは懐疑主義と結びつきました。ギリシアにおける知の殿堂でありつづけていたプラトン創設のアカデメイアを懐疑哲学の牙城と化したアルケシラオスの改革をラッセルは「革命的」と評しています（ラッセル『西洋哲学史』参照）。懐疑哲学が支配的であったアルケシラオスからほぼ一五〇年間のアカデメイアは、一般に、「中アカデメイア」と呼ばれます。この中アカデメイアが懐疑哲学（Skeptizismus）の第二期を形成します。代表者としては、前記のアルケシラオスの他に、キュレネ出身のカルネアデス（Karneades前二一四／二一三年－一二九／八年）が挙げられます。

アルケシラオスは著作を一冊も残さなかったので明確には知られませんが、彼はストア派と論争するのに懐疑哲学をもってしたらしい。特に彼はストア派の把握的表象（καταληπτικὴ φαντασία）を、真なる表象以上にわたしたちに確信を与える偽なる表象の存することを例示することによって反駁したといわれます。したがって、アルケシラオスによれば、それによって認識の真偽を決定すべきいかなる規準もわたしたちは持ってはいないのであります。たとえわたしたちが真実を知っていたとしても、わたしたちはそれを確かめることはできないであろうといいます。このようにアルケシラオスは知識の可能性を否定し、この立場から、ピュロンと同様、事物に対してわたしたちの取りうる唯一の正しい態度が判断中止（エポケー）以外にありえないことを説きました。

しかしこのことは何も行為の可能性までも否定するものではありません。それが客観的に正しい認識であることを確かめることができなくても、行為することは十分に可能であるし、事実わたしたちはたいていそういったレヴェルにおいて行為しているのだからであります。倫理的に正しい行為をするには蓋然性（πιθανότης）で足りるとしました。

カルネアデスは蓋然性の段階を、㈠「単に蓋然的な表象」（ἡ πιθανὴ φαντασία）と、㈡「蓋然的で同時に他のものに抵触しない表象」（ἡ πιθανὴ ἅμα καὶ ἀπερίσπαστος φαντασία）と、㈢「蓋然的で同時に他のものと抵触せず、あらゆる面から検証ずみの表象」（ἡ πιθανὴ ἅμα καὶ ἀπερίσπαστος καὶ διεξωδευμένη φαντασία）の三段階に分け、行為においては後者のより高い蓋然性を規準とすべきことを説きました。彼の懐疑論は定説的な方向にやや歩み寄ったものということができるでありましょう。しかし他の点では彼は懐疑哲学を徹底して説き、この見地からストアの学説に徹底した批判を加えました。アルケシラオスと同様、ストアの規準論にももちろん反駁を加えたし、また彼は論証の可能性も否定したといわれます。論証はある命題を前提にしてはじめて可能になりますが、証明を完全なものにするためには前提命題そのものがさらに証明されねばなりません。すると論証は不回避的に無限背進に陥らざるをえなくなるというのであります。

前一五六年に使節のひとりとしてローマを訪問したときに正義について行った彼の講演は有名です。彼は第一日目の講演では正義を肯定する立場で論陣を張り、並みいる聴衆を感服させました。ところが、次の日の講演では最初の講演で述べた論をことごとく論破し、しかも前回に劣らない感銘を与えたのであります。

しかし懐疑哲学者たちのこのような言動はあの頑固なローマ人、カトー（Marcus Porcius Cato Censorius. 大カトー、前二三四年－一四九年）の憤慨を呼ばずにいませんでした。元老院での演説の最後をいつも「それでもカルタゴは滅ぼされねばならない」と結ぶことで有名だった典型的ローマ人カトーから見れば、このようなギリシア的議論の弄びは軟弱な遊びとしか思えなかったのでありましょう。質実剛健のローマ人の気風がギリシア文化の柔弱さによって損なわれることを彼は何よりも恐れたのでありますす。彼のギリシア嫌いはつとに有名でした。しかし彼もまたギリシア哲学を含むギリシア文化の先進性は認めざるをえなかったようで、晩年はギリシア語を学んだとも伝えられています。これは一例でしかありませんが、このあたりに当時のギリシア文化とローマ共和制の象徴的な関係性を見ることができるかも知れません。

新アカデメイア

　これ以降のアカデメイアはペリパトス派やストア派の思想も取り入れるなど、次第に折衷的傾向を示すようになっていきました。これを「新アカデメイア」といいます。代表者としては、ラリッサの人、ピロン（Philon 前一六〇年頃－八〇年頃）やアスカロンの人、アンティオコス（Antiochos 前六八年頃没）がいます。なかでもこういった折衷主義の最大の人物というべきはあの有名なローマ人、キケロ（Marcus Tullius Cicero 前一〇六年－四三年）であります。彼の主たる活動領域は政治的な公共空間であり（彼は第二次三頭政治の一角を占める政治家であり、また演説家として令名を馳せておりました）、哲学に専心した人とはいえないかも知れませんが、大変な博学であり、あらゆる学派の思想に通じていて、数多くの著作を著しました。彼の著作は哲学史の貴重な資料となっています。

　アカデメイアはその末期は新プラトン派の牙城となりました。アテナイにおける新プラトン派の学者中最大の人というべきはプロクロス（Proklos 後四一〇年－四八五年）であります。彼によってアカデメイア内の研究は再び学的な厳密性を期すものとなり、スコラ哲学の先駆的な研究がなされました。アカデメイアの最後期にわたしたちはアカデメイアの最後の学頭と伝承されるダマスキオス（Damaskios 紀元四六〇年頃－五八三年以降）やアリストテレスの『自然学』の註釈書によってわたしたちに馴染み深いシンプリキオス（Simplikios 紀元五世紀後半から六世紀前半にかけて活躍）といった学者を見出します。あの膨大なアリストテレスの注釈の仕事（Commentaria Aristotelis）の大部分は彼ら新プラトン派の学者たちによってなされたのであります。

　このようにアカデメイアはプラトンの死後ほとんど独創性を示すことはありませんでしたが、さまざまな変遷を経ながらも、西暦五二九年に東ローマ帝国皇帝ユスティニアヌス一世（Justinianus I）によって閉鎖が命ぜられるまでの九〇〇年以上もの長きにわたって、キリスト教の台頭とその世界支配の中にあって、異教文化（ギリシア文化）の最後の砦として、ギリシア哲学の法灯を燈しつづけたのであります。西洋精神史におけるその意義はまことに大であるといわねばなりません。もしアカデメイアがなかったなら、そしてその活動が六世紀までつづいていなかったなら、ギリシア哲学はもっと決定的に失われていたかも知れません。わたしたちはアカデメイアの歴史的意味を確認しなければなりません。「アカデメイア」は単なる名称ではないのであります。

新懐疑派

アカデメイアは、ラリッサのピロン（Philon 前一四八年頃–七七年頃）やアスカロンのアンティオコス（Antiochos 前六八年頃没）の新アカデメイアの時代になると、ストアの学説も取り入れるなど、折衷的傾向を強めるようになり、懐疑主義は放逐されました。しかしそのことによって懐疑主義がギリシアから完全に消失したわけではなく、紀元前後にもう一度ピュロンの懐疑哲学が復興されています。この紀元前後から紀元二世紀にかけて標榜された懐疑主義は一般に「新懐疑派」として分類されます。彼らはアカデメイアの懐疑の後継と目されることをもはや欲さず、ピュロンの懐疑哲学の後裔をもって自らを任じています。アカデメイアの折衷主義的傾向は彼らには裏切りとしか感じられなかったのでありましょう。ここに懐疑的精神の執拗性とある種の先鋭性を指摘することができるかも知れません。代表者としては、アイネシデモス（Ainesidemos 前一世紀前半の人）、アグリッパ（Agrippa 紀元一世紀の人）、それにセクストス・エンペイリコス（Sextos Empeirikos 後一六〇年頃–二一〇年頃）などが挙げられます。

失われて今日には伝わらない『ピュロンの言葉』（Πυρρώνειοι λόγοι）の著者でもあるアイネシデモスの懐疑思想もだいたいはピュロンのそれと同じですが、彼は判断中止（エポケー）にいたるのに次の

「十の方式」（δέκα τρόποι）をもってしました。

㈠動物相互の違いに基づく方式、㈡人間相互の相違に基づく方式、㈢感覚器官の仕組の相違に基づく方式、㈣さまざまな状況に基づく方式、㈤位置と距離と場所に基づく方式、㈥相互混入に基づく方式、㈦基に置かれるものの数量と構成に基づく方式、㈧関係性（相対性）に基づく方式、㈨出会う機会が頻繁か稀かということに基づく方式、㈩生き方や習慣や法や神話や教義上の見解に基づく方式。

これらの十の観点からアイネシデモスは意見の不一致が必然的であることを示し、それに基づいて事物に対する正しい態度が判断中止（エポケー）以外にありえないことを示したといわれます。

これに対してアグリッパは判断中止を帰結する方式として、㈠異論が存すること、㈡論証は無限背進に陥ること、㈢相対性、㈣論証は仮定を必要とすること、㈤循環論に陥ることの「五つの方式」（πέντε τρόποι）を採用しました。

セクストス・エンペイリコスは特に新しい懐疑思想を提唱したというわけではありませんが、懐疑哲学を知る上で極めて重要な存在であります。というのは、彼の現存する著作が今日懐疑哲学を知るためのほとんど唯一ともいえる資料だからであります。彼の著作としては、『ピュロン学説の要綱』（Pyrrhoneiae Hypotyposes）と『諸学者論駁』（Adversus Mathematicos）の二著が現存します。特に後者は全十一巻からなる大著であり、懐疑哲学に係わる議論はもちろんのこと、初期ギリシア哲学のそれを含む古代哲学の多くの資料を含みます。セクストスの資料は古代ギリシア哲学に認識の哲学の視点から光を当てているという点でユニークであり、そういう意味で彼の哲学的センスは極めて「近代的」でありま す。セクストスは医者でもあり、おそらく彼のそういった立ち位置がどのような哲学的問題もすべて観察者、認識者の視点で見る目を養っていたのでありましょう。しかもそれを経験・観察に基づいて点検する探究眼を鋭利化したことが想像されます。あだ名の「エンペイリコス」（Ἐμπειρικός）（「経験派の」

の謂）は彼の医学上の立場を示します。

以上、ギリシアにおける懐疑的精神の動向を展望しましたが、こういった懐疑的精神はもちろんギリシアで終焉するものではありませんでした。それは時代を越え、地域を越えて、あらゆる時代、あらゆるところで定説的な学説を説こうとする哲学を脅かしつづけてきました。特に主観性の哲学が世界を蔽い尽くすにいたった近・現代において、その傾向は一層顕著になったといわざるをえません。それはヒュームの懐疑論にとどまりません。むしろ現代の現象学や論理実証主義の哲学、分析哲学など、欧米のあらゆる「認識の哲学」の根底にあって、それらを駆動しつづけている根本動因でもあるのです。近代のあらゆる「認識の哲学」を駆動している原理もまたかつてギリシアにおいてあらわになったあの懐疑主義（Skeptizismus）の精神であったといっておそらく不当でないでありましょう。ギリシアにおいて、特にヘレニズム期のギリシアにおいて大規模に出現した懐疑的精神こそ、その後の二〇〇〇年の西洋精神史の根底にあって、あらゆる哲学を脅かしつづけてきた地下水脈でありつづけていたものなのであります。わたしたちは懐疑哲学（Skeptizismus）の必然性と不可避性を理解しなければなりません。懐疑哲学の諸動向を見るとき、人間の認識など、懐疑という大海に浮かぶ小島のようなものでしかないのではという印象を抱かざるをえません。

第27講 新プラトン哲学

本講ではギリシア最後の哲学、新プラトン派の哲学とそれにいたる諸動向を展望します。

ソクラテス、プラトンによって開始されたプラトニズムの超越的志向性がその本領を最大限に発揮した哲学が新プラトン哲学（Neoplatonism）であります。新プラトン哲学においてわたしたちは、感性界を超え、英知界をすら突き抜けて、究極的な一者にまで極まろうとする超越的志向性の凄まじい動向を体験することになります。

なぜギリシア哲学の末期、キリスト教の台頭とその世界支配が確立しつつあったローマ帝政期のあの時期に、このような強烈な超越的志向性がギリシア哲学の中に立ち現れてきたのでしょうか。超越的志向性そのものは主観性の哲学のひとつの典型であるプラトニズムの本性に植えつけられた志向性ということができますが、その志向性があれほどにも過激化した理由のひとつはやはり、ヘレニズムからヘブライズムへの転換期、新生ヨーロッパの揺籃期というあの時代状況の中に求められねばならないでありましょう。ギリシア哲学の末期を支配した最も顕著な傾向は神秘主義ですが、ギリシア文化の末期になって神秘主義的諸思想が哲学の主流となって浮かび上がってきたのには、やはりヘレニズム期以降のギリシア文化圏の拡大によるギリシア哲学の東方オリエントのマギ的諸世界との接触、特にユダヤ教やキリスト教といったヘブライズムとの接触が大きく影響したことが想像されます。新プラトン哲学はいわばプラトニズムの構造である超越的構造の中に東方オリエントのマギ的世界に発する神秘的、宗教的パトスが流入してきて、いわばそれが原動力となってプラトニズムの構造をふくらませ、その超越性を過激化した哲学であったと形容することもできるでありましょう。

ギリシア精神、最後の燃え上がり。

しかしそれのみでしょうか。もちろんそういった歴史的状況が末期のギリシア哲学に相当な影響を及ぼしたということは当然認められねばなりません。しかしそういった外的な歴史的、地政学的事情もさることながら、ギリシア哲学の展開そのものの中にもその必然性は求められねばならないのではないかとわたしは思います。新プラトン哲学とそれにいたる諸動向はギリシア精神という生（Leben）のいわば最後の姿ということができます。そういった観点からヘレニズム期以降のギリシア哲学の動向を再度確認しておきたいと思います。

ヘレニズム哲学の講義でも述べましたが、ヘレニズム期は一般にギリシア文化衰退の時代であります。そのことは哲学においてその主要関心が理論哲学からアタラクシア（平静な心境）を求める実践哲学に移行していったことに端的に見られるわけですが、こういった傾向がまさにストア派やエピクロス派、それに懐疑派のそれでありました。活力が衰えつつある者の求めるものはもはや積極的な理論哲学でも公民的な道徳哲学でもなく、自己の生存の可能性を模索する消極的な実践哲学でしかないからであり、ヘレニズム期の諸派はアタラクシア（平静な心境）の内に自己に生存を許す唯一の可能性を見出したわけであります。ここにはもはやソクラテス以前の自然哲学者たちの無邪気な探求心や古典期の諸家に見られた充実した活力に基づく知性の冷静さはなく、衰えつつある者の無力の悲哀があります。そういった衰退の動向がヘレニズム期の諸派の哲学の底流にあったものなのであります。

しかしヘレニズム期における消極的姿勢はローマ帝政期になると一転して絶対的なものを希求する宗教的情念の噴出となって現れました。絶対者、神との合体を果たさんとする宗教的パトスの噴出がギリシア末期の哲学的思索の原動力となります。ギリシア文化末期における宗教的情念の噴出というあの現象は、活力も衰え、活動的な世間から身を引いて静かな隠居生活に余生を過ごしていた老人がその人生の最後の瞬間になって突然宗教的情熱に駆られて念仏三昧に耽る姿に似ています。要するにギリシア哲学末期の宗教的パトスの噴出はまさに消えゆかんとするギリシア精神の最後の燃え上がりともいうべきものだったといえるのではないでしょうか。

したがってこの動向は思索の対象を知性の一切の規定の彼方に超出せしめ、しかもそれを知性によって捉えるのではなく、最終的には知性をすら捨てて、究極的な一者と合体せんとする神秘主義を特徴とします。知性の規定は相対的な認識しか与えないからであり（そういったものでは彼らはもはや満足できませんでした）、またこの時期にはすでに理性的認識を冷静に押し進めていくだけの活力の安定も失われていたからであります。しかし神秘主義の諸派もさすがにギリシアの学派であり、宗教的情熱を単に盲目的な信仰に解消させるのではなく、絶対者に向かう哲学的探究という形で学的に表現することによって、ギリシア的知性の面目を保ってはいます。しかしこの時期の知性は外皮ともいうべきものであって、その内にある内実は燃え上がらんばかりの宗教的情念なのであります。そういった宗教的パトスの最も完成された哲学的表現をわたしたちはプロティノスを代表者とする新プラトン哲学（Neo-platonism）に見出すわけですが、しかし新プラトン哲学以前にも、いわばその前奏として、神秘主義の諸々の動向が見られるのであって、新ピュタゴラス主義やピュタゴラス化したプラトン学徒、それにアレクサンドリアのピロンなどがすでにそういった動向を示しています。それらは新プラトン哲学いたる先行形態ないし前奏と位置づけることができるでありましょう。

したがって、回顧的にいえることは、宗教的パトスをベースにする神秘主義的諸動向が紀元前後から数世紀にわたってつづいたということであります。神秘主義のこれらの諸派の探究は超越的な絶対者への志向ですから、一見したところ、積極的な探究であるかの観を見せてはいますが、しかし実際は探究というよりはむしろ飛躍であって、その意味で古典期の理性的な哲学探究とは本質的に異なるものであります。したがって新プラトン哲学、あるいはそれにいたる諸派といった諸々の形を取って現れた宗教的パトスの噴出というこの出来事は、消えゆくギリシア精神の最後の輝きと形容することができるのではないでしょうか。電燈が切れる前の一瞬の輝き、星が消滅する前の超新星爆発、それと同様の現象が一〇〇〇年以上にわたって幾多の思想を生み出しつづけてきたギリシア精神の最後の姿、新プラトン哲学とそれにいたる諸形態だったのではないでしょうか。そしてその爆発と共にギリシア精神（ギリシア哲学）はその光芒と残光を残して歴史の彼方にその姿を没していったのであります。

(一)　新プラトン主義への前奏

新ピュタゴラス派とピュタゴラス化したプラトン学徒

ピュタゴラス派は学派としてはすでに前四世紀に消滅していましたが、その思想はピュタゴラス主義、あるいはピュタゴラス的な宗教的活動といった形でその後も生きつづけたのであり、歴史の水面下におけるそういった動向が紀元前後になって再びピュタゴラスを復活させようとするさまざまな哲学的運動となって水面上にその姿を見せるようになりました。それらの動向は通常一括して新ピュタゴラス派と呼ばれます。代表者としてはテュアナのアポロニオス（Apollonios 紀元一世紀の後半に活動）とガデス出身のモデラトス（Moderatos 同じく紀元一世紀の人）、それにゲラサのニコマコス（Nikomachos 紀元一五〇年頃活躍）などを挙げることができます。

学派といっても、しかし、これらの人たちは新しい学説を打ち立てたわけでも、ピュタゴラスの学説を発展させたわけでもなく、ピュタゴラスの思想のより一層の神秘化、ないしはピュタゴラスの教えに基づくさまざまな神秘主義的実践がその活動の主な部分でした。とにかくアポロニオスは当時は魔法使いとして一般に知られていました。またヘレニズム・ローマ帝政期の諸派の例にもれず、彼らの思想も折衷的傾向を強く示しています。すなわち1と不定の2が一般に原理とされ、前者は形相に、後者は質料に等置されます。神の位置に関しては派内においても考え方に相違が見られ、ある者は1をそのまま神とするのに対し、ある者は1と神を区別し、神を1と不定の2、すなわち形相と質料を生成させ、結合する原理と考えています。しかし一般的に見られる傾向としては、彼らは神を非常に高く位置づけ、それを世界をはるかに超絶し、知性すら超えるものとしました。それゆえ神は物体的世界とほとんど何らの共通性も有さないのであります。神に対立する原理は物質（質料）であります。両者の間には無限の隔たりがあります。そこで彼らは神と物質との間に、神の似姿であり、神の子である仲介者を認めようとします。両者の間に位置する原理は事物の原像であるイデアであります。彼らはこれを神の思惟として捉えました。またイデアを彼らは数と等置します。それゆえ彼らは、ピュタゴラス学徒の名にたがわず、数に重要な意味を認め、数学を熱心に研究しました。個々の数の意味についても神秘的な解釈が施されました。

神が高きに位置づけられただけに、それにいたらんとする宗教的情熱もそれだけ一層激しいものになりました。魂を肉体的、感性的桎梏から解放して、神と合一せんとする諸々の試みが新ピュタゴラス派の実践論をなします。すなわち彼らもまた、古ピュタゴラス学徒と同様、肉体を魂を閉じ込めている牢獄と考えます。牢獄である肉体から魂を解放するために彼らは禁欲的で清浄な「ピュタゴラス的生活法」（Πυθαγόρειος τρόπος τοῦ βίου）を厳格に実践しました。すなわち肉食を忌避し、独身を通し、麻の僧衣を着用し、財を共有した集団生活を実践し、また苦行（エルゴン）を行ないました。このことによって魂を浄化し、肉体から解放せんとしたのであります。その限りにおいて、彼らの哲学的活動はもはや宗教から区別されないものとなります。哲学は真の宗教であり、哲学者は予言者にして神の僕であるとされました。またこういった修練の結果、予知能力や奇蹟を行なう能力も獲得されるとし、東方的魔術や卜占術に高い価値が置かれました。とにかくアポロニオスはそういったものを実践する人として知られていました。

またこの頃になると、プラトン学徒の中にも、プラトンをピュタゴラス的、神秘主義的に解釈することによって新ピュタゴラス派と同様な思想傾向を示す人たちが出てきました。彼らは一般に「ピュタゴラス化したプラトン学徒」と呼ばれます。代表者としては『英雄伝』の著者としてわたしたちに馴染み深いカイロネイアのプルタルコス（Ploutarchos 後四五年頃－一二五年頃）が挙げられます。

アレクサンドリアのピロン

一層整備された神秘主義哲学を展開し、新プラトン哲学にさらに接近した思想形態を示したのはアレクサンドリアのピロン（Philon 前二五年頃－後五〇年頃）であります。彼はユダヤ人哲学者であり、ユダヤ教の教義とギリシア哲学を統合しようとしました。彼が真理の最高の典拠としたものは啓示の書

『モーゼ五書』（『旧約聖書』）であり、ギリシア哲学が概念でもって語った真理はすでに『聖書』の中に比喩的に語られているとしました。かくして彼の確信するところは、『聖書』においても、ギリシア哲学においても、同一の真理が見出されるということであり、この確信を根拠づけるのに彼はギリシアの諸家は『モーゼ五書』を知っていたとする仮定をもってします。彼はピュタゴラス哲学、プラトン哲学、ストア哲学などをもって『聖書』を注解しましたが、これらの諸哲学は、彼によれば、『聖書』が啓示している真理を概念でもって語っているに過ぎないのであります。こういったところからギリシアの諸家はモーゼに学んでおり、たとえばプラトンは「アッティカの言葉で語るモーゼ」（Μωυσῆς ἀττικίζων）であるとする後の護教哲学者たちによってしばしば主張されるようになった見解が生み出されたのであります。

ピロン哲学の中心をなす概念は世界を絶対的に超越する神の概念であります。ピロンによれば、神は一切のものを絶しており、わたしたちはそれをいかなる概念によっても、いかなる規定によっても捉えることはできないのであります。神はいかなる完全性よりも完全であり、いかなる善よりも善であって、そういった規定のいかなるものも超えています。それにはいかなる属性も帰属させることはできません。神に関しては、ただ「在る」ということができるだけであって、その「何であるか」を語ることはできません。「神はこれこれのものでない」とする消極的な表現によってやっとわたしたちはその本質を指示しうるに過ぎないのであります。これは後に否定神学と呼ばれるようになったものの最初の明確な展開であります。神はこのように、ピロンによれば、世界を絶対的に絶していて、「在る者」というエホバの名以外のいかなる名称をもってしても名指すことのできないものなのであります。

神は世界を絶対的に超越しますが、しかしやはり世界の究極の根拠は神であり、世界の一切は究極的には神に依存し、神に包摂され、その存在と善と美を神から得ているとされねばなりません。しかし他方、世界にはやはり悪や禍や不浄が存在します。こういった悪や禍や不浄の原理は、ピロンによれば、物質（質料）であります。世界における不純、不浄、罪悪のすべては物質（質料）に由来します。それゆえ至純な神はこのような不浄な世界と直接的な係わりを持つことができません。そこでピロンは神と物質的世界の間に両者を仲介する中間存在者を想定しました。中間存在者は一般に「諸力」（δυνάμεις）と呼ばれますが、それらは一方ではギリシア的にイデア、デミウルゴス、神の思惟、知性として記述され、他方ではユダヤ的に天使、精霊、神の使者と呼ばれています。そしてこれらの諸力を統一的に統括する最高の力としてピロンはロゴス（λόγος）を置きました。それゆえロゴスは、ピロンによれば、神に次ぐ地位に位置する原理であり、イデアの中のイデア、天使の長、神の初子、第二の神（δεύτερος θεός）であります。ロゴスは世界の諸物を創造する力であり、諸物は質料の混沌の中にロゴスが浸透していくことによって形成されるのであります。ロゴスはいわば世界という身体を着衣した魂であります。後のキリスト教の、特に『ヨハネ伝』の神をロゴスとする表現、あるいはイエスをロゴスとして第二ペルソナに位置づける三位一体の教義の原型はピュロンのロゴス論の中にすでにあったのであります。そしてこのロゴス概念そのものはヘラクレイトス哲学の「ロゴス」（λόγος）から伝播したものであると指摘する学者もいます。

　世界における悪の原理は物質（質料）でした。人間においては肉体が罪の源泉であります。肉体は魂を閉じ込めている墓であって、魂が呻吟するすべての災禍は肉体に起因します。それゆえ魂を肉体から解放し、神に近づくべくあらゆる努力がなされねばなりません。このためにピロンはまず、ストア学徒と同様、徳のみを善なりとして、清浄な禁欲主義的生活によって情念（パトス）を根絶することを欲します。したがって最初の哲学的努力の目標はすべての情念の根絶、肉体的欲求からの解放、すなわち不動心（アパテイア）でなければなりません。しかしピロンの宗教的情熱はこれにとどまりません。彼はさらに魂を高めることによって神の知性であるロゴスに達し、遂にはロゴスをすら絶して忽然として忘我（ἔκστασις）のもとに神と合体せんとします。意識を絶した恍惚状態における神との神秘的な合一こそ、ピロン哲学の究極の目標でした。しかし神との合体は自力によって果たせるものではなく、清浄な魂に与えられる神の恩寵であるといいます。ピロン哲学においては、結局、最後にはヘブライ的要素である他力の要素が勝ってくるのであります。ヘブライズムのヘレニズムに比しての特徴のひとつは最後には他力の面が前景に出てくるということであります。

紀元前後からローマ帝政期にかけて現れた以上の神秘主義的諸動向を念頭に置きつつ、次に、それらの諸動向の完成形として、新プラトン派の哲学（Neoplatonism）を展望したいと思います。

(二) 新プラトン哲学

学派

学派の祖として最初にプロティノスの師のアンモニオス・サッカス（Ammonios Sakkas 後一七五年頃－二四二年頃）に言及しなければなりません。彼は最初日傭人夫をしていたといわれます。というのは、渾名の「サッカス」（Σακκᾶς）は「サッコポロス」（Σακκοφόρος、「袋を運ぶ者」の謂）に由来すると考えられるからであります。後にアレクサンドリアで教師として立ち、プラトン哲学を講じ、幾人かの弟子を出しましたが（プロティノスもそのひとりであります）、書いたものとしては一篇も残さず、その思想の詳細は不明です。彼の教説が新プラトン派の哲学として今日わたしたちが理解しているものにどの程度まで近づいていたかは明らかでありませんが、それに完全には達していなかったというのが哲学史の一般的な理解のようであります。

プロティノス

したがって新プラトン哲学（Neoplatonism）の真の創始者というべきは、その思想の体系的完成者、プロティノス（Plotinos 後二〇四年頃－二七〇年頃）であります。彼は紀元二〇四年ないし二〇五年に上エジプトに生まれました。彼の生まれた町は上エジプトのナイル河畔の町、リュコポリスだといわれています。28歳の時、アレクサンドリアで幾多の教師に失望した後、アンモニオスを見出し、その門に入りました。アンモニオスのもとで十一年間教えを受けた後、39歳の時、ペルシアとインドの知者に出会いたいと思ってローマ皇帝ゴルディアヌス三世のペルシア遠征軍に加わっています。しかしゴルディアヌス三世が部下のフィリップスの陰謀にかかってメソポタミアにおいて横死したためにこの遠征は挫折しました。プロティノスの身も危険にさらされたようですが、何とかアンティオキアに逃れることができ、次の年ローマに上っています。したがって彼がローマで活動するようになったのは彼の40歳の頃からでありましょう。

ローマではある婦人の家の一部を借りて、そこに小さな学校を開いて哲学を講じました。ローマにおいて彼のもとに集まった弟子のうち、主な人としてはアメリオス（Amelios 三世紀中葉の人）とポルピュリオス（Porphyrios 後二三二年頃－三〇四年頃）がいます。彼は高潔な人格と柔和な心、それに清貧の生活のゆえに、弟子のみならず、一般の人々からも尊敬され、敬愛されました。彼の講義を聴講し、彼に傾倒した元老院議員も少なくなかったといわれます。人に対しては常に柔和で献身的であったので、約26年にわたるローマでの生活の間にもただの一度も敵をつくったことがなかったといわれています。

むしろ多くの争いの仲裁役になっていたとのことであります。また彼は皇帝ガリエヌスとその妃のサロニナの知遇も得ました。皇帝ガリエヌスに請うて、カンパニア地方にプラトノポリス（プラトン市）と呼ばれる哲学者の町を建設しようとしましたが、この企ては実現しませんでした。哲学者のユートピア物語としてよく語られる逸話であります。

晩年は病を得てカンパニアに下り、そこで没しています。彼を死にいたらしめた病は人の忌み嫌う病気であったらしく、そのためにローマを離れたのでありましょう。病名は癩病とも結核ともいわれています。行年66歳でした。

プロティノスは生前54篇の論文を著しましたが、彼の死後それらは編纂を託された弟子のポルピュリオスによって各巻九篇ずつよりなる六巻の書として刊行されました。ためにそれは『エンネアデス』(Enneades『九篇集』の意）と呼ばれます。

学　説

一者

プラトンは感性界の上に超感性的世界、イデア界を想定しました。プロティノスはイデアの世界、英知界をすら超えたさらに高きに究極の原理を求めようとします。イデア、すなわち英知的存在は、現象する世界の上にあってそれらをなり立たせている原理ではあるが、それらは互いに他から区別されるものであるゆえに未だ区別や規定を伴っています。もし究極の原理が求められねばならないとするなら、こういった区別や規定の一切のものを絶した原理が求められねばならないでありましょう。それは知性（ヌース）ですらありません。知性（ヌース）の成立は思惟（ノエシス）にありますが、思惟においては思惟するものと思惟されるものが区別されるからであります。思惟は未だ区別を伴っています。それゆえプロティノスは一切の区別や規定を超え、さらに存在や思惟すら超えたところに究極の原理を想定し、それを一者（τὸ ἕν）と呼びました。

プロティノスが究極の原理としてこのように一者を想定したのは、区別や多があるためには、それらに先行して、未だ多に分化する以前の根源的な一がなければならないと考えたためであります。区別や多がある以上、それらに分化する以前の統一〔一〕があるはずです。このことは、区別や多は統一〔一〕を志向し、それを予想していることからして、感得されます。プロティノスはこの一の方が先であって、区別や多は一が分化することによってはじめて可能になると考えました。「多は一より後である」（πλῆθος ἑνὸς ὕστερον）（『エンネアデス』III 8.9）というのがプロティノス哲学の基本テーゼであります。それゆえある区別にはそれの統一が先行していなければならないし、また別の区別には別の統一が先行していなければなりません。かくして、一切の区別や多に先行して、根源的かつ絶対的な一がなければならないことになります。ところがイデアや思惟はすでに区別や規定性を伴っています。それゆえプロティノスは、それらを超えたさらに高きに、絶対的な統一、すなわち一者（τὸ ἕν）を第一者（τὸ πρῶτον）として想定しなければならなかったのであります。

プロティノスのいう一者（ト・ヘン）はこのように多に分化する以前の根源的な一であり、それゆえそれは一切の区別や規定性を超えています。区別や規定は多様性の表現だからであります。それは、そこにいかなる翳りもない単純で透明な一でなければなりません。もし翳りがあるなら、区別があるわけであり、そうすれば、それはもはや一とは呼ばれえないでありましょう。したがってわたしたちはそれをいかなる概念をもってしても、いかなる名称をもってしても、表現することはできません。概念や名称はすべて区別ないし規定であり、多様性を前提としているからであります。それはもちろん空間的・時間的規定を超えており、「場所の内にもなければ、時間の内にもありません」（οὐκ ἐν τόπῳ, οὐκ ἐν χρόνῳ）。空間、時間はそれ自身が多だからであります。それは「運動しているのでもなければ、さりとて静止しているのでもありません」（οὐδὲ κινούμενον οὐδ' αὖ ἑστώς）。それは「或るもの（実体）でもなければ、質でも量でもありません」（οὔτε τι οὔτε ποιὸν οὔτε ποσόν）。範疇は互いに他に還元されない述語の最高の諸類ではあるが、やはり規定だからであります。それにはまた生命や意志も帰属させることはできません。生動し、意志する限り、区別や翳りを伴い、もはや単純でありえないでありましょう。それはもちろん形を取りません。形相以前（πρὸ εἴδους）であり、むしろ無相（ἀνείδεον）であります。存在（ὄν）ともいえません。存在はいわば「存在という形」（μορφὴ τοῦ ὄντος）を取らねばなりませんが、それは「形なし」（ἄμορφον）ですから。イデアや思惟ですらない。それらは、既述のように、区別や規定を伴っているからであります。こういった見地からは、それはもはや何ものともいえません。むしろ無（οὐδέν）であります。以上のごとく、それにはいかなる述語も肯定的には付加されないからであります。したがって積極的にはいかなる名称もそれには与えることができないのであって、わたしたちはそれをただ否定神学的に「これこれのものでない」という消極的な表現様式によって指し示しうるのみなのであります。プロティノスもそれをただ「かのもの」（ἐκεῖνος）と呼ぶのみでした。

しかし、これを逆にいえば、それはまた一切（πᾶν）であるともいうことができます。それに対立するものは何もないからであります。多ですらそれに対立するものとはなりえません。確かに多と一は対立関係に立つ概念ですが、そうである限り、その両者は区別されるわけであり、だとすれば、その区別を統一する一がさらに求められねばならないでありましょう。プロティノスの説く一者（ト・ヘン）とはまさにそういった意味での一であり、多と一の対立の背後にあって、それらに先行し、それらの対立を可能ならしめている一なのであります。一者は、それゆえ、一であると共に全体であるところの単純で透明な一であり、その外ということはありません。外があるなら、それは一者とは区別されているわけであり、そうすると、それらを統一する一がさらに求められねばならないからであります。したがって、世界にしろ、諸物にしろ、それらは一者の外にあるのではありません。また一者と異なる何かなのでもなく、それ自身が一者であり、一者が諸規定や区別を纏ったあり方なのであります。これを言い換えれば、多様性や規定を有する諸存在もその本源的なあり方においては同一の単純で透明な一なのであります。一であると共に全体であるこのような一者こそが究極の原理であり、第一者でなければならないとプロティノスは考えるのであります。プロティノスは、プラトンに倣って、それをまた「善」（τἀγαθόν）とも呼んでいますが、しかしそれは、それ自身が善であるという意味においてではなく、他の一切の善性の根源であるという意味においてであって、それ自身は善性すら超えているのであります。それはまた美と完全性の極致ともいうことができますが、真実にはそういった規定すら超えています。

流出

さて、以上のごとく、そこにいかなる区別も翳りも存しない単純で透明な一が世界の究極の原理であるとするなら、そういった一者からいかにして世界に見られるような多様性が生じてきたのでしょうか。これがプロティノスを悩ました問題でした。一者が世界を創造したと考えることはできません。創造はひとつの作用ですが、作用は、前述のように、区別や翳りを伴うがゆえに、作用を一者に帰すことはできないからであります。そもそも一者があるものを創造しようと意志したということはありえません。一者は自足的（αὔταρκες）であるがゆえに、他の何ものも必要としないからであります。それにまた、前述のように、意志は一者には属しません。意志のみならず、意識すら一者には属さないのであります。もし一者が意識したとするなら、一者に対立するものが何もない以上、それは必然的に自己意識でなければならないでしょうが、そうすれば、「意識する一者」と「意識される一者」が区別されることになり、それはもはや一者とは呼ばれえないことになろうからであります。プロティノスも一者をしばしば神（θεός）と呼んでいますが、しかしプロティノスにおいては一者の人格性は明確に否定されています。意識は一者の次に位置する知性（ヌース）においてはじめて可能になるのであります。それゆえ一者が何らかのものをアクティブに定立するということはありえません。また一者そのものが変容して、そこから諸物が生成してくるとするのも、同様の困難を伴うがゆえに、不可能であります。そこで、この問題を解決するためにプロティノスが提出した理論が流出説（emanatio）なのであります。

一者は無限（ἄπειρον）であります。一者を限定するものはないからであります。有限という概念ですら、それに対立するものとはなりえません。真の無限は有限と無限の対立を止揚した無限でなければなりません。ヘーゲルのいう「真無限」という意味において、一者は無限なのであります。それゆえ一者は、その無限性、充溢のゆえに溢れ出るといいます。プロティノスはそれを湧き溢れる泉に譬えています。一者は限りなく湧き出す泉のごときものであって、その充溢のゆえに溢れ出ざるをえないのであります。しかもその泉は無尽蔵であるがゆえに枯渇するということはありません。あるいはまた太陽にも譬えられます。太陽が光を周囲に放射するように、一者はその無限の力のゆえに万物を射出するのであります。そしてその際も一者そのものは少しも変わることなく、それ自身でありつづけます。それゆえ一者からの万物の流出は一者の意志に起因することではなく、一者が無限な充溢であるということからの必然的な結果なのであります。一者は無限の豊かさのゆえに流出せざるをえないのであります。

ところで、光は太陽から遠ざかるにしたがって次第にその明るさを逓減させていき、遂にはその完全な欠如、すなわち闇となって終結します。それと同じように、一者からの流出も、始源から遠ざかるにしたがって、次第にその完全性を失っていきます。したがって流出の後のものは必然的に先のものに、完全性においても、善性においても、美においても、劣ることになります。一者こそが完全性と善と美の極致だからであります。一者からの流出は、プロティノスによれば、知性（νοῦς）から魂（ψυχή）を経て、質料（ὕλη）にいたって終ります。下降の最下である質料はいわば光の完全な欠如、すなわち闇であり、悪そのもの、「第一の自体的な悪」（πρῶτον καὶ καθ' αὑτὸ κακόν）であります。質料には積極的な面はまったくなく、それは形相の完全な欠如、非存在（μὴ ὄν）であります。それは一者の対極に位置します。かくして、すべては、流出の段階に応じて、一者と質料の間に位置づけられねばならないことになります。

知性（ヌース）

流出する最初のものは知性（νοῦς）であります。知性の成立は思惟にあります。というよりは、むしろそれは思惟そのものであります。知性（νοῦς）と思惟（νόησις）は別のものではなく、思惟作用そのものが知性なのであります。根源的には一者以外には何もないのですから、思惟するものは差し当っては一者であるということができます。しかし思惟した瞬間に、それはもはや一者でないことになります。なぜなら思惟は区別を伴うからです。もちろん一者に対峙して存在するようなものは何もないのですから、その思惟は自らを思惟すること、すなわち自己意識以外のものでないでありましょう。しかし自己意識においては、すでに意識する自己と意識される自己に分裂してしまっています。それゆえ思惟と共に一者はもはや単純な一でありえなくなり、知性（ヌース）となるのであります。「一者はいわば自分を見てしまう」（『エンネアデス』V 1.7）わけで、するとそれは見る自己と見られる自己に分裂してしまい、もはや一でないことになります。それが知性（ヌース）であります。このように知性（ヌース）は区別を伴うがゆえに一者そのものではありませんが、しかし一者から独立してある何かなのではなく、即自的には一者であります。それはいわば一者の似像（εἰκών）であります。

知性（思惟）と共に区別が始まります。思惟（τὸ νοεῖν）がある以上、「思惟されてあるもの」（τὸ νοούμενον）があります。両者は即自的には同じ知性ですが、顕在的には区別されます。思惟されてあるものは思惟されてあるわけですから、それと共に存在（τὸ ὄν）が定立されています。こういった見地からプロティノスはパルメニデスの「思惟と存在は同じである」（τὸ γὰρ αὐτὸ νοεῖν ἔστι τε καὶ εἶναι）という命題を確認しています（『エンネアデス』V 1, 8）。また思惟と思惟されてあるものの区別によって、異（ἑτερότης）と、それと共に同（ταὐτότης）の範疇が成立します。思惟はひとつの作用ですから、運動（κίνησις）と静止（στάσις）も同時に成立しています。かくして知性（ヌース）と共に存在（ὄν）、異（ἑτερότης）、同（ταὐτότης）、運動（κίνησις）、静止（στάσις）の五つの範疇が成立することになります。

しかし知性（ヌース）は時間を超えているがゆえに、その思惟も超時間的であり、永遠です。それゆえそれは推論的ではなく、直覚的であります。思惟が永遠である以上、その観念（τὰ νοητά）もまた永遠でなければなりません。これがすなわちプラトンによって形相（εἶδος）ないしはイデア（ἰδέα）と呼ばれているものであります。かくして、知性（ヌース）と共にイデアの世界、すなわち英知界（κόσμος νοητός）が形成されることになります。英知界は質料をまったく混じない純粋な形相の世界であり、美と永遠の世界であります。それは存在であり、永遠不変の原型（παράδειγμα）であって、感性界はいわばその模像（μιμήματα）であります。知性（ヌース）は英知界、諸イデアを統括するデミウルゴスであり、第二の神（δεύτερος θεός）であります。

魂（プシュケー）

知性（ヌース）から魂（ψυχή）が生み出されます。魂は知性のロゴス（λόγος νοῦ）であります。言い換えれば、知性のロゴス的表現であります。魂は知性、すなわち思惟が表現されて具体的なあり方をしたものであって、それゆえそれは下降の段階に応じて、世界霊魂から個別霊魂までさまざまに区別されます。しかし魂そのものはひとつであり、不可分であって、区別は魂が下降している段階による区別に過ぎません。魂は空気を照らす光のごときものであり、照らされる部分の相違によっては照らしている光も区別されますが、しかし光そのものは同一で不可分であります。したがって魂もその純粋な姿においては超感性的世界、英知界の住人であり、永遠にして不滅、不可分にして非物体的であります。それは知性の思惟に満たされており、それ自身イデアであり、数であります。魂はいわば知性の似像であります。それは知性が一者の似像であったのと同様であります。このように魂はそれ自体としては英知界に属しますが、しかしそれは英知界の最外端に位置し、同時に感性界とも触れています。それはいわば英知界と感性界の間を橋渡しする仲介者であり、知性の諸原理を感性界に伝える伝達者であります。

ところで、魂は生あるものの原理であり、生きとし生けるものはすべて魂によって生きます。なぜなら生命（ζωή）とは第一義的には思惟（νόησις）に他ならないからであります。したがって生命の究極の根拠は知性（ヌース）であるということができます。知性とは思惟に他ならず、思惟がすなわち生命だからであります。魂はこの思惟、すなわち生命を感性的なものに伝える伝達者であります。それゆえ感性界の末端にいたるまで生命現象が見られる限り、思惟が浸透しています。そしてこの感性界にまで浸透していく思惟ないし生命が魂（プシュケー）なのであります。

自然界、感性界。

次いで魂は自然を生み出しますが、それは魂が「観照する」（θεωρεῖν）ことによってであります。魂は、前述のように、知性（思惟）のロゴス的表現ですから、それ自身思惟であり、観照（θεωρία）を本領とします。観照には当然観照像（θεώρημα）が伴います。魂が観照することによって生み出されるこの観照像が自然（φύσις）であります。したがって自然は魂の観照によって生み出される魂の似像に他なりません。自然はこのように観照によって生み出されたものですから、それ自身もまた観照します。しかしそれは第一の観照である魂の観照の模像に過ぎないがゆえに、魂のそれと比べると、それだけ観照力も弱く、漠然としています。

このように魂（プシュケー）はそれ自体としては英知界にありながら、観照することによって自然を生み、それを通じて質料と結びついていきます。そして英知界の諸イデアを質料において実現することによって感性的な諸物を形成します。この場合も魂は、英知界のイデアを観照することによって、いわばその観照像を質料に映し出すのであります。質料は形相を受容する場所であります。それゆえ感性界（κόσμος αἰσθητός）はいわば英知界の模像（μιμήματα）であります。

魂はまず、世界霊魂（ἡ τοῦ παντὸς ψυχή）として世界身体と結びつき、感性的世界全体を管理します。それはちょうどわたしたちの魂がわたしたちの身体を支配し、管理しているのと同じであります。それゆえ世界も天体も太陽も魂によってそういったものとしてあるのであります。世界霊魂は、英知界の永遠性の模像として、時間（χρόνος）を産出します。したがって感性界は生成、消滅、運動、変化の支配する世界であります。世界霊魂そのものは時間の内に存しませんが、魂はさらに個別霊魂（ἑκάστη ψυχή）として感性界を下降していき、それぞれがそれぞれの肉体を纏うにいたります。このようにして、動植物やその他の自然的諸物が生み出されたのであります。しかし、既述のように、世界霊魂も個別霊魂もその純粋な姿においては同一の魂なのであって、それ自体としては永遠不変の英知界の住人であります。魂の区別はそれが下降している段階によるものでしかありません。世界、万物は同一の魂によって統括されているのであります。共感現象が可能とされるゆえんであります。

質　料

感性的世界における可変性、無常性、醜悪性、不浄性の根拠は質料（ὕλη）以外のものではありません。質料は、既述のように、流出の末端であり、光の完全な欠如、闇であります。それは質も量も有さない無規定な欠如態（στέρησις）、一切の形相の欠如、非存在（μὴ ὄν）であります。それゆえ質料こそがすべての悪と禍の根拠であり、それ自身「第一の自体的悪」（πρῶτον καὶ καθ' αὑτὸ κακόν）、すなわち根本悪であります。なぜなら悪（κακόν）とは、新プラトン哲学によれば、「存在の欠如」（privatio entis）に他ならないからであります。既述のように、一切の積極性の根拠は一者でした。それゆえそれが善と美と完全性の極致とされました。一切の積極性の欠如、消極性そのものである質料は、それゆえ、それが一者に基づく積極性の一切を欠くものであるがゆえに、悪と醜と不浄の極点とされねばならなかったのであります。しかし、それにもかかわらず、質料は必然的であります。光は結局は闇に終らざるをえないからであります。質料はある意味では闇として光の光源である一者に対峙する原理であるということができます。一者は質料を受容性として、その上に自らの光を投げかけるのであります。英知界にしろ、感性界にしろ、それらはいわば一者が質料の上に落とす一者の影に他なりません。

一者への帰還

人間存在における質料的側面は肉体（σῶμα）であります。それゆえわたしたちにおける悪と禍の源泉は肉体であり、魂は不浄なる肉体と交わることによってさまざまな情念や苦悩に呻吟せざるをえないものとなったのであります。しかしそれがためにも魂の本質までもが悪に染まってしまったわけではなく、魂はそれ自体としては英知界に出自を有するものとして、純粋さと善性を保ちつづけています。しかも魂は、既述のように、地上の肉体と交わりながらも、その純粋な姿においては英知界にとどまっているのであります。それはちょうど、太陽の光が地上に触れながらも、同時に太陽に触れているのと同じであります。それゆえ肉体という重い桎梏を引きずっているわたしたちの魂も常に故郷である英知界を想い、永遠と美の存在であるイデアへの憧憬に満たされています。この英知界への魂の憧憬がエロス（ἔρως）に他なりません。エロスは、肉体と交わり、地上的なものとなっている場合は、もっぱら肉体を求める娼婦的な愛欲ですが、しかしそれ自体は天上的であり、永遠不変の英知界に対する愛求であります。美しいもの（美しい少年や女性）に対する憧れは、実は美しいものを通しての永遠の美それ自体（美のイデア）に対する憧憬に他ならないのであります。

魂の故郷は英知界にあります。それゆえ魂を肉体の桎梏から解放して純粋な英知界に帰還させ、そしてそこからさらに知性（ヌース）へと高まり、そして遂には一者そのものと合体すること、これこそがわたしたち人間存在に課せられた畢生の課題であり、すべての哲学的努力の究極の目標でなければなりません。

魂の肉体からの解放は浄化（κάθαρσις）によってなされます。肉体的、感性的な欲望を断ち、清らかな禁欲的生活を実践し、そして同時にすべての想いを英知界に振り向けることによって、まず魂を肉体に基づく諸情念（τὰ πάθη）から浄化しなければなりません。徳（ἀρετή）とはまさにこういった浄化（カタルシス）にあります。なぜなら、プロティノスによれば、知恵（σοφία）とは肉体の想念から解放されて、英知的な思惟に徹することであり、勇気（ἀνδρεία）とは肉体から離れることを恐れず、自分の純粋性を保つことであり、節制（σωφροσύνη）とは肉体と同じ経験を持つことをしないことであり、正義（δικαιοσύνη）とは肉体の諸情念から反対をうけずにロゴスや知性が支配していることだからであります。このように、プラトンの説いた四基徳はすべて魂の肉体からの浄化という点にあります。こういった徳ないしは浄化によって魂は肉体の桎梏から解放されて、その故郷である英知界へと上昇することが可能となります。しかしそれがためには魂は思惟に徹しているのでなければなりません。なぜなら英知界とは「思惟的なもの」(τὰ νοητά)の世界だからであります。思惟に徹することによって魂は思惟的存在であるイデアと同族のものとなり、英知界の住人というその本来性を回復するのであります。

　魂はさらに思惟に徹し切ることによって、否、思惟そのものになることによって、知性(ヌース)となります。なぜなら知性(ヌース)とは思惟そのものに他ならないからであります。感性的形像を捨て、さらに英知的な形相をすら背後にして、純粋な思惟そのものになるとき、わたしたちは第二の神である知性(ヌース)と一体化し、知性(ヌース)そのものとなるのであります。

　しかし、既述のように、知性(ヌース)は未だ究極の原理ではありません。わたしたちはさらに上昇し、究極の原理である一者と合一しなければなりません。しかし一者との合一は思惟によっては果たされません。なぜなら思惟は思惟するものと思惟されるものの区別を前提とするがゆえに、思惟する限り、わたしたちは区別にとどまり、端的な一とはなっていないからであります。したがって一者そのものと合一するためにはすべてを捨てねばなりません。英知界に上昇するために感性的形像を捨てたように、また知性となるために英知的形相をすら背後としたように、今度は思惟そのものすら捨てねばなりません。英知的形相も思惟も脱して無相のものとなるとき、一者、神との合体が忽然として成就されるといいます。一者との合一においては、したがって、わたしたちはもはや何も見ないし、何も意識しません。自分自身をすら意識しません。それらはすべて区別を前提とするがゆえに、そういった状態にある限り、わたしたちは未だ一そのものになってはいないからであります。一者、神との合体においては、わたしたちは前後を忘却し、思考も言語も失って、恍惚(ἔκστασις)のもとに光に満たされるといいます。否、むしろ光そのものとなります。もちろんわたしたちは、このような合一の状態にあるとき、それを語る術を知りません。しかしその感動は、後になってそれを思い返したとき、もはや何ものともそれを取り換えるのはいやだと思うほどのものであるといいます。プロティノス自身、一者とのこういった神秘的合一の体験を有する人でした。ポルピュリオスの証言するところによれば、彼がプロティノスのもとにいた五年ほどの間にも、プロティノスは四度この合体を果たしたといいます。ポルピュリオスも生涯にただ一度これを体験したとのことであります。

生きながらの神との一体化（ἅπλωσις）を説くことによって、プロティノスの哲学は極めて神秘主義的色彩の強いものとなりました。それはまた絶対者との合体を希求する激しい実践を要請するものでもありました。プロティノスの哲学は単なる知的活動にとどまるものではなく、激しい業（エルゴン）を伴うものでもあったわけであります。プロティノス哲学は神秘主義哲学の最初の明確な体系的展開であり、その後の西洋神秘主義諸思想の源流になりました。

コラム：**新プラトン主義の諸派**

新プラトン主義はプロティノスの死後も生きつづけ、ギリシア末期の哲学の主流になりました。その展開は大きく分けて、次の三つの時期のそれぞれに区別することができます。

(一) アレクサンドリア派。プロティノスとその弟子のポルピュリオス（Porphyrios 後二三四年頃–三〇四年頃）、およびアメリオス（Amelios ポルピュリオスの学友）を代表者とする草創期の学派。この派においてプロティノス哲学の整理と著作編纂が行われました。

㈡シリア派。ポルピュリオスの弟子のイアンブリコス(Iamblichos 後三三〇年頃没)を代表者として、主にシリアを活動の中心とした派。この派においては新プラトン主義の神秘主義的傾向がさらに助長され、東方的魔術や占星術に大きなウエイトが置かれるようになりました。

世はすでにキリスト教の時代になっていたにもかかわらず、ギリシア・ローマ文化を復興し、ギリシア・ローマの神々を復権させようとして非業の死を遂げたあの孤高の人物、背教者ユリアヌス帝(Julianus 後三三一年－三六三年)もこの学統に属します。また『ディオニュシウス・アレオパギタ文書』を教会内に残置し、キリスト教内に新プラトン哲学の種を植えつけたシリアの一修道士（この人物は特定されていない）もまたこの派の学統につらなる人物であったかも知れません。

㈢アテナイ派。アカデメイアもその末期には新プラトン主義の支配するところとなり、新プラトン派の牙城となりました。アテナイにおける新プラトン派の哲学者の最大の人というべきはプロクロス(Proklos 後四一〇年－四八五年）であります。彼によって新プラトン哲学は再び学的な厳密性を期すものとなり、スコラ哲学の先駆的な研究がなされました。

アカデメイアが紀元五二九年に東ローマ帝国皇帝ユスティニアヌス一世（Justinianus I 後五二七年－五六五年在位)の命によって閉鎖されたとのことは前講でも述べました。ダマスキオス(Damaskios 紀元四六〇年頃－五八三年以降）など、アテナイにいた新プラトン派の学者たちはギリシアを去ってペルシアに移住したといわれます。アリストテレスの『自然学』の注釈書によってわたしたちに馴染み深いシンプリキオス（Simplikios 紀元五世紀後半から六世紀前半にかけて活躍）もそのひとりでした。しかしペルシアにおいても結局彼らは安住の地を見出すことができず、やがて失望して帰国したといわれています。その後彼らがどうなったかは不明です。

このようにして、アカデメイアの終焉と共に、およそ一一〇〇年の長きにわたって人間の精神史に幾多の刻印を刻みながら生きつづけてきたギリシア哲学は長い光芒を引きながら歴史の彼方にその姿を没していったのであります。

第28講 ギリシア哲学と魂（プシュケー）

ピュタゴラスによる魂転生説のギリシア世界への導入と、それによるソクラテス・プラトンの人格的な魂概念の形成。ソクラテス・プラトンの人格的な魂概念に対するアリストテレスの違和感。アリストテレスの魂（ψυχή）はアニマであって、基本的に初期ギリシア以来の自然学的生命概念であった。

本講においては、アリストテレスの『デ・アニマ』を基本テキストとして、ギリシアにおける魂概念の変遷ないし対立・葛藤について見ていきたいと思います。「魂」をめぐる対立・抗争こそギリシア哲学を二分する問題系を形成した論点ですが、その魂概念の背後で作動した原理（存在と主観性）の動向を見定めることを本講義の課題とします。

はじめに

今日では「魂」といえば個的・人格的な魂が考えられますが、そういった魂概念はソクラテス・プラトン哲学の結果であり、決してギリシア伝来の魂概念ではありませんでした。そしてそのソクラテス・プラトンの個的・人格的な魂概念はピュタゴラス哲学に由来しており、魂の転生説（σῶμα - σῆμα - theory）に基づきます。σῶμα - σῆμα - theory（身体即墓説）のギリシア世界への導入こそ、ギリシアの魂概念を一変させた一大事件だったのであります。魂の転生説はもともとはギリシア起源のものでなく、ヘラス固有のものではありませんでした。この説がいずこからギリシアに入ってきたかについては、諸説があって、一定しませんが、いずれのギリシアの伝承もピュタゴラス派のこの魂の転生説を外国起源としていることが注目されます。ある伝承はそれをディオニュソス崇拝ないしはオルフィック教と共に北方のトラキア地方からやってきたとし（プラトン『クラテュロス』400 B - C参照）、ある伝承、たとえばヘロドトスはエジプトからきたとしています（『歴史』II 123）。またシュロスのペレキュデスを経由してであるなら、フェニキアからです（『スーダ』「ペレキュデス」の項）。あるいは、ヨセフスを信じれば、ユダヤからであります（『アピオン論駁』I 163）。いずれにしても、この教説は、ポルピュリオスの表現を借りていえば、「異国からギリシアに導入された」のであります。

プラトン（『クラテュロス』400 B - C）

ソクラテス　君がいっているのは身体（σῶμα）のことかね。

ヘルモゲネス　そうです。

ソクラテス　それは色々にいうことができるようにぼくには思われる。まず、ほんの少し変えれば、それでよいのだ。というのも、ある人たちは身体（σῶμα）を魂の墓（σῆμα）であるというからである。つまりこの現世においては魂は［その中に］埋葬されているとしてである。さらにまた、魂は示そうとすることを身体でもって示す（σημαίνειν）ので、このことによってもまたそれは

「σῆμα（印）」と正当に呼ばれうる。とはいえ、ぼくに最もありそうに思えるのは、この名をつけたのはオルペウスの徒で、魂は犯した罪のために償いをしており、〔その間〕保存される（σῴζεσθαι）ために牢獄のような囲いとして身体を持っているということだ。そこで、それは、それがそう名づけられている通り、償いを完済しおえるまで魂の「σῶμα〔保存場所〕」なのであり、この場合には一文字たりとも変える必要はないということだ。

ヘロドトス（『歴史』II 123）

人間の魂は不死であり、身体が滅びると次々に生まれてくる他の動物の中に入っていき、陸に棲むもの、海に棲むもの、空飛ぶもののすべてを一巡すると、また再び生まれ出てくる人間の身体の中に入っていき、三〇〇〇年で魂は一巡するというこの説をはじめて唱えたのもエジプト人である。ギリシア人の中には、先の者もあれば、後の者もあるが、この説をあたかも自分のものでもあるかのように用いている者がいる。その者の名前をわたしは知っているが、ここには記さない。

『スーダ』（「ペレキュデス」の項）

ペレキュデスはバビュスの子でシュロスの人。彼はリュディアの王アリュアッテスの治世の頃に生きていた。したがって七賢人と同時代の人で、第45オリュンピア祭年〔前六〇〇－五九七年〕の頃に生まれたことになる。ピュタゴラスは彼に学んだのであるが、彼自身は師を持つことなく、フェニキア人の秘教の書物を得て、自らを鍛えたのだと伝えられている。また散文で書物を公にした最初の人であると記録している人もいる。もっとも他の人はこれをミレトスのカドモスに帰しているが。また彼は魂の輪廻転生の説を導入した最初の人とされている。さらにタレスの教説と張り合っていた。そして虱にたかられて死んだ。

逸名著作家の古注（ロドスのアポロニオスⅠ645への古注）

ペレキュデスのいうところでは、アイタリデスはヘルメスから、ある時には自分の魂がハデスにあり、またある時にはいくつかの場所にある力を贈り物として授かったという。

ヨセフス（『アピオン論駁』Ⅰ163）

さらに彼〔ピュタゴラス〕は次のように付言する。「ピュタゴラスのこのような言行はユダヤ人やトラキア人の思想を真似たもので、これを自分のものに変えたのである」と。実際のところ彼はユダヤ人のところにあった多くの掟を自分の哲学に変えたと伝えられている。

ポルピュリオス（『ピュタゴラス伝』19）

しかしほぼ次のようなことが一般に知られたものとなっている。第一に、魂は不死であると彼〔ピュタゴラス〕はいう。次に、それは他の種類の生き物に転生する。さらに、かつて生じたものは一定の周期で再び生じる。したがって何ものも絶対的に新しいということはない。したがって命あるものとして生まれたものはすべて同族と見なさねばならない。すなわちこれらの教説をはじめて〔異国から〕ギリシアに導入したのはピュタゴラスであったように思われるのである。

あえて「その名を記さない」というところに、魂の転生説、それと共にピュタゴラス主義に対するヘロドトスの嫌悪の深さが窺われますが、おそらくヘロドトスはエジプトの「力」（個体霊）の思想に接触していたのでありましょう。そういった異邦の思想をギリシアに導入し、しかもそれをあたかも自分の思想ででもあるかのように語るピュタゴラスにヘロドトスが反撥を感じたのは当然として、ヘロドトスのピュタゴラス主義に対する嫌悪の理由は単にそれだけではなかったとわたしは思います。やはりそこにはオリエント世界(シュペングラーのいう「マギ的世界」)の魂観、特にエジプトの魂観とギリシアの魂観の根本的な差異意識があったのであり、異民族の魂観で自民族の精神の、それこそ核心ともいうべき観念が汚されることに対する耐え難さがあったのではないでしょうか。エジプトの「カ」は自らの肉体に固執する個的・人格的な霊魂であります(ウォリス・バッジ『死者の書』一八九七年参照)。それは死と共に肉体から離脱して飛び去っていく「バー」とは異なり、いつまでも自らの肉体にまとわりつづけます。この「カ」のためにエジプト人たちは死者の肉体をミイラという形で保存したのであり、そのことがあのおびただしいミイラ現象を出現させました。(大英博物館の地下の安置室に置かれたおびただしい数のミイラを見ていただきたい。あれらのミイラはエジプト人のこの思想の執拗性を無言の内にわたしたちに訴えています。)それに対してギリシアの伝統的な魂観は魂を自然学的な生命原理とするものであって、そこに個体意識は含まれません。ないしは個体意識は極めて稀薄であります。ギリシアの魂は未だ自然学的な生命原理「アニマ」でしかなかったのに対し、エジプトの「カ」は明らかに自己に固執するエゴであり、主観性なのであります。こういった強い我執を伴った個体意識と共に主観性がギリシアに入ってきたことをヘロドトスは敏感に感じ取ったに違いなく、主観性(Subjektivität)がギリシアの伝統的な自然概念(ピュシス)を汚染することにヘロドトスは反撥せずにおれなかったのではないでしょうか。無垢な自然が自我意識の我執で汚されることほど耐え難いことはないのであります。ヘロドトスの嫌悪と反撥意識を単に異民族に対する違和感といったものに一般化してしまってはなりません。ここには文明の衝突とでもいうべきものを縮約した極めて根深い精神の対立構造が見られるのであって、この主観性（Subjektivität）と存在（φύσις）の差異意識・対立意識こそ、その後の二五〇〇年にわたる西洋形而上学に通底する対立意識でありつづけたものなのであります。その最初の対立と葛藤が魂概念に係わってここに鮮明に見られるのであります。いずれにせよ、ヘロドトスは魂の転生の説にギリシアの伝統的な魂観と根本的に衝突する何ものかを感じ取っていたのでありましょう。

そしてまたおそらくこの反撥の気持はひとりヘロドトスだけのものではありますまい。少なくとも魂の転生説、およびそれと共に人格的な魂概念を当時のギリシアの人々が父祖伝来のヘラス固有のものと感じなかったことだけは確かであります。前掲のように魂転生説を「外国産のもの」といいつづけねばならなかったところに、ギリシア人の差異意識、反撥意識の根の深さを見ることができます。このことはソクラテスの時代にいたってもなおそうであって、「魂の世話」を説くソクラテスを人々は幽霊の世話を説くものとして嘲笑したといわれます（J. Burnet, The Socratic Doctrine of the Soul. p. 126 ; Platonism, p. 24)。しかしこのことを誤解してはなりません。バーネットがそう思いたがっているようにソクラテスを誤解して嘲笑したのではありません。ソクラテス哲学をよく理解した上で笑ったのでありま す。要するに軽蔑したのであります。

ソクラテス・プラトンの個的・人格的な魂概念に対するアリストテレスの違和感

魂を人格的なものとして説いた点にこそソクラテス哲学の最大の功績があるというのが後世の評価ですが、わたしたちを当惑させるのは、この点をギリシアの哲学者アリストテレスがまったく評価していないことであります。彼はそういった魂概念を、一顧だに値しないといわんばかりに完全に無視し去っているのであります。反論すらしません。そして彼が「魂」（ψυχή）というとき、それは何よりも自然学的な生命原理、アニマであり、初期ギリシア哲学以来の自然学的原理でしかないのであります（アリストテレス『デ・アニマ』第二巻参照）。初期ギリシア以来の魂概念をアリストテレスは当然のこととして受け取り、それを何の疑問も抱かず継承し、語っているのであります。ソクラテスとプラトンの哲学が彼の前に厳然としてあったにもかかわらずにであります。何のコメントも付さずにソクラテス、プラトンの魂概念を無視するところに、アリストテレスの信念の深さとギリシアにおける魂概念の伝統の根強さを見る想いがいたします。魂の概念に関してもアリストテレスは、ソクラテス・プラトン哲学を跳び越して、前ソクラテス期の自然哲学に繋がるのであります。その結果、アリストテレスにとって「魂の不死」は何ら特別な哲学的問題とはなりませんでした。ただわずかに知性の非受動的部分、アレクサンドロスのいう「能動的知性」（νοῦς ποιητικός）においてその可能性を示唆しているに過ぎません（アレクサンドロス『アリストテレス「デ・アニマ」注解』88, 24 参照）。しかしこの場合でも個的な魂の不死性が問題とされたわけではまったくありません。このことは個的・人格的な魂概念がそこにない以上、当然のことといわねばなりません。人格的な魂概念の導入は、ソクラテスにおいて顕著であるように、哲学の様相を一変させましたが、アリストテレスがそれにまったく影響されなかったということこそ注目すべき点なのであります。新参の魂概念によっても微動だにしないギリシア古来の伝統がそこにあったことをこのことは物語っています。アリストテレスの魂に関する信念はギリシア自然概念の伝統に根づく信念だったのであり、だからこそそれは微動もしなかったのであります。

　ちなみに、アリストテレスの「魂」（プシュケー）が個的なものでなかった点については、アヴェロエスの知性単一説を思い出していただきたいと思います。アヴェロエスによれば魂は世界にただひとつであり、そのさまざまな現れが世界の森羅万象であります。この魂観をアヴェロエスはアリストテレスの『デ・アニマ』の注解から引き出しているのであり、これが「アリストテレスの魂」の唯一正しい解釈であると考えているのであります（アヴェロエス『アリストテレス「デ・アニマ」大注解』参照）。その魂論がこのようにも解釈されうるアリストテレスを受容しなければならなかったトマスの苦労が偲ばれます。個的・人格的な魂概念を前提せずしてはキリスト教信仰はなり立ちませんから。第一キリスト教のドル箱的教説である最後の審判の教義がなり立ちません。ちなみにトマスがアリストテレス哲学を受容するときに障害となった最大ポイントは、この魂観と世界の永世の問題でした。

魂（アニマ）、アートマンに飲み込まれる。

魂の転生説の導入と共にギリシアにおいて何が起こったのか、よく考えてみなければなりません。魂の転生説のギリシア世界への導入と共に、魂は個的となり、人格的な魂概念が形成されたのであります。転生する以上、魂は個体でなければならないからであります。あるいは魂が個的なものとなっていなければ、魂の転生は説かれえません。また説く意味もない。そしてこのことによって魂（プシュケー）がエゴ（アートマン）となったのであります。魂がエゴ（アートマン）と合体するところにのみ魂の輪廻説は成立しうるのであって、魂輪廻説の実質意味するところは魂（アニマ）とエゴ（アートマン）の合体なのであります。あるいはこれを自我個体（エゴ）に魂（アニマ）が吸収されてしまったと表現することもできるでありましょう。本来自我個体（アートマン）もその上にあってはじめて生存することが許される基礎存在であるはずのアニマ（生命）がアートマンに飲み込まれてしまったのであります。驚愕すべきことといわねばなりません。このことは今日アートマンが世界を飲み込んでしまっているのと同様の現象ということができるでありましょう。エゴ（アートマン）が世界を飲み込むとは、奇怪かつ恐るべきことです。エゴ（主観性）が怪物的原理であることをわたしたちは肝に銘じねばなりません。

しかしこれはギリシアの伝統においてはまったく未知の思想でした。ギリシア自然哲学の伝統においては、魂は生命の原理ではあっても、アートマンではまったくなかったからであります。ホメロスによれば魂は風のようなものであるし、アナクシメネス、アナクサゴラス、アルケラオス、ディオゲネス（アポロニアの）によれば空気、ヘラクレイトスによれば蒸気、デモクリトスによれば火、ヒッポンによれば水、クリティアスによれば血液であります（アリストテレス『デ・アニマ』第一巻、第二章参照）。要するに当時のギリシア人の大多数にとって魂は未だ個体でなかったのであります。ましてや人格ではありません。個的、人格的な魂概念は元来ギリシア人の魂観にとってまったく未知のものだったのであります。

人格的な魂概念の形成ないし導入はまさにギリシアにおける魂概念の革命的な変革であって、ピュタゴラスが当時のギリシア人にいかに驚きであり、ソクラテスがまさにダイモニオンであったのも、実にうべなるかなであります。この立場においては「魂の不死」は何よりも重要な哲学的問題となって立ち上がってこずにいません。それはわたしたちの知性の全力を傾けて証明されねばならない課題として立ち現れてくるのであって、事実ソクラテスやプラトンはこの問題を躍起になって議論しています（プラトン『パイドン』、その他参照）。ソクラテスの哲学的活動はすべて、魂の個体性を当然のこととし、その不死性を証明した上で、その魂を輪廻転生の輪から解放するためのものでしかありませんでした。ソクラテスにとって哲学は「死の準備」以外の何ものでもないのであります。ところがアリストテレスは涼しい顔です。彼は別の境地に立って哲学しているのであります。人格や個人、要するに「私」（エゴ）を越えた、そしてそれらを包み込んだ父祖伝来のピュシス（自然）の境位に立って思索したというか、潜在層からの存在の呼び声を彼のタームに包んで発声したのであります。そのようなアリストテレスにとって「わたしの魂の不死」など何ら課題とならなかったことは当然であって、自然（ピュシス）の境内に生きる者は時いたれば黙って死ぬのであります。

魂をめぐる巨人闘争

要するにピュタゴラスによる魂輪廻説の導入によってアートマン（我）がギリシアに入ってきたということであります。アートマンは今や世界を支配する巨大かつ強力な原理であり（このアートマンの世界浸透がグローバリゼイションの意味であり、今日世界はほぼ完全にアートマンに飲み込まれてしまいました）、これにギリシア人が衝撃を受けたのは当然であります。アートマンがどこで生まれたのかよく分かりませんが、わたしたちがはじめてそれに出会うのはインダス川流域においてであります。それまでギリシアはアートマンに侵されていませんでした。この時はじめてギリシアはその侵入を受けたのであります。いずれにせよアートマンはギリシア起源の概念ではまったくなかったのであり、この新参の概念にギリシア人は驚愕したということであります。したがってギリシアに出現した存在と主観性の戦いの構図をわたしたちは「ブラフマンとアートマンの戦い」と言い換えることもできるでありましょう。この抗争をプラトンは「存在をめぐる巨人闘争」（γιγαντομαχία περὶ τῆς οὐσίας）と呼んでいますが（『ソピステス』246 A）、「魂」（ψυχή）をめぐってもまた同じ巨人闘争、γιγαντομαχία περὶ τῆς ψυχῆς がここに見られることをわたしたちは指摘しなければなりません。世界をブラフマンとアートマンという二大原理の戦いの現場と見た古代インド人の知恵には深いものがあります。これこそ世界の真実を見据えた知恵であり、仏教のみの真理ではありません。彼らはブラフマンとアートマンの合体（梵我一如）を理想としましたが、しかし彼らはブラフマン（梵）にアートマン（我）を帰一させようとしたのであって、アートマン（我）にブラフマン（梵）をしたがわせるなど、彼らの思いもよらないことであります。近代はまさにこのこと、アートマン（我）にブラフマン（梵）をしたがわせようとしているのであって、とんでもないことであります。存在（ブラフマン）を自らの配下に置くなどという思い上がった暴挙が長くつづくわけがなく、世界や人間がおかしくなるのは当然であります。いかに巨大な金融政策や先端技術でもってこれを維持しようとしても、このような世界が長くつづくわけがありません。事実主観性のこの越権に対するガイアからの反撃はすでに始まっているのかも知れません（昨今顕著になってきた地球環境の激的な変動に想いを致していただきたい）。金融と技術は、ハイデガーにいわせれば、ユダヤ的概念です。言い換えれば、主観性原理に起源する概念であり、存在（ブラフマン）がそのような主観性の陰謀をいつまでも許すわけがありません。国際金融と先端技術に今日世界は、そこにグローバル・パワーを感知するのでしょうか、憑依されていますが（金融とITは現代の宗教です）、そこに巨大な問題性が覆蔵されていることに盲目であってはなりません。その問題性を摘発し、告発しつづけた哲学者こそM・ハイデガーでした。世界は今日「ハイデガー対世界」（Heideggeus contra Mundum）の様相をますます強めています。

ＥＵは人種・民族の差異性を越えて単一の原理でヨーロッパ世界を再編・統一しようとする試みですが、そのような企てが成功するとはとうてい思えません。ＥＵやユーロの崩壊は必然的であります。最近鉄壁に思われていたＥＵ内部に崩壊の兆しがさまざま見られるようになりました。人種・民族の差異性がそう簡単に越えられるとはとうてい考えられません。ましてやそれを消し去るなどということは原則不可能であり（存在は明らかに差異性を欲します）、難民問題はそのことをわたしたちに痛感させました。

ソクラテスの死はわれわれを驚かす。

ソクラテスの死はわたしたちを驚かします。あの世にいけばホメロスやヘシオドスと対話ができるといって、彼は希望に燃えて毒杯を仰いでいます（プラトン『ソクラテスの弁明』41Ａ-Ｂ、また『パイドン』参照）。いわば彼は欣喜雀躍として死に赴いたわけですが、彼のこの態度におそらく嘘はありません。しかしそれを彼が死の直前に行った魂の不死に関する論証の結果であると考えるなら、それは幾分正確でないでありましょう。哲学的な論証によって彼はあのような確信を得たというのは、そう思わせることがプラトンの望みであったにせよ、ソクラテスを寓話化するものです。もともと魂はソクラテスにとって不死だったのであります。というのも、それはエゴだったからであります。エゴは死にません。なぜならエゴは自然的概念でないからです。死ぬことができるということは根源存在であるピュシス（自然）に出自を有する存在であることの証であって、自然存在の特権です。エゴはそのような特権に与れる概念ではないのであって、それというのも、エゴは主観性であり、自然存在に真っ向から対立する原理だからであります。ところがソクラテスの場合のように、魂がすでにエゴと同一視されてしまっている場合には、魂も不死とならざるをえません。ところがこのことが実は問題なのであります。問題は、永遠不変なイデアといったものがあるかどうかということでもなければ、それを魂は想起するかどうかということでもなく、魂をエゴ（自我）と同一視しうるかどうかということなのであります。ソクラテスはすでに、ピュタゴラス派の系譜上にある者として、それを同一視してしまっているのですから、したがって魂を非自然的存在と化してしまっているのですから、彼にとって魂が不死であることは決定済みの案件であったわけであります。イデア論や想起説によってソクラテスはあのような結論にいたったとするのがプラトンの仕立てた大立て芝居ですが、あの芝居は面白くはあるが、よろしくない。それは正確でないのであります。学的論証はあれほどの確信を生み出すことはできません。ソクラテスが絶対確信の哲学者であったことは事実ですが、それはプラトンのいうような意味からではないのであって、エゴの哲学者だったからであります。エゴ（主観性）こそがソクラテス的確信の源泉なのでありますす。ソクラテスの取り扱いに関してもまた『哲学史』は結局プラトンの戯曲に翻弄されてきたといわねばならないのではないでしょうか。

ギリシアに死はなかった。ジャンケレヴィッチ、西田の不信感。ハイデガーも死を語ってはいない。

意外に思われるかも知れませんが、ギリシアに「死」はありませんでした。確かにプラトンは『ソクラテスの弁明』、『クリトン』、『パイドン』などといった初期のソクラテス対話篇において「ソクラテスの死」を語っています。『ソクラテスの弁明』はソクラテスに対する死刑判決、『クリトン』は投獄、『パイドン』はソクラテスの処刑というように、これらの対話篇はソクラテスの一連の「死への道行き」を語った対話篇であります。ところがこの「死への道行き」がソクラテスの場合にはいつのまにか「生への道行き」になっているという点がソクラテス・プラトン哲学の独特な点であります。ソクラテスの哲学は不思議な哲学で、絶望に極まるはずの「死への道行き」が、いつのまにか「生への道行き」、それも「よりよい生への道行き」、「希望の道行き」になっているのであります。ソクラテス・プラトン哲学によれば本来の生、真の生はむしろ死後にこそ始まるのだからであります。アテナイ法廷で死刑が宣告されたとき、ソクラテスはアテナイ市民に向かって「今皆さんはわたしに死刑を宣告されました。ここからはわたしたちの道は異なることになります。皆さんは生への道へ、わたしは死への道へ。どちらがよいか、それは神のみぞ知りたもう」という言を投げてアレオパゴスの丘（アテナイ法廷）を後にしています（プラトン『ソクラテスの弁明』参照）。いうまでもありませんが、こういったソクラテス・プラトンの死生観はピュタゴラス哲学からソクラテス、プラトンが受け継いだ前掲の魂転生説に由来しています。

先にも述べたように、魂の転生の説はもともとはギリシアのものでなく、外国からギリシアに入ってきた思想ですが、この σῶμα - σῆμα - theory（身体即墓説）がピュタゴラス派を経由して前五世紀の後半にアテナイに到着し、ソクラテス・プラトン哲学に受け取られたのであります。ちなみにイタリアにおけるピュタゴラス派そのものは徹底的な弾圧によってイタリアから駆逐され、消滅しました。その消滅したはずの思想がギリシアの中央部、アテナイで蘇り、こともあろうに存在を封じ込める壮麗な形而上学として立ち上がったのであります（ハイデガーのいう「主観性の形而上学」の立ち上がり）。驚くべきことといわねばなりません。σῶμα - σῆμα - theory がいずこからギリシアに入ってきたかについては、前述のように、諸説があり、一定しませんが、いずれにせよこの σῶμα - σῆμα - theory がソクラテス・プラトン哲学に受け取られ、そのベースになったのであります。イデア想起説や魂不死説など、プラトン哲学の主要学説を支えている思想がこの魂転生説なのであります。プラトンの哲学には「あの世」があったと梅原猛氏がいつもいわれるゆえんでありましょう。

　ところで、この σῶμα - σῆμα - theory によれば、死は消滅ではなく、別の生への転換でしかありません。むしろよりよい生、より幸福な生への転換なのであります。死は忌むべきことではなく、むしろ望むべきことになります。哲学を「死の準備」としたソクラテスの哲学観はこの「より幸福な生」への準備として哲学を語ったもので、そこに悲壮感はありません。悲しみもありません。プラトンはソクラテス処刑の日の情景を『パイドン』において鮮明に描いていますが、そこにはこれから自分が処刑されるという事実などどこ吹く風で魂の不死について一座の人々と夢中に議論するソクラテスの無邪気な姿が見られます。見たくてもそこに悲壮感を見ることはできません。むしろそこには異様な明るさがあり、ソクラテスはあの世に行けばホメロスやヘシオドスと対話ができるといって希望に燃えて毒杯を仰いでいます。彼は欣喜雀躍として死に赴いたのであります。

　しかしこれが本当の死を語った哲学といえるでしょうか。死を多面的に論じたジャンケレヴィッチですら、プラトンは、ただ一箇所を除いて、死の真実は何も述べていないとの感想を漏らしています。その一箇所というのは、死の瞬間にソクラテスは「痙攣した」（ἐκινήθη）といわれているあの箇所（『パイドン』118 A）であります。その一箇所だけ、サティの「ソクラテス」の中にハ長調と嬰ハ長調の不協和が出現しているように、異音が出現した。しかしその異音こそ、プラトンの『パイドン』の中で唯一死の真実が閃き出た瞬間であったというのが、ジャンケレヴィッチのいいたいところなのでありましょう（V・ジャンケレヴィッチ『死』みすず書房、二七九頁参照）。

またここにギリシア哲学に対する西田（幾多郎）の不信感があります。西田はこのようなギリシアの魂転生説は死を対象論理的に見たもので、真の死を語ったものではないと批判しています（『場所的論理と宗教的世界観』参照）。ここには死の自覚というものがない。そして死の自覚がないということは、そもそもそこに個の自覚がなかったからであると西田はいいます。ギリシア哲学には真の個の自覚というものがなかったというのが西田の診断するところであります。「プラトンの哲学には個というものがない。アリストテレスの個も意志的ではない」と西田は語っています（前掲書）。個の自覚のないところに死の自覚もありえません。人生の悲哀もまた語りようがありません。そこにギリシア哲学をして死を別の生としてしか語らせなかった本源的理由があると西田は見ていたのでありましょう。要するにソクラテス・プラトン哲学には、個はあったかも知れないが、個の自覚がなかったということであります。初期ギリシアの哲学にはその個もありませんでした。近代には個しかありません。

ちなみに、ハイデガーも死そのものについては何も語っておりません。『存在と時間』では死が論じられているということで『存在と時間』に跳びついた人もおられたようですが（その典型は梅原猛）、そこでは現存在が「死への存在」（Sein zum Tode）であることは語られているにしても、だからといってそのことによって死そのものが論じられたことにはなりません。これはエディット・シュタインがいっていることですが、『存在と時間』の哲学が現象学である以上、死はどこまでも追い越しえない可能性にとどまります。あくまでも意識の事実性（Faktizität）（ハイデガーの表現では「現の事実性」）に立脚する現象学にとっては、死は追い越せない不可能なテーマなのであります。しかし死といえども追い越されてはじめて論じられたことになるのであって、そのような死を論じうる哲学は「久遠の哲学」（philosophia perennis）以外にないというのが、フッサールのもとから去ってカルメル会の修道女になっていたシュタインの確信でした。「久遠の哲学」（philosophia perennis）とは、それは終生ハイデガーが避けつづけたトマスの哲学でありましょう（中山善樹編訳『エディット・シュタイン「現象学からスコラ学へ」』九州大学出版会、一九八六年参照）。

プラトン哲学も死を論じていない。

プラトン哲学の議論もまた一般に魂（プシュケー）をロゴス（理性）のレヴェルで捉えるところになるものであって（プラトン哲学はソクラテスのディアロゴスの哲学の延長線上にあります）、そうであるなら、論証を行なうまでもなく、魂は不死であります。ロゴス（理性）は死なないからであります。すなわち、ロゴス（理性）もまた自然的概念でないがゆえに、不死なのであります。したがって魂（プシュケー）をロゴス（理性）と同レヴェルの存在とみなした場合にのみ、プラトン哲学のいうことにも一理あるでありましょうが、しかしそれは彼が行っている論証以前のことなのであります。自然存在か、その他の原理に基づく存在であるかの違いは、それが死ぬことができるかどうかという点にあるのですが（先にも述べたように、死は自然存在の特権なのであります）、ロゴス（理性）は死ぬことができません。したがって死をロゴスの哲学で論じるということは、言い換えれば、ロゴスのレヴェルで死を取り上げるということは、死を、それが本来そこに属していない次元で扱うということであり、当然のことながら、そういった議論は本質を逸した本末転倒の議論にならざるをえないのであります。プラトンの弁証法のごときロゴスの哲学では死を論じることはできません。論じたと思っているだけです。

ロゴス（理性）ないしヌース（知性）は外から入ってきた。

ちなみに、ロゴス（理性）とピュシス（自然性）の差異性はギリシア人が格闘した問題のひとつでもありました。アリストテレスはロゴス（理性）ないしヌース（知性）はもとから人間に具わっていたものではなく、外から入ってきたとしています。

> **アリストテレス**（『動物発生論』II 3. 736 b 27）
>
> そうすると残るところは、ヌース（知性）のみは外から入ってくる、そしてそれだけが神的であるということである。というのも、身体の活動はヌース（知性）の活動と共通するところ何もないからである。

『動物発生論』第二巻、第三章のこの箇所から、ヌース（知性）ないしロゴス（理性）と身体性（自然性）の差異意識がアリストテレスにおいていかに大きかったかが窺われます。「身体の活動はヌース（知性）の活動と共通するところ何もないからである」というこのアリストテレスの認識の断定性を曖昧にしてはなりません。潜在層からの自然概念（ピュシス）の呼びかけに忠実であったアリストテレスにとって、ヌース（知性）ないしロゴス（理性）と身体性（自然性）の差異性は調停不能な差異性であり、それらを融和させることは彼にはどうしてもできませんでした。その結果、アリストテレスにとって唯一残る解決策は「ヌース（知性）は外から入ってきた」ということでしかなかったのであります。ヌース（知性）は、アリストテレスにとっては、わたしたちの身体内にあってもなお「神的なもの」（θεῖον）なのであります。言い換えれば、いかんとしてもピュシス（自然性）に解消しえない原理なのであります。

「ヌース（知性）は外から入ってきた」というこの思想は、しかし、アリストテレス哲学にのみ特有の思想ではなく、この同じ思想をわたしたちはピュタゴラスにもヘラクレイトスにもアナクサゴラスにもデモクリトスにも見出すことができます。アリストテレスのいうところによれば、古くはオルペウスにも見られたようであります。むしろこの「ヌース（知性）は外から入ってきた」というテーゼは、言い換えれば、ヌース（知性）ないしロゴス（理性）は本来は外にある原理であったというテーゼは、初期ギリシアの自然哲学の世界においては一般的なテーゼであり、ギリシア自然哲学者たちの共通認識であったといって過言でないのではないでしょうか。ピュシス（自然性）とロゴス（理性）ないしヌース（知性）の差異性は彼らにはまだ鮮明に感じ取られていたのであります。否、むしろ、それらは容易には調和の図れない原理として葛藤を秘めて意識されていたのであります。

セクストス・エンペイリコス（『諸学者論駁』VII 127-129）

そしてロゴス（理性）が真理の審判者であると彼〔ヘラクレイトス〕は主張するが、しかしどのようなロゴス（理性）であってもそうだというのではなく、共通の神的なロゴス（理性）がそうなのである。なぜならわたしたちの〔の世界〕を取り巻くものは理性的で知的であるというのがこの哲学者〔ヘラクレイトス〕のお気に入りの言だからである。…ところでヘラクレイトスによれば、この神的なロゴス（理性）を吸い込むことによってわれわれは知的となるのである。そして睡眠中は忘却しているが、目覚めるとまた再び意識あるものとなる。

アエティオス（『学説誌』IV 5, 11）

ピュタゴラス、アナクサゴラスは、ヌース（知性）は外から引き入れられたとする。

ヘルミッポス（『天文学について』II 1, 13）［ヨハネス・カトラレスによる］

［デモクリトスによれば］何かあるより神的なものがその中［人間の身体の中］に流入してきて、それがために人間はヌース（知性）とロゴス（理性）と思考に与り、諸存在を探究することができるようになったのである。

アリストテレス（『デ・アニマ』A 5. 410 b 22）

いわゆるオルペウスの詩の言説もこの反論を免れないのであって、それというのも、その言説によれば、魂は生物が呼吸するときに風に運ばれて宇宙からその中に入ってくるからである。

ヌース（知性）ないしロゴス（理性）は外から入ってきたというテーゼが初期ギリシアの自然哲学の世界においてほぼ共通認識になっていたことは以上の証言からしても推測されますが、さらに立ち入ってギリシアの自然哲学を見るとき、このテーゼがさまざまな姿を取ってわたしたちの前に立ち現れているのに気づかされます。ロゴス（理性）ないしヌース（知性）の発見ないし到来はやはりギリシアの哲学者たちにとっても大きな驚きだったのであり、その衝撃の残響ないし余波がギリシア思想史の中でさまざまな姿を取って現れているということでありましょう。そのことを物語る諸思想からその到来時の衝撃力が窺われます。

ヘラクレイトスによれば、ロゴス（理性）は本来は世界の周辺を取り巻く原理ですが、この周辺を取り巻く「共通の神的なロゴス（理性）」（ὁ κοινὸς λόγος καὶ θεῖος）を呼吸と共に吸い込むことによってはじめてわたしたちは知的となるのでした。しかし「われわれの中のヌース（知性）」（ὁ ἐν ἡμῖν νοῦς）は「周辺を取り巻くロゴス（理性）」との交流を不断に保持していなければならず、それから切り離されるなら枯渇してしまう。ヌース（知性）はしたがって常にその故郷たる周辺部のロゴス（理性）に憧れており、それを「窓から覗くように感覚の通路から覗き見て」います。そしてそれとの交流を回復するなら、炭が火に近づいて灼熱するごとく、また再び輝きを取り戻すといいます。

この認識はロゴスの哲学者ヘラクレイトスの哲学思想の基幹部分をなす認識であり、たとえば法（ノモス）をわたしたちは城壁を守るように守らねばならないと主張する彼の立場を支える基礎理論ともなっています。法（ノモス）は、ヘラクレイトスによれば、「共通の神的なロゴス（理性）」（ὁ κοινὸς λόγος καὶ θεῖος）のポリスにおける現れに他ならないのであって、「人間の法はすべて神の一なる法によって養われている」（ストバイオス『精華集』III 1. 179）というのが彼の信念でした。法（ノモス）は、ヘラクレイトスによれば、われわれ人間のこしらえものなのではないのであります。ましてや「契約」などによるものでは断じてありません。法も、わたしたちの中の思想も、それが命あるものでありつづけるためには、主観性を越えた存在の真理ともいうべき「共通の神的なロゴス（理性）」によって養われつづけねばならないという深い洞察がこの命題には表現されています。のみならず、まさに彼の主観性攻撃を支える理論がこの「共通の神的なロゴス（理性）」という彼の基本認識なのであります。

以上のヘラクレイトスの法（ノモス）概念を見るとき、今日の世界には人間しかいなくなったのかなあという感想を持たざるをえません。「古き神々は逃げ去り、新しい神は未だいず」という乏しい時代状況が、ヘルダーリンのいう通り、今日の世界情勢であるとの印象を強めざるをえません。その結果、法もまた人間の手になるものでしかなくなりした。言い換えれば、人間相互の取り決めによるものでしかなくなりました。ところで人間しかいなくなった世界では死刑は単なる殺人でしかありません。あのような社会契約的な報復理論によって人間が人間を殺すことが正当化されたと考えるのは存在の真理に眼を閉ざしたごまかしの論理でしかありません。命は制度のとうてい及ばない根源的概念だからであります。どのような社会制度が命を生み出すことができたでしょうか。法も含めて、社会制度論は命にとうてい届きません。今日の死刑執行は、その犯罪性と必要性は認識されながらも、どこか正当視しえない感覚を残しますが、それは法概念が人間の手によるものでしかなくなってしまっていることの結果でありましょう。法に基づくといっても、人間の人間による報復殺人であることに変わりないからであります。ヨーロッパの多くの国で死刑制度が廃止されるようになったゆえんも、おそらくここにあります。それは一部の人たちが強調するような人権思想によるというよりは、そこにはもっと深い事実感覚があるのであって、「法」といっても今日のそれは命にとうてい及ばない程度のものになり下がってしまっているという感覚が死刑を制度として維持することを事実上不可能にしてしまったというのが真実のところではないでしょうか。

以上のことはロゴス（理性）ないしヌース（知性）がギリシア哲学の全史において、特に初期ギリシアの自然哲学において、基本的にピュシス（自然性）と調和しない原理として強く意識されていたことを物語っています。しかもそれはピュシス（自然性）と調和しないだけでなく、むしろ多くの場合にピュシス（自然）に対立する原理として意識されていたのであります。特にアリストテレスにおいてそうでした。

アナクサゴラスの腰砕け

ところで、このピュシス（自然性）との異質性をその基本性格とするヌース（知性）をその自然哲学に説明原理として導入することを最初に思いついた哲学者はアナクサゴラスですが、結局アナクサゴラスはこの原理を使い切ることができませんでした。着想としてはよかったかも知れないが、それを使い切ることができなかったことによってアナクサゴラスは、結果として、ピュシス（自然性）とのその差異性が彼にとってなおいかに根本的であり、かつ克服し難いものであったかを露呈させています。

アリストテレス（『形而上学』A 3. 984 b 15）

そこである人が、ちょうど動物の内にあるように、自然の中にもヌース（知性）があり、それが世界とそのすべての配列の原因であるといったとき、それ以前のよい加減に語っていた人たちに比べて、この人のみが目覚めた人であるように見えたのであった。ところで、明らかにアナクサゴラスがそういった説を説いていたことをわれわれは知っているが、彼以前ではクラゾメナイのヘルモティモスがそういったことを語っていたとすべき理由がある。

アリストテレス（『形而上学』A 4. 985 a 18）

なぜならアナクサゴラスにしてもヌース（知性）を宇宙創造のために機械仕掛けの神として用いるだけで、どのような原因によって必然的にそうあるかということでアポリアに陥ったときなどにはそれを持ち出してくるが、その他の場合には生成するものの原因をむしろすべて知性（ヌース）以外のものに帰しているからである。

シンプリキオス（『アリストテレス「自然学」注解』327, 26）

アナクサゴラスもまた、エウデモスもいうように、ヌース（知性）には目もくれずに、多くのものを偶発的に出現させている。

アナクサゴラスのこの不徹底はソクラテスを失望させ（『パイドン』97B参照）、前掲のようにアリストテレスの嘲笑をかうことになりましたが、しかしアナクサゴラスは、イオニアの自然哲学の伝統に出自を有する哲学者として、ある意味で正直だったのであります。自然の説明原理として使い切るにはヌース〔知性〕ないしロゴス〔理性〕は余りにも異質的で対立的な原理だったのであります。少なくともアナクサゴラスはヌース〔知性〕をピュシス〔自然性〕から分け隔てている裂け目、両者の間に開いた深淵を飛び越すことができませんでした。それら両者の異質性に目を閉ざすことができませんでした。その結果アナクサゴラスは彼の自然哲学において、最初の一点を除いて〔世界に最初の運動を与えるというただその一点を除いて〕、ヌース〔知性〕に出動を求めることができなかったのであります。

ピュシス〔自然〕とロゴス〔理性〕を隔てるこの裂け目をストアのゼノンは軽々と飛び越した。

ところがストアのゼノンはこの裂け目、両者を隔てる深淵を軽々と飛び越しています。ピュシス〔自然〕とロゴス〔理性〕を完全に一体化するところにストア哲学のポイントがあります。「自然に一致して生きる」ことがストア哲学の要諦ですが、その自然〔ピュシス〕は、ストア哲学によれば、同時にロゴス〔理性〕なのであります。

ディオゲネス・ラエルティオス（『ギリシア哲学者列伝』VII 86）

しかしさらに完全な〔自然の〕導きによって理性的存在者にロゴス〔理性〕が与えられる段階になるとロゴス〔理性〕に一致して正しく生きることが自然（ピュシス）にしたがって生きることになる。∴それゆえゼノンが『人間の本性について』においてはじめて〔人生の〕目的を「自然に一致して生きること」といったが、これは徳〔すなわち理性〕にしたがって生きることに他ならない。

ストバイオス（『倫理学抜粋集』II 75. 11 W）

〔人生の〕目的をゼノンは「〔自然に〕一致して生きること」と定義した。だがこれは調和の取れたロゴス（理性）にしたがって生きるということに他ならない。

クレメンス（『教育者』I 13）

徳とは・・・ロゴス（理性）にしたがい、人生の全般に関して調和を保持している魂の状態に他ならない。

ピュシス（自然）とロゴス（理性）を合体させることによってストアの倫理学はカントの実践理性の倫理学とほとんど変わらないものになってしまいました。「自然にしたがって生きよ」というのは、ストアにおいては「実践理性にしたがって生きよ」というのとほとんど同義なのであります。言い換えれば、「定言命法にしたがって生きよ」というテーゼと何ら異ならないのであります。どうしてこのようなことが可能となったのでしょう。初期ギリシアの自然哲学者たちはもちろんのこと、アリストテレスにおいてもなおあれほど異質的な原理として意識されていたピュシス（自然）とロゴス（理性）を合体させるというようなことがそもそもどうして可能となったのでしょうか。それは要するにストアのゼノンがギリシア人でなかったからでありましょう。彼はもとはフェニキアの商人であって、したがってセム系の人物であります。すなわち彼は言語的に印欧言語の伝統を共有していなかったのであります。印欧言語が彼の血肉にはなっておりませんでした。したがって自然概念（ピュシス）の呪縛にも囚われていませんでした。基本的にアーリア系の人種で構成されたギリシア人を太古以来執拗に規定してきた語根 φυ- の呪縛に拘束されてはいなかったのであります。ゼノンにおいては「自然」はすでに対象概念になってしまっています。対象概念が意識を呪縛することはありません。そのことがまったく異質的なあれら両概念をいとも容易に結合させせえたゆえんのものであって、印欧言語の伝統が前意識的に血肉化した古来のギリシア人の本能にとってはそういった同一化は無茶な暴挙としか映らなかったでありましょう。否、そういったことはそもそも不可能事であったでありましょう。しかし生粋のギリシア人と思われるクレアンテスもクリュシッポスもゼノンの哲学を受け入れています。

そういった哲学がギリシアにおいて説かれえたということ、またそれがギリシア世界に受け入れられたということ、これこそ驚くべき事実であって、この驚くべき事実はヘレニズムの時代にはすでにもう相当ギリシア的本能は稀薄化していたという事実を物語るものであるといわねばならないのではないでしょうか。否、むしろこのことは、そのような消極的なことというよりは、ヘレニズムの時代にいたってギリシアの自然概念（ピュシス）が伝統的な構造概念の位置からそれと対極にある対象概念の位置に移行したことを最も雄弁に物語るものであるというべきではないでしょうか。この移行を可能ならしめたもの、というより、必然たらしめたもの、それはすべてを対象として前に立てる主観性でしかないとするなら、ヘレニズムの時代にはもうすでに決定的に主観性原理（Subjektivität）がギリシア世界を蔽い尽くしていたという事実をこのことは示すものであるといって過言でないでありましょう。主観性（Subjektivität）は一切を対象として前に立てることによってなにもかも単色で塗りつぶしてしまうのであります。ピュシス（自然性）とロゴス（理性）という次元を異にする調停不能な概念ですら、そこでは同列に並べられてしまいます。これが「対象としての自然」の成立であります。対象としての自然概念の成立という決定的な生起がヘレニズムの時代にあったのであります。そのことによって自然（ピュシス）もゲステルの中に組み込まれることになりました。そしてそのことの根拠は主観性原理（Subjektivität）の世界浸透と主観性の視点の確立ということ以外の何ものでもないのであります。この主観性の視点のもとでは自然（ピュシス）もまた対象である外なかったのであります。これが近代的自然概念（nature, Natur, nature）であります。ヘレニズムの時代とそれ以前の時代の間には明らかに原理的な断絶があるのであって、すべてはヘレニズムから始まったのであります。すなわち、ポリスのコスモポリス化から始まったのであります。言い換えれば、「ポリスの解体」から始まったのであります（ヘーゲル）。アレクサンドロスの世界征服の哲学的意味は小さくないのであります。近代の自然概念の発端はヘレニズム期にあったのであり、近代はそれを精錬・純化し、徹底化したに過ぎません。デカルト的自然概念「延長する物体世界」（res corporea extensa）はその結果でしかありません。

ソクラテスは自らの死に気づかなかった。

魂の不死に対するソクラテスの確信にそれゆえ嘘はありません。ただ彼は自らのエゴを魂と勘違いしただけであります。したがってまるでピクニックにでもいくかのように死に赴いたソクラテスの態度にも嘘はなかったとわたしは思います。だからといって、わたしは彼を礼賛する気にはなれません。たしかにそこにはその思想に殉じたという側面はあるにせよ、死に際して乳飲み児を抱えた妻や子供たちを議論に邪魔だからといって追い返すソクラテスにわたしは知的エゴイズムの典型的な冷たさを見るからであります。本当に死を知る者なら、妻や子に対しあのような無慈悲な仕打ちはできなかったでありましょう。死に臨んで、家族の者のみならず、一族郎党にいたるまで、すべての者に配慮を怠らなかったアリストテレスの方が一家の長としてどれほど立派であることか、また自然であることか。また自らの臨終に際してもなお年老いた妹の想いに配慮したデモクリトスの方がどれほど人間的であることか（「デモクリトスの死の引き延ばし」の逸話＝上巻三七八頁＝を参照のこと）。

要するにソクラテスは死を「考察」したのであります。換言すれば、死を対象として扱ったのであります。対象とされれば、死は取り逃されざるをえません。というのも、死は、自然（ピュシス）と同様、対象とはなりえない存在だからであります。考察すればするほど対象と化さざるをえず、したがって取り逃さざるをえません。死を多弁に論じる昨今の思想家や宗教家の「講話」の空しさのゆえんがここにあります。彼らは死を一生懸命考えているのでありましょう。言い換えれば、死を何ものにもまして自らの思索の対象としているのでありましょう。殊勝なことです。しかし考えたらアカンのですわ。考えれば死は消えてしまいます。思考の前に死は現れません。ここに主観性の学知の宿命があります。主観性は「前に立てる」（Vorstellen）原理であるがゆえにすべてのものを己の前に立つ対象と化さずにはおらず、死のごとき対象となりえない存在をすら一個の対象として前に立て、取り逃さざるをえないのであります。主観性の前に死は立ちません。主観性の前では死は消えてしまいます。死が主観性の前から消え去るのは、存在一般がそうであるのと同様です。

　実は死は主観性には永遠に謎なのであります。それゆえソクラテスは自らの死に気づきえませんでした。そして彼が自らの死に気づかなかったというのも、彼は主観性（エゴ）そのものだったからであります。エゴは死にません。ただ破壊されるだけです。したがってそれは死を知りません。それゆえそこには後に残される者のことを慮るといった優しさもまた出てきません。死を自らの本性として知る自然存在にしてはじめてそういった優しさを持ちうるのであって、それというのも死は自然的概念だからであります。自然存在のみが死を知りえます。言い換えれば、死を悲しみえます。死に面しての悲しみは、たしかにそれは知でないという意味において感情であるには違いないが、しかしいわゆるパトス（情念）ではなく、自然存在の深い自己認識であります。死はその本性だからであります。そして死を知る者のみがそれを承認し、それに対して取るべき態度を悟るのであります。犬ですら死期を悟ったとき、姿を隠すという深慮を示すではありませんか。他方、自然存在たることを放棄した者の死に対する態度は必然的に奇怪なものにならざるをえません。すなわち不自然なものにならざるをえません。ソクラテスの死はその典型であります。ソクラテスは死を知りませんでした。

死のみが本当の優しさを現出させる。

実は死のみが本当の優しさを出現させうるのであります。というのも、それのみが主観性を破壊しうるからです。主観性の枠内で語られる「優しさ」や「愛」が真にわたしたちを納得させることはありません。近代の諸思想やスローガンにおいて語られる「愛」や「人権」、「平等」や「命の尊さ」、「共生」などといったタームはたいていそのようなものであって、それらはむしろわたしたちに苛立ちと反撥の気持を起こさせずにいないものがあります。あれら押しつけがましい諸タームをめぐって社会に蔓延している苛立ちとシラケに気づかぬ人がありましょうか。主観性は「愛」や「優しさ」や「命の尊さ」を語ってはなりません。主観性はそれらと正面から対立する原理であるがゆえに、主観性が語ればそれらはカリカチュアとなってしまい、それこそそれらの尊さが損なわれてしまいます。むしろ真の優しさは主観性が破壊されるところにのみ現出しうるのであって、優しさもまた本来は自然的概念であり、対象的概念ではないのであります。もちろんここでいう死は対象としての「死」ではありません。そういった意味での「死」をハイデガーは「落命」（Ableben）と呼称し、本来の死（Sterben）から区別しています（『存在と時間』第二編参照）。主観性の前に対象として立てられたような「死」が主観性を破壊することはありえません。しかし死は虚的でありながら、したがって非対象的存在でありながら、それのみが主観性を破壊しうる絶対的な威力なのであり、それによって主観性が破壊されるような瞬間に優しさや愛の奇跡のごとき出現があるのであって、このことはむしろわたしたちが日常しばしば経験するところです。わたしたちが時として奇跡のような愛や優しさに出会うことのあることは否定しえない事実です。しかしわたしたちを愛や存在に対面させるものがもはや死でしかないという今日のありようというのはどこか間違った人間のありようではないでしょうか。近代は「愛」や「命の尊さ」を語る資格を持ちません。もし本当にそれらを欲するのであれば、自らの原理を破壊しなければならなかったでありましょう。

近代はソクラテスから始まった（ヘーゲル）。

このように見てくると、イロニーはやはりソクラテスの仮面でしかなかったという感を否むことができません。ソクラテスを「イロニーのダイモニオン」、実体性のない虚無性そのものと見るキルケゴールのソクラテス解釈にわたしは賛同することができません（キルケゴール『イロニーの概念』参照）。彼のイロニカルな笑いの背後には主観性原理（Subjektivität）が激しく燃え上がっていたのであります。むしろソクラテスは自然存在にとっては悲しみである死をも歓喜に変ずるほどの強烈な主観性そのものであったといわねばならないのではないでしょうか。ソクラテスがその後の西洋哲学において「聖人」になったゆえんであります。プラトン以降の西洋哲学は基本的に主観性の哲学です。ハイデガーの表現を借りていえば、「主観性の形而上学」（die Metaphysik der Subjektivität）です。ソクラテスこそ二五〇〇年の西洋形而上学（die abentländische Metaphysik）の根底にあってそれを駆動していた主観性原理（Subjektivität）の最初の明確な表世界への出現なのであります。この原理が超越の構造を生み出すことによって中世のキリスト教世界を造り出すこととなりました（ハイデガーのいう「神のキリスト教化」）。そしてその同じ原理が自己意識（自覚）にいたったことによって個的主観性として立ち上がり、近代世界を造り出しました。とりわけ近代世界の原理となりました。わたしたちの生きる後期近代世界はその極限の姿であります。近代はソクラテスから始まったとヘーゲルの考えるゆえんでありましょう

（「ポリスの解体以降は近代」といういわゆる「ヘーゲルの極端な歴史感覚」については『哲学史講義』第一部、第一篇、第二章、あるいは『歴史哲学講義』第二部、第三篇、第四章などを参照のこと）。

ヘーゲルはソクラテスにSittlichkeitからMoraritätへの転換点を見ていますが、主観性の自己決定原理に基づくMoraritätこそ近代の原理なのであります。主観性なるがゆえに帳の奥に自らを隠さざるをえなかったピュタゴラスのことを想うとき、ソクラテス的主観性の露出の異様さが際立ってきます。同じ主観性であっても、ピュタゴラスとソクラテスではかくも違うが、これを主観性の居直りといわずして何というべきでしょうか。ハイデガー流にいうなら、これこそ「主観性の蜂起」でなくて何でありましょう。ピュタゴラスとソクラテスの差異を時代の違いといういつもの説明方式によって一般化してしまってはなりません。主観性（Subjektivität）そのものの積極的かつ確信的立ち上がり、「主観性の蜂起」、それがソクラテスという現象なのであります。それ以来世界はこの主観性の超越の構造の中に拘束されつづけているといって過言でありません。この事実をニーチェは「二〇〇〇年もの間ひとりの神も新たには生まれなかったとは」と驚きをもって追想しています。近代はソクラテスから始まりました。

以上、初期ギリシアの自然学的な魂概念、ピュタゴラスによる魂転生説（σῶμα - σῆμα - theory）のギリシア世界への導入とそれに基づくソクラテス・プラトンの個的・人格的な魂概念の形成、ソクラテス・プラトンの個的・人格的魂に対するアリストテレスの違和感、「魂をめぐる巨人闘争」（γιγαντομαχία περὶ τῆς ψυχῆς）、ロゴス（理性）とピュシス（自然性）の調停不能な差異性などを見てまいりました。魂概念の変遷とそれをめぐる対立・抗争こそ哲学の深層部に生起していた二大原理の根源的動向を物語るものに他ならないのであります。

第29講 ハイデガーと西洋形而上学（其の一）

はじめに

ハイデガーはプラトンと共に主観性の形而上学（die Metaphysik der Subjektivität）が立ち上がり、存在の真理を隠蔽してしまったと断じました。そしてキリスト教とラテン人の文化によってこのことは決定的となり、それ以降哲学は故郷喪失の状態にあり、西洋形而上学は存在に対して身を閉ざしつづけてきたとハイデガーはいいます。ハイデガーによれば、真理を声高に語ってきたあの二五〇〇年の西洋形而上学の歴史はひたすら存在の真理を隠蔽してきた歴史でしかないのであります。そして存在の真理がかろうじてあらわになっていたのはソクラテス、プラトン以前の初期ギリシアの思索においてでしかなかったとハイデガーはいいます。だとするなら、初期ギリシアの自然哲学者たちの思索は、存在の真理の露呈という観点から見れば、西洋形而上学の思惟に勝る思索であったことになります。そしてソクラテス、プラトン以降二〇〇〇年強にわたって推進されてきた西洋形而上学に対峙し、そのイデオロギー性と隠蔽性を問う性格を持った思索であったことになるでありましょう。この哲学史理解から見れば、初期ギリシアの哲学をソクラテス・プラトン哲学にいたる前段階とし、そこに未熟な科学的仮説の表明しか見ないこれまでの哲学史観はあらためられねばなりません。わたしたちはあらためて、初期ギリシア哲学とは一体何であったのか、ハイデガーのいうように初期ギリシアにおいてのみ存在の真理が露呈していたとするなら、そこであらわになっていた「真理」とはどのようなものであったのか、そもそも初期ギリシアにおける存在の思索（Denken des Seins）とはいかなるものであったのか、その思索の意味と性格を問い直さねばならないのであります。初期ギリシアの哲学を問い直すことは同時に二五〇〇年の西洋形而上学全体の意味と性格を問い直すことでもあります。そして西洋形而上学全体の意味を問い直すことは、そのまま西洋形而上学の帰結である近代世界の意味とその性格を問うことでもあります。ハイデガーのいう「西洋形而上学の歴史の現象学的解体とその再構築」（『存在と時間』）はひとえに初期ギリシアの哲学の思索をどう見るかに懸っているのであります。いずれにせよハイデガーは西洋形而上学（die abendländische Metaphysik）との対決を畢生の課題とした哲学者でした。そしてそこから近・現代世界の問題性を問いつづけた思索家でした。

主観性の形而上学

それにしても、ハイデガーが対決した西洋形而上学とは一体何であったのでしょうか。西洋形而上学は、全体としてそれを見れば、キリスト教的プラトニズムと総括せざるをえないでありましょう。ソクラテス、プラトンの主観性の哲学とキリスト教という姿を取って西洋精神史に登場してきたヘブライズムの神という名の巨大な主観性が合体することによって生み出された主観性の巨大なイデオロギー総体というのが西洋形而上学の実態なのであります。これをハイデガーは「（西洋）近代の主観性の形而上学」（die neuzeitliche Metaphysik der Subjektivität）と呼びますが（ハイデガー『ヒューマニズムについて』全集、第九巻、三一八頁）、彼が「西洋近代の主観性の形而上学」というとき、それはプラトン以降の二千有余年にわたる西洋形而上学の全体を名指しているのであります。

プラトニズムは主観性原理（Subjektivität）の最も華麗な形而上学的表現ということができると思いますが、プラトンによって生み出された形而上学的、理念的世界が新プラトン哲学という触媒を経てキリスト教イデオロギーと合体することによって、ヨーロッパ二〇〇〇年の形而上学の伝統を作り出すことになりました。キリスト教は宗教的形態を取った主観性の形而上学そのものであり、「神のキリスト教化」（ハイデガー）を策動した原理こそ主観性であります。超越は主観性の志向性に基づいてはじめて開かれる霊的領野であり、超越的一神教の背後にある原理もまた主観性なのであります。主観性の哲学は必然的に超越の構造を取ります。それに対して存在の哲学はデポジット構造となります。ハイデガーの後期の哲学は存在の哲学ですが、基本的にデポジット構造であります。Bergen（蔵する）とかVerbergen（覆蔵）とかEntbergen（開蔵）といった概念が多用されるゆえんであります。それに対して主観性の哲学は超越の構造を取らざるをえず、その超越の構造の中に一切の概念を投げ入れます。神ももちろん例外であることはできませんでした。これがハイデガーのいう「神のキリスト教化」ということであります。実はキリスト教の神が人間を支配しているのではなく、むしろ真実は逆であって、人間（主観性）が超越の構造を生み出し、それを維持しつづけているのであります。そして神もまたその超越の構造の中に組み込まれているのであります。主観性の超越的志向性は当然イデア的意味対象を志向せずにおらず、主観性とイデア的意味対象の間に固い結合関係を生じさせます。そしてこの志向性の固い結合関係、この固い構造の中に神も人間も道徳も自然も存在も、要するに一切の価値や概念が投げ込まれます。ハイデガー流に表現すれば、一切がゲステル（Gestell）の中に組み込まれるということであります。イデア的意味対象と主観性のこの固い結合関係の内にその志向性が拘束された象徴的人物こそ「徳と知識の絶対主義者ソクラテス」であります。そして、ソクラテスのみならず、イデア的意味対象と主観性の固い結合関係として出現したこの巨大な構造が人類を支配しつづけました。それがプラトニズムであり、「世俗的プラトニズム」（ニーチェ）であるキリスト教であり、ハイデガーのいう西洋形而上学（die abendländische Metaphysik）であります。この構造が二〇〇〇年以上にわたってヨーロッパの歴史をほぼ支配しつづけました。その帰結が、先にもいったように、中世世界であり、あるいは近・現代世界であります。そしてその現象形態がゲステル（Gestell）であります。

　今日の後期近代世界が巨大なゲステルの構造として立ち上がっていることは何ら怪しむに当らないのであります。世界の現出の根底には必ずそれをそのようなものとして現出させている原理の存在があります。原理こそ一切の現象の根拠であります。原理は必ず作動します。言い換えれば、歴史を作ります。そういった原理の動向の探究こそ哲学であります。わたしはローティに抗してあくまでもこう主張します（ローティ『哲学と自然の鏡』参照）。プラトンから近代までの世界を支配した原理は主観性（Subjektivität）であり、中世世界と近代世界の間には、大方の歴史家の予想には反するかも知れませんが、原理的な違いはないのであります。近代世界は中世世界と同じ原理の上に立っています。わたしたちが生きる近代世界は偶然の産物ではなく、ある原理の歴史的帰結なのであります。そうでなければ、近代世界を貫く方向性がこれほど一貫した現れ方をすることはなかったでありましょう。近代の原理、それは、何度も申しますが、主観性であり、近代世界は主観性原理（Subjektivität）が作り出した世界なのであります。別言すれば、アートマンが作り出した世界なのであります。今日の世界を主導する原理は、ブラフマン（存在）ではなく、アートマン（主観性）であります。

西洋形而上学（プラトニズム）と科学

繰り返しますが、プラトニズムは主観性の学知の最も華麗な形而上学的表現ということができます。主観性（Subjektivität）は一切を「自らの前に立てる」（Vorstellen）原理であり、主観性はすべてのものを己の前に立つ対象と化さずにいません。その先端にイデア的な意味対象を置くかどうかに係わりなく（先端にイデアないし自体的存在といったイデア的意味対象を立て、世界を英知的世界（τὰ νοητά）と感性的世界（τὰ ὁρατά）に切り分けたものがプラトン哲学であると一般には理解されていますが、そういったことに係わりなく）、一切を対象として己の前に立てる志向性はその知の構造においてすべてプラトニズムであります。そういう意味において近代の科学的思考もプラトニズムということができます。

科学的思考はすべてものを対象として前に立てることを本質とします。死や生命や心や自然といった本来対象となりえない存在をすら対象として前に立て、「研究」します。そしてそのことによってそれらを逸します。本来対象となりえない存在を対象として立てれば、必然的にその捉え損ない、逸失にならずにいないからであります。ハイデガーのいう「存在と存在者の存在論的差異」（die ontologische Differenz von Sein und Seiendem）（『現象学の根本諸問題』）に一般に無知であることが科学の特徴であります。否、本当は無知ではないのでありましょう。むしろその差異を徹底的に無視しつづけるところに科学的志向性の秘かな意志の作動があります。世界には「存在者の領分」もあれば「存在の領分」もあるのに、「存在の領分」を一切無視して世界を「存在者の領分」一色に塗りつぶすのが科学的志向性の本性なのであります。科学はそれ以外であることはできません。というのも、前述のように、科学的思考は一切を対象として前に立てる主観性の学知でしかないがゆえに、対象（存在者）しか科学には捉えられないからであります。対象（存在者）しか科学的思考の視野の中に入ってきません。それ以外は科学には不知（inconnu）であります。にもかかわらず己の知が制限された特殊な知であるとの意識が科学にはなく、己の知の万能性を盲信しています。要するにそれは、世界には「存在者の領分」しかないと断じることと同義であり、それ以外の領分はその存在を認めない自己決定なのであります。それ以外の知が出現すれば、それを科学は「科学ではない」として切り捨てます。世界の一切を「存在者の領分」一色にすること、それが科学の本性に根ざした宿業なのであります。これも世界支配の意志のひとつということができるでありましょう。これを科学は遂行します。

　したがって科学的思考は、その無私性、不偏不党性、公正性、客観性の自己主張にもかかわらず、実はレヴィナスのいうような意味での conatus essendi なのであります。ニーチェ流にいえば、「力への意志」（Wille zur Macht）であります。一切を存在者と化し、存在者で世界を蔽い尽すコナートゥス（力への意志）、これこそが科学なのであります。このことに科学的思考は邁進します。そしてそれによって科学は先鋭化します。対象を射当てることに失敗すればするほど、そしてそれは存在に関する限り失敗せざるをえないのですが、対象化は先鋭化し、理念化がますます昂進し、精密化、細分化が推進されるのであります。対象的追求は個別化、細分化、精密化を伴わずにいないからであります。理念化、先鋭化、個別化、精密化、細分化が対象化的学知（科学）の本性に根ざす傾向性なのであります。そしてそのことによって科学はいやもって存在を逸することになります。存在は理念的対象でもなければ、個別でも精密でもないからです。存在から理念化の方向に立ち上がる超越の志向性が主観性を原理とする知の宿命であり、したがって科学の宿命でもあるのです。このことによって前掲の死、生命、心、自然といった自然的諸概念を、わたしたち人間存在にとっても最も基本的な諸概念を科学がいかに逸してきたか、わたしたちはその惨状を不問に付してはなりません。科学によって世界は平板化し、深さを失うことになりました。

主観性原理によって出現した超越の巨大な構造（中世世界）

ハイデガーもいうように西洋形而上学は全体として主観性の哲学であったと総括されねばならないでしょうが、近世以前にはその本性は必ずしも明確に認識されることがありませんでした。中世キリスト教の哲学が主観性の哲学であることを認識した『哲学史』はほとんどなかったということができます。またそのような観点から中世哲学が記述された例もほとんどない。だとするなら、『哲学史』は、中世哲学を語りながらも、その本性は完全に見損なってきたといわねばならないのではないでしょうか。なぜでしょうか。それは「愛」や「救済」や「信仰」の概念に隠れて、そこに作動していた原理がそれとして認識されなかったからでありましょう。中世世界に作動していた原理は主観性（Subjektivität）であって、神そのものがヘブライズムの系譜においては巨大な主観性だったのであり、中世キリスト教の哲学は何にもまして主観性の哲学なのであります。しかも極端な主観性の哲学であったといわねばなりません。だからこそ中世キリスト教は「愛」（アガペー）を説きつづけねばならなかったのであります。

中世は一切の心的エネルギーを英知的世界、霊的世界に振り向けた時代です。相対的に感性的世界、現世世界は貧しいものにならざるをえませんでした。しかし英知的世界、霊的世界は超越を志向する主観性の志向性が出現させた世界であり、中世世界において作動していた主観性が巨大であったために霊的世界が極端に肥大化し、感性的世界が極端に貧困化したのであります。ニーチェのいう「大地」が極端に貧困化せざるをえなかったゆえんであります。中世において感性的世界、現世世界が極端に貧しいのは、そこに作動していた原理（主観性）が巨大であったことの結果なのであります。

主観性（Subjektivität）は存在から実在性を奪い取る原理であり、主観性原理が強まるとき、存在は必ず貧困化します。これは哲学思想において見られるだけでなく、現存在の実存的生において、とりわけ個々人の生においてしばしば見受けられる現象ですが、この現象をむしろ一般的現象として捉えること、このこともまた哲学に課せられた課題のひとつであります。中世世界はこの現象を確認させるまたとない事例なのであります。中世世界は極めて極端な形で主観性が超越を志向した世界であり、ために存在から極端に乖離するにいたった世界なのであります。存在の意味が極端に貶められねばならなかったゆえんであります。そういう意味において中世世界は巨大な主観性によって出現した極めて特異な世界であり、その全体が哲学的考察の課題とされねばならないような世界なのであります。主観性と化した人間がいかに奇怪な生き物であるか、中世世界ほどそのことをわたしたちに印象づける例は他に類例がないといって過言でありません。黒づくめに身を蔽った修道士たちだけではありません。ヨーロッパ中世の諸都市に出現したあれら幾多の巨大カテドラールを見ていただきたい。あれらはすべて霊的世界に向かう心的エネルギーの結晶ともいうべきものであり、霊的世界を志向せずにいない主観性の志向性のエネルギーの巨大さと異様さを今日に証しています。あれらの巨大建造物は主観性の超越的志向性のいわば結晶物なのであります。建築は凍れる音楽であるとシェリングはいいました。少し言い方を変えて、建築は凍れる思想であると申し上げたい。わたしたちはあらためて中世世界の本質と性格を問い直さねばなりません。そしてそれを出現させていた原理を問わねばなりません。

「超人は大地の意味であれ」（『ツァラトゥストラ』）とニーチェは叫んでいますが、ニーチェが告発し、かつ戦った相手は、キリスト教そのものというよりは、この中世的原理なのであります。ニーチェはイエスとキリスト教を明確に区別しています。「イエスが否定したものは何か。今日キリスト教的といわれているすべてのもの」（『アンチクリスト』）。ニーチェをキルケゴールと同じ実存主義哲学者のカテゴリーに押し込めるのは根本的な誤りであります。ニーチェは歴史に潜在し、西洋形而上学を駆動していた原理にはじめて気づいた哲学者なのであります。そしてそれを告発しつづけた哲学者なのであります。

己の実存に拘泥したわけではまったくありません。ハイデガーと共にわたしたちはニーチェを西洋形而上学の歴史の中で捉えねばなりません。「ヨーロッパのニヒリズム」（ニーチェ『力への意志』第一書）は特殊近代的現象なのではなく、西洋形而上学の帰結なのであります。

西洋形而上学の近代における現れ（認識の哲学）

(一) デカルト

西洋形而上学は近世にいたってその本性をあからさまにしました。デカルト哲学と共に主観性はその姿を全面的にあらわにしたということができるでありましょう。デカルトが哲学をコギトの明証性の上に基づけるとき、そこには確実性を求める主観性の志向性が激しく作動していたのであります。デカルト哲学を決定的に規定していたもの、そしてそれを駆動していたもの、それは知に確実性を求める主観性の志向性であります。デカルトにとって真理は「確実性」（certitude）でなければなりませんでした。この格率はやがてデカルトにコギトの明証性を見出させますが、コギトの明証性にまでいたる過程（方法的懐疑の過程）には絶対的な確実性を希求する主観性の志向性が激しく作動しています（『方法叙説』『省察』『哲学の原理』参照）。疑いえない哲学の第一原理を見出さねばならないとするデカルト哲学のテーゼは主観性の自己確信の欲求を表現するものであり、この主観性の自己確信の欲求がデカルト哲学を生み出した原理なのであります。デカルト哲学において顕著に認められる特徴は知にアクティブに向かう主観性の志向性であり、パトスであります。この志向性こそ確実性を求める主観性の自己確信の欲求そのものであり、デカルト哲学と共に主観性の志向性が前面に出てき、そのことによって主観性そのものがそのあからさまな姿を顕在化させたといって過言でないでありましょう。そしてこの原理が近代哲学全体の原理となりました。否。近代の原理そのものとなりました。

デカルトから始まる西洋近代哲学において哲学を主導し、推進していたものは知に確実性を求める主観性の志向性であり、デカルト哲学と共に西洋形而上学の内的原理である主観性がその姿を赤裸々にしたということができます。その結果、近代哲学は全体として「認識の哲学」に堕していきました。近代哲学は総じて「認識の哲学」でしかありませんが、それは今日の現象学や分析哲学、論理実証主義までつづく近代哲学全体を貫く根強い傾向性であり、近代哲学が全体として主観性の哲学でしかないことを証しています。近代の諸段階は主観性が自らのテーゼを貫徹していく諸段階と見ることができます。近代は明らかにひとつの原理の進展として記述されるのであります。お好みの表現でいえば、「発展の諸段階」として記述されます。

(二) カント

近代哲学全体を覆ったイデオロギーは、真理は「確実性」(Gewißheit) でなければならないという前掲のテーゼであります。カントの批判哲学もまたこの格率の一表現であります。しかもその極端な表現であったといわねばなりません。批判哲学の「批判哲学」たるゆえんは先天的な確実性が保証されないような知はこれを切り捨てるということであります。この格率をもってカントは哲学の全体を再吟味し、再構築します。理論哲学において、実践哲学において、美的判断ないし目的論的判断においてすら、カントは確実性の格率を徹底しました。先天的な確実性を保証できないような知は弁証論に追いやられ、一括して排除されねばなりませんでした(『純粋理性批判』『実践理性批判』『判断力批判』参照)。カント哲学が真理を分析論の取り扱う先天的認識に局限せざるをえなかったゆえんであります。

このようにしてカントが真理として確保しえた知は結局先天的認識、コギトが自らの内に見出す知でしかありませんでした。その結果、哲学は痩せた認識批判でしかなくなり、ギリシア以来の人類の知的遺産ともいうべき豊かな知恵の大部分を、学的確実性の保証されぬものとして葬り去ることになりましたが、これは「真理は確実性でなければならない」というデカルト以来の近代哲学のテーゼをカントがより一層の情熱と徹底性をもって継承したことの結果なのであります。カント哲学は、哲学が主観性の自己確信の欲求に囚われつづける限り、それが見出しうる知はコギトの内に見出される知以外のものとはなりえないことを結果として示した哲学なのであります。主観性が確信をもって確認しうる知は先天的認識以外でありえないからであります。言い換えれば、コギトが己の内に見出す知でしかありません。カントの「批判哲学」（die kritische Philosophie）もまた自己確信という主観性の我執の一表現なのであります。

真理を先天的認識、自己確信の知に局限するカント哲学は当然内容の展開を欠いた貧しいものにならざるをえませんでした。彼が確保した知は形式の知でしかありません。カントは主観性の自己確信のために内容を犠牲にしたのであります。カントには「純粋」への偏愛が見られますが、純粋性は内容を犠牲にしてしか実現されません。内容は多様を含み、純粋性に収め切れるものではないからであります。多様の濁りを告知する経験はカント哲学においてはどこまでも嫌われものでしかありませんでした。しかし実は経験の中にこそ豊穣な知恵と内容豊かな哲学があったのであります。人類の経験を捨て去った哲学とは一体何でありましょうか。空虚な学知でしかありません。そのような哲学はもはや存在の哲学とはなりえず、わたしたちはカントの一見節度ある「批判哲学」のテーゼの内に内容を犠牲にしてでも確実性を保証できない知はこれをことごとく切り捨てる主観性の激烈なパトスを見て取らねばなりません。どのみちカント哲学は「批判哲学」（die kritische Philosophie）でしかなかったのであります。「超越論的哲学」（die tranßendentale Philosophie）の構想をカントが思わせぶりに語ることがしばしばあったにしても、それはおそらく彼の原理に即していません。もしカントが超越論的哲学の十全な展開を真剣に試みていたなら、彼は単なる形式を越えて内容にまで踏み込まざるをえなかったでありましょう。超越論的領野であっても、それが真理の領野である以上、そこに内容はあり、内容を欠いては真理の哲学とはなりえないであろうからであります。そうすれば純粋性を維持することは難しく、彼は自らの節操を決して維持しえなかったでありましょう。カントは臆病な哲学者であり、自らの節操にしがみついています。形式にしがみつくことのみがこの節操を許すのであります。これも一種の教条主義であります。

カントは結局批判哲学者でしかなかったのであり、「批判哲学」（die kritische Philosophie）という名称にカント的原理の精神が集約されており、それがまたカント哲学を全面的に規定しています。カントの「批判哲学」もまた、主観性が強まるとき、存在（真理）は必ず貧困化するという前掲のテーゼを身をもって示す一例なのであります。彼の教説そのものより、その痩せた相貌の方が教訓的であります。

㈢ フッサール

確実性を希求する近代的主観性の最も極端な例をわたしたちはフッサール現象学に見ることができます。フッサール哲学を主導していた原理もまた「真理は確実性でなければならない」という近代的主観性の前掲のテーゼでした。確実性を希求する主観性の志向性はフッサールにおいては極端にまで昂じていて、ほとんど狂気のごとき相貌を呈しています（フッサールの肖像を思い出していただきたい）。フッサールは、カントにもまして、「厳密な学」（die strenge Wissenschaft）、すなわち絶対確実な学知を求めた哲学者であり、彼は絶対確実な学知を求めて生涯遍歴しました。そういう意味において彼は紛れもないユダヤ人哲学者でした。遍歴は神がユダヤ民族に定めた定めであり、ユダヤ人の体質に深く刻み込まれています。幾多の遍歴を重ねる中で彼がいたったひとつの方法が超越論的還元（die tranßendentale

Deduktion）の方法でしたが、超越論的還元の方法というのは、要するに、すべての知を意識（コギト）の事実性に還元する方法であります。知の確実性を意識の確実性（コギトの明証性）に基づけて確保しようとする方法であり、この超越論的還元の立場に立つ限り、意識への内在を離れたような知はエポケーされるべき知として括弧に括らねばなりません（フッサール『イデーン』I参照）。すなわち「厳密な学」を求めたフッサール現象学が結局確認せざるをえなかったことは、確実性は意識の確実性（コギトの明証性）以外になく、知に確実性を保証するためには意識（コギト）にとどまらねばならないという前掲のカントのテーゼなのであります。その結果、フッサール現象学は意識（コギト）から脱出することができなくなってしまいました。

現象学の探究は結局ノエシス－ノエマの間を往来するしかなく、ノエシス－ノエマの枠を越えることは一歩もできませんでした。ブレンターノ的志向性の概念によってノエマ的対象まではその哲学に収めえたにしても、それも結局はノエシス－ノエマの枠内のことでしかありませんでした。言い換えれば、意識（コギト）内のことでしかありませんでした。ノエマは対象ではあるにせよ、あくまでも意識領野の対象であります。その結果、現象学は他我を確認することすらできなくなってしまいました（『デカルト的省察』第五省察参照）。他我経験については、現象学者の間で幾多の議論が費やされたようですが、現象学が意識（コギト）という自らの立場にとどまる限り、現象学は他我を確証するいかなる手段も持たないとわたしは思います。コギトが確認しうるのは結局己のコギトのみであって、他のコギトはどこまでも仮定でしかないからであります。コギトはコギトを飛び出すことができません。「感情移入」（Einfühlung）は他我を説明する理論であるどころか、むしろ他我経験の説明の断念ないし放棄の宣言以外の何ものでもないのであります。

観念界と実在界の交通が不可能なことはライプニッツが認識していたことであります（ライプニッツ

『単子論』『人間悟性新論』参照)。フッサールはこのライプニッツのテーゼが克服し難いものであることをいやというほど思い知らねばならなかったに違いありません。フッサール現象学は、どのような遁辞が弄されようとも、結局はモナドロジーに終始する以外になかったのであります。現象学は独我論ではないかという反論に対して、結局は現象学者たちによってややエクセントリックな幾多の議論が費やされたようですが、この反論は決して克服されなかったとわたしは思います。モナドロジーの強力さがあらためて思い知られます。モナドロジーのモナドロジーたるゆえんは、意識(コギト)はいかんとしても観念界を飛び出すことはできないということであります。「単子に窓はない」(『単子論』)のであります。この簡潔な命題に込められたライプニッツ哲学のテーゼの強力さを遁辞でもってごまかすようなことがあってはなりません。後年フッサールはこのアポリアを逃れるために受動的志向性といった概念を追求し、現象学に質料的側面を確保するとともに、意識の底を破ろうとしたようですが、結局それを貫遂することはできませんでした。フッサールは結局現象学者でありつづけたし、意識(コギト)の立場に立ちつづけたとわたしは思います。意識から存在への跳躍といったことはありえないのであって、彼は結局世界(存在)への通路を見出せませんでした。「厳密な学」(die strenge Wissenschaft)への囚われはフッサールにおいてはそれほどにも執拗だったのであります。

フッサール現象学は、確実性(確信)の欲求に囚われる余り、世界を貧困化するどころか、世界(存在)への通路すら失ってしまった近代的主観性にいたってしまいました。確実性(確信)を求める近代的主観性はフッサール現象学にいたって世界(存在)をすら失ってしまいました。現存在(Dasein)が世界内存在(das In-der-Welt-sein)であることを事実性(Faktizität)として確認し、そこから出発するハイデガーの現存在分析、したがってそのことをもうそれ以上問わない現存在分析(『存在と時間』第十二節)は、このフッサールの轍を踏むことをまずもって回避しようとするものなのであります。「現存在は常に既に世界内存在である」（『存在と時間』）というテーゼによってハイデガーは多くの現象学的アポリアを回避しています。

主観性の自己意識（自覚）

それにしてもなぜデカルトに始まる西洋近代の哲学においてあれほどにも激しい確実性への志向性が生まれてきたのでしょうか。そういった志向性が生まれたこと、そのこと自体は歴史的事実として確認するにしても、そもそもそういった志向性の発生そのものがどうして問題とされなかったのでしょうか。ここにこそ近代という時代を他の時代から画す一線があったにもかかわらずにであります。哲学は時として己の足元にある最も根本的な問題を問うことを忘れるものであります。西洋近代の哲学は己を推進している原理が何であるか問うことを完全に忘れてきたといわねばなりません。近代もまたあるひとつの原理の結果でしかなかったかも知れないにもかかわらずにであります。否、近代こそあるひとつの原理の結果なのであります。主観性原理（Subjektivität）の結果なのであります。すべての現象の下にはそれをそのようなものとして生起させている原理の存在が必ずあります。そしてその原理はたいてい歴史に根ざしています。というのも、そもそも歴史とは原理の作動以外の何ものでもないからです。近代もその例外ではありません。近代が歴史の結果でしかないという事実を近代は認めようとしません。歴史は近代にとっては背後にしてきたものでしかなく、その結果であるとはどうしても自認できないようですが、おそらく近代の進歩史観がこの自覚を塞いでいるのでありましょう。進歩史観にとって歴史は克服された「過去」でしかないのであります。進歩史観ほど歴史に対して不当をなす歴史観はありません。

西洋近代の哲学においてあれほどにも激しい確実性への志向性が発生した理由、そしてそのことによって西洋近代の哲学的探求を確実性への志向性と化してしまったもの、それは、要するに、西洋近代の哲学は主観性（Subjektivität）が自己意識（自覚）にいたった哲学であったということでありましょう。繰り返しますが、西洋近代の哲学は主観性が自覚にいたった哲学であります。主観性は一切を「自らの前に立てる」（Vorstellen）原理であり、主観性はすべてのものを己の前に立つ対象と化さずにいません。その結果、認識と対象の間に亀裂が生じ、意識はその間に開いた距離、空白にさらされることになります。当然そこでは認識と対象の間の一致・不一致が問題となって浮び上がってこずにいず、認識の正しさが問われねばならないことになります。特に自己意識（自覚）にいたった主観性は、そこでは、認識と対象の間に開いた距離の結果、己の知の正しさに対する疑念が芽生えずにいないがゆえに、己の知の正しさに対する不安に苛まれることになります。己の知の正しさに対する疑念と不安に苛まれつづけるというのが自己意識（自覚）にいたった西洋近代の主観性のいわば運命（ゲシック）なのであります。この疑念と不安が西洋近代の形而上学の根底にあったものであり、近代哲学全体を根底から突き動かしていた当のものなのであります。西洋近代の哲学の根源的動因は己の知の正しさに対する疑念と不安であります。言い換えれば、距離意識、空白意識であります。そしてその疑念と不安の実体は主観性が「前に立てる」（Vorstellen）原理であるということから結果した認識と対象の間に開いた距離であり、主観性が自己意識（自覚）にいたったとき、その距離が己の知の正しさに対する不安となって主観性を苛まずにいないものとなったのであります。西洋近代の形而上学は全体として己の知の正しさに対する疑念と不安に苛まれつづけた哲学であったと総括されねばならないでありましょう。言い換えれば、主観性そのものの本性である空白性、虚無性に苛まれつづけた哲学であったと総括されねばなりません。ここに近代哲学の運命（ゲシック）がありました。のみならず近代世界全体の運命（ゲシック）がここにあります。ここに近代世界の故郷喪失性の原点があります。西洋近代の運命（ゲシック）は主観性が自己意識（自覚）にいたったというこの決定的な生起から始まったのであります。もはや西洋近代の主観性がこの運命（ゲシック）から逃れることはできませんでした。

デカルト哲学を出現させた前述の確実性を激しく希求する志向性もまたこの不安からきています。確実性を激しく追求する志向性は不安の裏返し以外の何ものでもなく、デカルトをして疑いえない第一原理をあれほどにも激しく求めさせたもの、それは己の知と対象との間に開いた距離、空白、欠如であり、己の知の正しさに対する疑念と不安なのであります。デカルト的志向性の激しさからこの距離感、空白感、欠如意識、不安の大きさが窺われます。デカルトは確実性を追求したというよりは、追求せざるをえなかったのであります。そこに知にアクティブに立ち向かう志向性のあの激しさの発生源がありました。知にアクティブに向かう志向性の発生源は距離意識、空白意識なのであります。主観性によって生じた空白にデカルトは駆り立てられていたのであって、デカルト哲学は近代の主観性の窮迫（Not）の一表現なのであります。主観性の本性である虚無性の一帰結なのであります。それを何か哲学の使命でもあるかのように語るところにデカルト哲学の欺瞞性があります。さらにいえば、自らの展開を、それは空白意識、距離意識に駆り立てられたものでしかないのに、それを何か歴史的使命ででもあるかのように語る近代哲学の欺瞞性がここに隠れています。それは自らの空白性を使命意識に転化したものでしかないのであって、その空白が使命と感じ取られるほどにも大きかったということなのであります。カントもフッサールもまた然り。

それほどにも近代において自らの知と対象との間の距離意識、「正しさ」に対する不安は大きかったのであって、コギトの明証性にいたるまですべてを切り捨てて行く方法的懐疑の方法の徹底性、あくまでも先天的認識を確保しようとする「批判哲学」、ないしは「厳密な学」にいたろうとする超越論的還元の方法のラディカリスムスに、わたしたちは近代的主観性の不安と運命（ゲシック）を見るといわねばなりません。そしてこの不安そのものは、前述のごとく、西洋近代の哲学が自己意識（自覚）にいたった主観性の形而上学（die Metaphysik der Subjektivität）であるという決定的生起からきていたのであります。近代哲学の多くが知に出生証明書を求め、認識の「正しさ」（Richtigkeit）の証明に腐心する認識批判に堕していったゆえんはここにあります。この点に近代哲学の性格が端的に現れています。イギリスの経験論哲学も、カントの批判哲学も、アメリカの分析哲学も、論理実証主義の哲学も、西洋近代の哲学が背負った運命の哲学的表現でしかなかったのであります。そしてその運命の最も極端な現れが、前述のように、フッサール現象学なのであります。西洋近代の哲学は総じて「認識の哲学」でしかありませんが、なぜ近代哲学が認識の哲学でしかないのか、わたしたちはその理由を問うたことがあったでしょうか。それこそが問われねばならない問いだったのであります。

「正しさ」の哲学（真理の頽落態）

以上のように、カントの批判哲学およびフッサール現象学においてわたしたちの注目すべきは己の知の正当化に対する激しいパトスであります。繰り返しますが、この尋常ならざるパトスにわたしたちは近代の主観性の知の性格を見るといわねばなりません。ここに主観性によって生み出された知の構造が見紛いようもなく現れています。主観－客観、認識－対象、ノエシス－ノエマの超越の構造がいわば西洋近代哲学の鋳型ですが、この鋳型は「前に立てる」（Vorstellen）ことを本性とする主観性の哲学の超越的構造が生み出したものであり、この構造の中に存在が入ってくることはありません。存在は主観性の前に立つようなものではないからです。近代哲学という町工場はこの鋳型を金型として数多くの製品を世に送り出してきましたが、あまり良い製品とはいえません。というのは、この構造の中に存在が現れることはありえず、そこで確証されるのは「認識と対象の一致」（adaequatio intellectus et rei）でしかないからです。「認識と対象の一致」は正しさ（Richitigkeit）ではあっても、真理（Ἀλήθεια）とはいえず、いわば真理の頽落態であります。存在の現出こそが真理、すなわちギリシア的意味での「真理」（アレテイア＝Unverborgenheit）なのであります。

「認識と対象の一致」を実現しようとする西洋近代の認識の哲学のあれらの諸努力は結局徒労に終らざるをえないことをわたしたちは認識しなければなりません。というのは、認識と対象の間に距離を生じさせているその当のものは主観性それ自身だからであり、したがって両者の間に生じた距離を消失させようとするのは、主観性に主観性でなくなれといっているようなものだからであります。哲学が主観性の哲学である限り、この距離はなくなりません。主観性は前に立てる原理であるだけに対象との距離そのものであり、認識と対象の間に距離が生じることはいわば主観性の宿命だからであります。主観性はいわば距離を伴って存在しているのであって、その距離から解放されるといったことは、その原理が主観性である以上、ありえないことなのであります。西洋近代の哲学にとって「認識と対象の一致」は永遠に実現されない理念でしかないのであります。否、むしろそれを解消せよなどと主観性にいうということは、原理的に矛盾した不可能な欲求なのであります。

主観性は己に自足できない原理であります。主観性はそのままで己に自足できるような原理ではないのであって、わたしたちはここに主観性原理（Subjektivität）の失楽園性格、その祝福のなさを見るといわねばなりません。これを言い換えれば、主観性は己によって生じた空白に懊悩せざるをえない原理なのであります。主観性が己を主張するとき、そこには必ず空白が生じます。その結果、主観性は己を弁明しつづけねばならなくなります。己の正しさ、さらには己自身を弁明しつづけねばならないという点に主観性原理の宿業性があります。特に自己意識（自覚）にいたった主観性はこの宿業性をもろにわが身に引き受けざるをえないのであって、西洋近代の哲学は総じて主観性のこの宿業性の哲学的表現でしかなかったといって過言でないでありましょう。これを何か哲学の使命ででもあるかのように語るところに、前述のように、わたしは近代哲学の自己欺瞞性を見るものであります。カントが批判を遂行する際に言外に語る批判哲学の歴史的使命意識に対してこそ、わたしたちは疑問符を突きつけねばなりません。フッサールが語る現象学運動の歴史的使命意識に対してもまたわたしたちは疑いの目を向けねばなりません。論理実証主義や分析哲学のあの独尊性にいたっては、まったくもって恐れ入りますが、しかもそれが完全な虚しさと一体となったそれであることを想うとき、これを一体どう受け止めたらよいのでしょうか。近代哲学の荒涼たる風景にわたしは身震いせずにおれません。それがまたわたしたちの観ずる近代世界の心象風景でもあります。近代世界は総じて不信の世界であります。不信は距離意識の実存的表現であります。近代哲学は総じて主観性の仮装と自己弁明の作業でしかなかったと総括せざるをえないとするなら、それに費やされたエネルギーの膨大さを思うとき、主観性の自己弁明がいかに高コストであらざるをえなかったかが知られます。それこそまさに主観性（Subjektivität）という原理の深刻さを証明するものであって、西洋近代の歴史は総じて主観性のこの宿業性のドクメントでしかなかったといって過言でないのではないでしょうか。

「正しい哲学」と後期近代世界

いずれにせよ、自己意識（自覚）にいたった西洋近代の主観性の哲学は己の知の正しさに対する疑念と不安に苛まれつづけた哲学であったと総括されねばならないでありましょう。西洋近代の哲学において正しさ、正当性、さらには誠実性が前景に出てくるゆえんであります。正しさ、正当性、誠実性が主観性の哲学の「真理」なのであります。西洋近代哲学、近代の諸イデオロギー、ひいては近代世界全体を蔽う告発的性格もまたこのことに発しています。正しさと告発は表裏の関係にあるのであります。

近代の諸思想の中にあって告発的性格に根底から規定された最も極端な例は社会主義イデオロギーですが、社会主義イデオロギーは自らの告発的性格によって窒息し、亡んでいきました。そのことによって社会主義思想が主観性の哲学のラディカルなイデオロギー的表現であったことが知られます。社会主義世界を亡ぼしたもの、その真の原因はおそらく、資本主義や市場主義というよりは、自らの告発的性格だったのではないでしょうか。社会主義は世界を告発し、世界を非難することしか知りません。そこでは当然生は収縮せざるをえず、その結果社会の萎縮と無責任が世にはびこることになります。共感と生の充実は総じて失われてしまいます。生の高揚はそこでは期待すべくもありません。これが社会主義世界の実相です。これこそハイデガーのいう「存在の脱去」（Entzug des Seins）であります。旧社会主義諸国や旧ベルリンのあの荒廃を思い出していただきたい。社会主義の滅亡は必然でした。しかし社会主義イデオロギーは亡びても、西洋近代の主観性（Subjektivität）は亡びません。後期近代世界をなお広く蔽う告発的性格がこのことを示しています。後期近代世界はなお依然として「正しさ」という観念に呪縛された社会でありつづけているのであって、人権、差別、ハラスメント、禁煙、コンプライアンス、フェミニズムなどに見られる近代社会の告発的性格とヒステリー性に気づかぬ人がありましょうか。あれら非難の諸カテゴリーはいずれも社会主義イデオロギーの変容形であって、主観性の告発的性格に発しています。後期近代社会を広く蔽うあれらの諸現象にわたしは見紛いようもなく主観性のラディカルな本性を見るものであります。これら非難の諸カテゴリーで呪縛された後期近代社会は総じて主観性がヒステリー化した社会であるといって過言ではないのではないでしょうか。ここにこそわたしたちは主観性原理（Subjektivität）の本性を否応なく感じ取るのであります。

しかし正しさや誠実性は、ハイデガーにいわせれば、真理の頽落態でしかありません。主観性が対象との一致をいかに確認しようが、したがって己の知の正しさ、正当性、誠実さをいかに称揚しようが、存在は対象とはならない原理であるだけに、そういったものは存在の知ではないからであります。存在の現出、存在の湧出こそが真理なのであります。ギリシア的な意味での「真理」（アレテイア）なのであります。実は、他所でも述べましたが、存在は否定性の構造であって、主観性が己の前に対象として引き立てることのできるようなものではないのであります。対象は存在者であり、肯定的定立であります。否定性は肯定的定立とはなりえません。したがって対象とはなりえません。パルメニデスはこの真理をいち早く認識した哲学者でした。主観性がいかに存在を対象とし、その真理を語った積もりでいても、対象でない以上、それはある定立物、したがって存在ならざるもの、すなわち存在ではないのであります。この点を曖昧にしてはなりません。ハイデガーが「存在と存在者の存在論的差異」（die ontologische Differenz von Sein und Seiendem）（『現象学の根本諸問題』）を繰り返し強調しなければならなかったゆえんはここにあります。むしろ対象とされれば、対象たりえない存在はそれからすり抜け、その背後に隠れてしまいます。己の前に対象として立てる仕方でしか知を開くことのできない主観性の哲学が必然的に存在の取り逃し、存在の逸失にならざるをえないゆえんもまたここにあります。西洋近代の主観性の哲学は総じて「正しい哲学」ではあっても、「真理の哲学」ではなかったのであります。カントの批判哲学も、フッサール現象学も、突き詰めれば、己の知の正当化に終始する哲学でしかありません。そういった性格にそれらが己の知の正しさに対する不安の上に立つ哲学でしかなかったことが見紛いようもなく現れています。言い換えれば、その実体が主観性であることが隠れようもなく現れています。

今となっては、このような哲学にどうして近代全体が耐ええたのか、また耐えているのか、のみならず、それを近代の知の代表ででもあるかのようにどうして遇しえたのか、不思議な気すらしてきます。ただ己にこだわりつづけるだけの知に近代人はどうして「哲学」という偉大な名を冠することができたのか。それが近代哲学であるといえばそれまでですが、いずれにせよ、ここに近代がひとつのイデオロギーでしかない事実が端的に示されています。近代はただ己にこだわりつづけるだけの文化なのであります。またそれを自らに許した文化なのであります。しかもそこにある種の知的使命意識すら認めてきた文化なのであります。

しかし哲学はもっと大きくなければならないのではないでしょうか。哲学は偉大な学であり、また偉大でありつづけねばなりません。人類のためにも偉大でなければなりません。偉大なものによってしか人間は救われません。己にこだわりつづけるだけのあのような卑小な精神によって人間が救われるなどと思うのは、人間がえらく見くびられたものであります。人間はもっと大きくあるべき存在であります。存在（Seyn）にとって人類などどうでもよいことかも知れませんが、ここでは敢えてこういっておきたいと思います。哲学は近代に拘束されつづけてはなりません。己にこだわることに拘束されつづけてはなりません。また「正しさ」の呪縛に束縛されつづけてもなりません。脱近代は何よりもこの呪縛と不安からの解放でなければなりません。同時に告発意識への囚われからの解放でなければなりません。後期ハイデガーがひたすら脱存（Ek-sistenz）を説いた精神もここにあります。ハイデガーの脱存（Ek-sistenz）は主観性の我執への囚われからの解放を説くものであって、主観性の我執からの解放がならずしてどうして存在の真理が現れることなどありえようかというのが、おそらくハイデガーのいいたいところなのでありましょう。そしてそれはまたヘラクレイトスの訴えるところでもありました。「自惚れは気違いである」（ヘラクレイトス断片B 46）。自惚れは主観性の我執であります。主観性の我執を脱さずして世界のロゴスが受け取られることなどありえないのであって、したがって救いが訪れるということもありません。ロゴス（存在）の到来こそが救いの訪れなのであります。主観性によっては人は救われません。

ヘーゲル哲学

ヘーゲルが哲学を精神の自己意識（自覚）の過程として記述したとき、主観性の自己主張はその頂点に達しました。ヘーゲルにいたって主観性は遂に自らを存在そのもの、世界そのものと宣言するまでになったのであります。自己意識の過程、自覚の過程を世界実現の過程と同一視すること、これは世界の過程を精神そのものの過程とすることであります。ヘーゲルは無邪気にも「真なるものを実体（Substanz）として捉えるだけでなく、それを主体（Subjekt）としても捉え、表現する」（『精神現象学』序言）と宣言しています。こういった命題が臆面もなく主張されたところにヘーゲルの時代の主観性の立ち位置が窺われます。ここでは世界と主観性を完全に同一視することが宣言されているのであります。精神とは主観性の実体化された表現以外のものでありません。精神、すなわち主観性そのものが世界であるという宣言、これがヘーゲルの絶対的観念論の意味であります。

これをヘーゲルは「思惟と存在は同一である」というテーゼの上に基づけていますが、このテーゼそのものはフィヒテの事行（Tathandlung）からきています。パルメニデスからきているのではありません。ヘーゲル自身は自らのテーゼの出所をパルメニデスに求めたがっていますが、パルメニデスの預かり知らぬところです。しかしフィヒテの事行（Tathandlung）は、彼が絶対的自我（das absolute Ich）と呼んだ超越論的主観性においてはじめて成立する事態であります。この超越論的主観性をヘーゲルは一気に世界へと拡大するのであります。しかも歴史性を含んだ世界へとであります。また自己意識（自覚）の実現の過程をヘーゲルは自由の実現の過程として記述しますが、自由というのは本来主体性に係わって語られる概念であります。それが世界過程に係わって語られているのであります。主体性の述語を世界の述語とするということは、世界を主体性（主観性）とする以外の何ものでもなく、ヘーゲルにいたって主観性は遂に世界そのものとなりました。主観性を世界（存在）そのものと断じる信じ難い暴挙がここには表現されています。ヘーゲルは世界歴史（Weltgeschichte）を世界法廷（Weltgerichte）と見ていますが、その実際の法廷は近代でしかなかったのであります。近代という一時代の法廷で世界歴史を判決しうると考えるとは、何という途方もない不遜でありましょうか。否、これはもうほとんど狂気であります。「自惚れは気違いである」（断片 B 46）という前掲のヘラクレイトスの吐言はヘーゲル哲学にこそ該当します。

ただヘーゲルの場合には、主観性が世界精神あるいは時代精神として記述されたことによって西洋近代の主観性の哲学が陥った陥穽（超越の構造）から半ば免れている点が独特であります。ヘーゲルは『精神現象学』を当初「意識の経験の学」と称していました。感覚的確信から絶対知にいたる意識の経験の旅程の叙述が『精神現象学』の内容であります。ところで「意識」（Bewusstsein）とは、ハイデガーも指摘するように、Bewusst - sein ということ、すなわち「知っている」ないし「知られてある」ということであり、知（Wissen）と存在（Sein）の結合概念であります（ハイデガー『ヘーゲルの経験概念』参照）。ヘーゲルの「意識」は知と存在という両面を具えているのであり、このどちらの面を強調するかでヘーゲル評価が異なってきます。O・フィンクは存在の面を強調し、ヘーゲル哲学は即自存在（Ansichsein）から対自存在（Fürsichsein）にいたるいわば存在の移行を語った哲学であると解釈し、ヘーゲル哲学を「存在の哲学」として評価しました。彼はフッサール現象学から出発し、『デカルト的省察』の第六省察の執筆をフッサールから依頼されるなど、わが国では永らく現象学者と目されてきた哲学者ですが、真実のところはフッサーリアンというよりはむしろヘーゲリアンともいうべき哲学者なのであります。少なくとも中期以降はそうでした。

それに対してハイデガーは真実はむしろ逆だといいます。ハイデガーはヘーゲルをあくまでも「知の哲学者」、そういう意味において「近代の哲学者」と断じます。ヘーゲル哲学はむしろ存在を全面的に知に帰一せしめた哲学と断じざるをえず、そういう意味でヘーゲル哲学はハイデガーには「西洋形而上学の完成」なのであります。しかも知（Wissen）をあたかも存在（Sein）そのものであるかのように叙述した哲学であるだけに（そのことによってヘーゲル哲学は近代の大方の哲学が陥った超越の構造からは免れることになりましたが）、その不当性は一層極まるといわねばなりません。彼はヘーゲル哲学を西洋形而上学の完成形と目し、これと対決しました。西洋形而上学との対決を畢生の課題とするハイデガーにとってヘーゲルはまさに不倶戴天の哲学者だったのであります。ハイデガーにとってヘーゲルは「決定的な敵手」であり、ハイデガーのヘーゲル論は「高度な意味での精神的闘い」であったとフィンクは述懐しています（フィンク『存在と人間』参照）。

さてヘーゲルは『精神現象学』以降ではこの意識（Bewusstsein）を精神（Geist）として実体化し、これを歴史に埋め込みます。そのことによってヘーゲル哲学は歴史性を獲得することができました。ヘーゲル哲学の見るべき点はその歴史性にあります。歴史哲学こそヘーゲル哲学の真髄であります。歴史の本質を哲学したことによってヘーゲルは偉大でしたが、しかしそのことによっても彼は近代という自らの限界を越えることは結局できませんでした。歴史の存在論であることによってヘーゲル哲学は半ば「存在の哲学」としての性格を獲得しましたが、しかしそれを貫く原理はやはり精神（Geist）、すなわち主観性（Subjektivität）なのであります。

ヘーゲルは哲学を歴史の弁証法的発展の諸段階の記述とします。弁証法という形で否定性を取り込むことによってヘーゲル哲学は存在の一端に触れるところまではいきました。しかし否定性を弁証法という論理の中に組み込んでしまったために、否定性を真理そのものとして取り出すまでにはいたりませんでした。彼の場合には否定性は論理の中の一項でしかないのであります。ここでは否定性が矮小化されてしまっています。しかも弁証法はヘーゲルにおいては精神の自己展開の論理であります。したがってヘーゲルにおいては否定性も結局は精神の論理の中に組み込まれ、主観性の中に収められているのであります。言い換えれば、主観性の論理の中に組み込まれてしまっているのであります。その結果、精神の弁証法的展開とされる歴史もまた主観性の論理の中に組み込まれることとなりました。これは、一見するところ、歴史に対する彼の哲学の勝利ですが（もしこれが正当とされるなら、偉大な勝利です）、しかし実は彼の哲学が主観性の軍門に下った瞬間なのであります。否、彼の哲学だけでなく、歴史を含む存在のすべてを主観性の軍門に隷属せしめた瞬間なのであります。何という暴挙、何という不当でありましょうか。歴史の発展とは、彼によれば、精神の発展、換言すれば、精神の自己意識（自覚）の諸段階であります。それがまた同時に自由の実現の諸段階でもあると彼はいいます。しかし精神とは、前述のように、実体化された主観性以外のものでありません。そして自由とは精神の述語です。したがって歴史の存在論というその偉大な仮面の下にあるものはやはり主観性という近代哲学の原理でしかないのであります。ヘーゲルはギリシアに憧れ、ギリシアを偏愛していますが、偉大なギリシアの衣を纏いながらも結局彼は近代人でしかなかったのであります。ヘーゲルは「存在の哲学」（ギリシア）と「知の哲学」（近代）という二つの顔を併せ持つヤヌスのような哲学者なのであります。進歩性と歴史性という彼の哲学のアンビバレンツな両面がある意味で魅力となり、ヘーゲル哲学は彼の時代のドイツにおいて多大の賛同を見出しましたが、また近・現代の哲学に及ぼしたその影響は絶大なものがありますが（唯物論哲学ですら彼の哲学を採用しました。ただしその精神を脱魂し、哲学を転倒することによって）、彼のギリシア的側面、言い換えれば、存在の哲学の側面はやはり仮面でしかなかったとわたしは思います。彼の浩瀚な哲学を読み終わったときに襲ってくるあの深い失望感はおそらくそういったところに起因するのでありましょう。彼も結局は近代の主観性の哲学者でしかなかったとわたしは断じます。

存在を精神の中に組み込むヘーゲル哲学と同じ暴挙はすでにシェリング自由論の Natur in Gott という概念においても見られます。この概念の実質語るところは自然（ピュシス）を精神の中に位置づけるということであり、これはまさに自然（ピュシス）と主観性の逆転であります。神とは精神に他ならず、精神は主観性に他なりません。ドイツ観念論哲学は一般に存在（自然）を主観性（精神）の中に組み込むという転倒の上になった哲学であり、わたしたちはドイツ観念論というあの尊大な哲学体系の破天荒にあらためて疑いの目を向けねばなりません。ドイツ観念論哲学の実質意味するところは存在と主観性の逆転なのであります。主観性の中に存在を置くとは、何という暴挙、何という不遜でありましょう。人間が精神の名を借りて存在をも飲み込むほどに肥大化してしまっています。どうしてあのような暴言が白昼堂々と主張されえたのか、しかも大学のアウラで語られえたのか。これは紛れもない白昼の狂気であります。存在が安く見積もられたものであります。これを存在は許しません。ヘーゲルをペテン師と呼んだショウペンハウアーの罵りはあながち私憤からだけのものでなかったのかも知れません。

アートマン、ブラフマンを飲み込む。

西洋形而上学はこのように近代にいたって主観性の哲学という自らの正体をあからさまにし、遂には主観性が自らを世界そのものと宣言するまでになりました。ないしは主観性が存在を飲み込んでしまいました。アートマンがブラフマンを飲み込んでしまったのであります。驚愕すべきことといわねばなりません。近代世界はブラフマンに対するこの恐るべき犯罪の上になった世界なのであります。現代フランスの哲学者ボードリヤールですら近代世界を悪の世界と見ています。彼の言を借りれば、「透き通った悪の世界」です。近代世界が犯罪であることをわたしたちは肝に銘じねばなりません。だからこそ近代世界において「正しさ」が前景に出てくるのであります。西洋近代の哲学全体を蔽ったイデオロギーは「正しさ」という主観性のイデオロギーですが、このイデオロギーのもとでは当然存在の真理は「正しさ」によって歪められずにいません。この哲学が捉えるのは世界の半面でしかないのであります。存在の真理は「正しさ」に尽きるものでないからであります。このような哲学に対しては存在は自らを閉ざさずにいないのであって、哲学は今や存在を見失った故郷喪失的学知でしかありません。哲学が「学者」という名の一部の奇形の手に帰し、世界を救う知となりえなくなってしまったゆえんはおそらくここにあります。哲学は本来存在の真理の開示に協力すべきものであり、およそ存在するものが大なる存在に帰郷し、自らの存在を確信するのに寄与すべきものであるはずです。ところが今やそれは存在を告発し、ひたすら存在を隠蔽するだけのものになり下がっているのであります。その理由は何か。それは、要するに、哲学が主観性の手に帰してしまったということであります。主観性の手に落ちればすべてが駄目になってしまうということであります。哲学は今や主観性の学知でしかありません。言い換えれば、ただ己にこだわりつづける我執の知でしかありません。近代哲学が自賛してやまない学問性(Wissenschaftlichkeit)への囚われこそ、哲学から存在に耳を傾ける姿勢を奪い、哲学を貧困化した当のものではないでしょうか。ハイデガーは「哲学は学（Wissenschaft）ではない」とはっきり語っています（一九二八／二九年冬学期講義『哲学入門』参照）。そしてまさにこの存在から切れた故郷喪失的原理である主観性の哲学が近代のテクノ・サイエンスと合体することによって、近代世界を出現させたのであります。ハイデガーのいうキリスト教とラテン人による科学技術文明の勃興であります。その先端が原発であり、3・11のカタストローフによってその癒し難い凶悪性があらわになりました。「フクシマ」は今や近代的テクノロジーの「絶望の地」の代名詞でしかありません。

西洋形而上学の帰結としての近代世界（ハイデガー対世界）

したがって近代世界はプラトン以来の西洋形而上学の帰結なのであります。キリスト教的プラトニズムの帰結であり、しかもその最終的帰結であります。換言すれば、西洋形而上学の駆動原理である主観性がほぼ完全に己を実現した世界であり、主観性原理（Subjektivität）によって決定的に規定され、蔽い尽くされた世界なのであります。主観性が生み出す世界、それはゲステル（Gestell）であります。そしてそれがまさに近代世界そのものなのであります。主観性は「前に立てる」（Vorstellen）原理であり、主観性によって出現した世界はその前に立つ一対象とならずにいません。その結果世界はゲステルとして立ち上がることになりました。今日の大都市空間に出現したあれらの巨大ゲステルを見るとき、近代世界を立ち上がらせた主観性原理の駆動力の巨大さに驚を禁じることができません。否、むしろ異様さすら感じます。近代世界の基本的性格はそれがゲステルであるという点にあるのであって、この本性に近代世界の諸問題の発生源があるのであります。ゲステル（Gestell）こそ近代世界の基本的性格であり、その原理が主観性（Subjektivität）であることを雄弁に証言しています。

ところで、このゲステルの世界においては、一切が「用立て」（Bestellen）の機構の中に投げ入れられます。ここでは、人間も含めて、すべてがBestand（用材、在庫）であります。この機構においては、機構内における意味、すなわち用立ての相互関係、効用、有用性が唯一の意味なのであります。ここではユーティリティが全能の神であります。そして効率がその婢であります。アメリカのプラグマティズムないしネオ・プラグマティズムが彼らの「哲学」なのであります。これら一切が協働して今日の世界を巨大な市場と化しました。この世界ではすべてが商品であります。遺体すら商品です（葬祭産業にとって）。今日の野辺の送りはすべからく偽装です。葬送が商品経済の中に組み込まれてしまっているのであります。この点ではマルクスの分析は間違っていませんでした。

このゲステルの世界の問題性は、それが存在から遊離し、存在から切れた世界にならざるをえないということであり、故郷喪失の世界とならずにいないという点にあります。主観性は存在に対して身を閉ざす原理であり、それが現出させる世界は必然的に存在から切れたものにならざるをえないのであります。否、主観性は単に存在に対して身を閉ざすだけではありません。むしろそれを積極的に隠蔽します。存在は主観性の前に立つ一対象とはなりえない原理であるだけに対象志向的な主観性の志向性の強化はそのまま存在の逸失にならざるをえないからであります。主観性の前に存在は現れません。そしてそれが、ハイデガーの理解によれば、西洋形而上学（die abendländische Metaphysik）であり、プラトニズムとヘブライズムの合体によって強化された西洋形而上学が二千有余年にわたって推進してきた動向なのであります。その結果が、前述のように、中世世界であり、近代世界であります。特に今日の後期近代世界は主観性が個的主観性としても立ち上がり、この事態を極端にまで昂じさせました。結果は荒廃の広汎な進行であり、ニヒリズムの世界的規模での浸透であります。存在から切れたところ、そこは荒廃の支配するところとならざるをえないからであり、存在が失われたところ、そこにあるのはニヒル以外のものでないからです。近代世界のこの実相をハイデガーは Seinsverlassenheit（「存在の見捨て」、「存在に見捨てられた有様（渡邊二郎氏訳）」）と名指していますが、ゲステルとして出現した近代世界はまさに存在が脱去した世界であり、ニーチェが語った「ヨーロッパのニヒリズム」（『権力への意志』第一書）の最終形態なのであります。故郷喪失（Heimatlosigkeit）が世界の運命となったのであります（ハイデガー『ヒューマニズムについて』）。

西洋は今や「夕べの国」（Abendland）であるどころか、存在の立ち去った「闇の世界」となってしまいました。しかしこのことは特殊ヨーロッパの問題ではなく、今日では地球規模での実相であります。世界は今日「ハイデガー対世界」（Heideggeus contra Mundum）の様相をますます強めています。アメリカ発のグローバリズムの進行の過程で世界のいたるところで露呈している崩壊的な諸現象はまさにこの故郷喪失（Heimatlosigkeit）、存在棄却（Seinsverlassenheit）の現象諸形態以外の何ものでもありません。グローバリゼイションは市場主義の徹底化の推進という形で現れていますが（TPPもそのひとつです）、市場主義は主観性の論理のラディカルな一表現であり、グローバル・スタンダードとは主観性の基準原理を地球的規模で語ったものに他なりません。そしてその政治的、社会的論理がデモクラシーであります。したがってグローバリゼイションはデモクラシーの地球的規模での押しつけとしても作動します。この作動が今日世界のいたるところを戦場と化しました。また市場主義は一切の価値を交換価値に集約せずにいませんが、交換価値は価値の数学化であり、このような等価交換の価値体系は、数学が存在から遊離した抽象的学知であらざるをえないように、存在に根づく諸価値から遊離した故郷喪失的価値体系とならずにいません。貨幣を媒介にした等価交換の近代的価値体系の問題についてはバタイユないしはボードリヤールの議論を思い出していただきたいと思います。また主観性は本来類的存在である人間を個に解体し、個として立ち上がらせ、そのことによって人間をバラバラにします。むしろ類に反抗させせます。それを彼らは「人権」と称します。主観性という推進原理によって駆動されたグローバリゼイションはまさにこのような交換的、数学的価値体系の世界浸透、人間の徹底的個別化の推進に他ならず、その浸透の途次、それは存在に根づくエートスのことごとくを破壊し、駆逐せずにいませんでした。主観性原理（Subjektivität）とそれを駆動力とするグローバリゼイションはまさに存在を破壊する原理であり、破壊の推進なのであります。これが類的人間の個別化（これは人間本質からの人間の切り離しを意味します）、その結果としての人間相互の不信、人心の荒廃、家制度の破壊、核家族化、ケアの社会学、すなわち高齢者介護の外部化、通り魔殺人を含むほとんど理由のない殺人の日常化、地域社会の崩壊、農村社会の限界集落への凋落など、今日のわたしたちがまさに目にしている世界の諸相であります。

さらに巨視的に見るなら、情報工学に基づく金融市場の過度の肥大化による国家財政の事実上の破綻、産業エネルギーの肥大化した需要による原子力行政とその破綻、過度の工業化による環境破壊とその結果としての森の破壊、それによる自然災害の悪魔的巨大化など、すべては肥大化し先鋭化した主観性が生じさせたものであり、主観性原理の必然的結果であります。わたしたちは主観性という原理（Subjektivität）の深刻さを認識しなければなりません。ひたすら存在を駆逐するこのような主観性の世界になおどのような救いがあるというのでしょうか。人間が狂いだすのは当然であります。人間は、いかにその主観性を原理として誇ろうとも、ファンダメンタルにおいては依然として自然存在であり、自然をカットした数学的空間の中で正常に生きつづけられるわけがありません。存在が脱去した空間の中で変調をきたさず生きつづけられるわけがありません。世界はますます危険化しているといわねばなりません。「危険のあるところ救いもまたいや増す」（パトモス）というヘルダーリンの予感に満ちた詩句がその通り近代世界に対する救済の予言であることが今日ほど期待される時代はかつてなかったといって過言でありません。救済の原理が今ほど期待される時代はかつてなかったといって過言でないのであります。哲学はまさにこの課題に答えねばならず、存在の回復による救済の原理なり論理を見出すことが哲学に課されています。哲学は人類を見捨ててはなりません。哲学が見捨てれば、人類はおしまいです。

存在の故郷への望郷

主観性原理に支配される以前の思索の世界、それが、ハイデガーの理解によれば、初期ギリシア哲学の世界なのであります。ハイデガーが初期ギリシア哲学の世界を「存在の故郷」(Heimat des Seins) として望郷したゆえんであります。それゆえそれは主観性の形而上学が現出させた故郷喪失の近代世界に唯一対峙する世界であったわけであります。二五〇〇年以上も前に近代世界に対峙し、それに原理的に問いかける世界があったのであります。存在がまだ現成 (wesen) していた世界があったのであります。しかしこの世界は失われてしまいました。ないしは封印され、隠蔽されてしまいました。

初期ギリシアの哲学者たちの思索は散乱する断片としてしかわたしたちに伝わりません。その散乱状態は古代の遺跡のそれを思わせるものがあります。散乱する断片をすべて拾い集めても、復元できる初期ギリシアの思索の世界は、せいぜいディールス／クランツ編纂の三巻の『ソクラテス以前哲学者断片集』(H.Diels/W.Kranz : Die Fragmente der Vorsokratiker, 3 vol.) によって示唆されている程度か、それをわずかに上回る程度のことでしかないでありましょう。初期ギリシアの自然哲学者の世界はいわば「失われた世界」なのであります。ちょうど古代遺跡が失われた古代世界の痕跡であるように、今日わたしたちが接する初期ギリシア哲学は失われた思索世界の断片でしかないのであります。しかしこの喪失は決して偶然の結果ではなく、ましてや自然のなりゆきなどではなく、その下に密かな意志の作動があったといえば、邪推といわれるでありましょうか。しかしその後の西洋形而上学の歴史が一貫して主観性の哲学のそれであることを想うとき、またその封印がどこまでも一貫していることを想うとき、これは単なる推測ではありません。存在の現れに対する主観性の過敏性、警戒心には驚くべきものがあります。その警戒心の執拗さには唖然とするものがあります。その敵意の執拗さには慄然とするものがあります。この存在に対する過敏性、警戒心、敵意こそ、その原理が主観性であることの何よりの証拠なのであります。

論者の見るところ、初期ギリシアの自然哲学の世界は隠蔽されたのであります。ある密かな意志が作動し、隠蔽され、封印されたのであります。しかもその封印が西洋の歴史において一貫して維持されつづけてきたのであります。だとすれば、この世界は何としてでも復元されねばならないのではないでしょうか。存在の真理が多少なりともあらわになっていた世界がかつてあったとするなら、しかもそれがあるイデオロギーのもとに封印され、隠蔽されつづけているとするなら、そのような世界を埋もれたままにしておいてよいはずがないではありませんか。発掘を呼び求める声が地の下から聞こえはしないでしょうか。存在の鳴動が根源から聞こえはしないか。初期ギリシアの思索の世界の復元は埋もれた存在の真理の発掘となるはずであり、存在の真理の露呈はゲステルと化した近代世界を逆照射し、その本性を炙り出さずにいないでありましょう。21世紀の今日において、言い換えれば、二五〇〇年も後の後期近代世界においてギリシア哲学を問う意味がなおあるとするなら、それはここにあります。否、ゲステルがその巨大な相貌を現しつつある21世紀の今日こそ、ギリシアに立ち戻り、初期ギリシアの思索の意味を問い直す必要性はますます増しているといわねばなりません。巨大ゲステルが立ち上がり、世界が危険化している今こそ、初期ギリシアの思索が再生され、存在の原初（Anfang des Seins）の姿が立ち現れねばならないのであります（日下部吉信著『ギリシア哲学と主観性』法政大学出版局、二〇〇五年、参照）。

ハイデガー自身は「ギリシアードイツ枢軸」に（彼の後期のスタンスでは、「ギリシアーアレマン枢軸」に）西洋形而上学（キリスト教的プラトニズム）によって失われた存在の思索の継承とその回復を期待し、ギリシア哲学に、その中でもとりわけソクラテス以前の初期ギリシアの自然哲学に存在の故郷を望郷したわけですが、しかしそのソクラテス以前の哲学も決してハイデガーが望郷したようなイデュリシュ（牧歌的）なものではなく、すでに主観性に汚染されてしまっていたといえば、意外とされるでありましょうか。実はピュタゴラスと共に主観性はギリシアに出現したのであって（ピュタゴラスの σῶμα - σῆμα - theory 参照）、ギリシア哲学は直ちにそれとの激しい戦いに巻き込まれています。むしろ主観性原理との厳しい相克と葛藤の関係こそピュタゴラス以降のギリシア哲学の全体的性格なのであります。しかもそれはいわば処女地へのはじめての汚染であっただけに、主観性原理の圧倒的な支配の中に生きる今日のわたしたちには想像もつかないほど鮮烈で痛切なものに感じられたのであります。大地が突然「アテ（禍）の歩む喜びなき大地」（エンペドクレス断片B 121）に一変してしまっています。主観性の出現によって世界が一変してしまったのであります。エンペドクレスの『カタルモイ』のあの叫びにも似た諸断片はこのことを雄弁に伝えています。

　わたし自身は主観性との相克の関係がギリシアにおいていかなるものであったか、このことをあらわならしめることを自らの研究課題としております。そしてそのことによって近代世界をゲステルとして出現させた主観性原理の性格とそのイデオロギー性を問うことを課題としています。このことは近代文明の本性と問題性を問うことでもあり、同時に今日アメリカ発のグローバリゼイションのもとに地球的規模で世界に浸透している原理の性格と問題性を哲学的に問うことでもあります。今日に生きる人々もその多くが今現在世界に浸透し、世界を支配しつつある原理が何であるか、その正体を承知していないのではないでしょうか。その巨大原理をそれとして自覚していないのではないでしょうか。世界で今一体何が起こっているのか、承知していないのではないでしょうか。そのことをわたしは懸念します。繰り返しますが、わたしたちは初期ギリシアの思索に立ち戻ってはじめてグローバリゼイションを推進する原理の正体とその意味を知るのであります。世界を二〇〇〇年以上にわたって支配してきた超越の構造を相対化しうるのであります。そしてそのことによって今日の世界の荒廃の根拠とその深度を突き止めることも可能となるのであります。わたしたちは近代世界とその文明を根本から問わねばなりません。さらにいうなら、近代世界を推進する原理の正体を見定めねばなりません。その正体こそ西洋形而上学（die abendländische Metaphysik）とその原理である主観性（Subjektivität）であり、ハイデガーがそれとの対決をその哲学の畢生の課題としたその当のものなのであります。

第30講 ハイデガーと西洋形而上学（其の二）

はじめに

近代世界の主導原理は主観性であり、主観性原理（Subjektivität）の世界浸透の結果、世界は全体としてゲステルと化してしまったとのことを前講でハイデガー哲学に依拠して論じました。今日の世界にあまねく見られる崩壊的な諸現象は主観性原理の地球的規模での世界浸透の結果でしかありません。このことによって惹き起こされた今日の世界状況をハイデガーは Seinsverlassenheit（存在の見捨て）あるいは Entzug des Seins（存在の脱去）という思想によって語りましたが（『哲学への寄与論稿』参照）、今日の世界はまさに存在が脱去した闇の世界といって過言でないのであります。いかに近代の工業世界が自らの繁栄を自賛しようともであります。しかし近代世界をゲステルと化したこの原理は近代になって突然出現したものではありません。むしろその最初の明確なヨーロッパ精神史への登場は古代ギリシアにこそあったといわねばなりません。ソクラテス・プラトンによる主観性の形而上学（die Metaphysik der Subjektivität）の立ち上がりと、遅れて西洋精神史に登場してきたヘブライズムの神という名の巨大な主観性の合体によって出現した巨大な超越の構造がヨーロッパ世界をトータルに支配するにいたったのであります。それが西洋形而上学であり、そういう意味において近代世界は西洋形而上学（die abendländische Metaphysik）の帰結なのであります。本講では主観性原理のギリシアへの出現と、その結果ギリシア世界に生起した「存在をめぐる巨人闘争」（プラトン）を俯瞰し、後期近代世界の問題性に存在の脱去という視点から省察を加えたいと思います。

主観性原理の登場

前講でも述べましたが、ハイデガーは、プラトンと共に主観性の形而上学（die Metaphysik der Subjektivität）が立ち上がり、存在の真理を隠蔽してしまったと断じました。そしてキリスト教とラテン人の文化によってこのことは決定的となり、それ以降哲学は故郷喪失の状態にあり、西洋形而上学は存在に対して身を閉ざしてきたとハイデガーはいいます。そしてこの西洋形而上学の帰結が中世世界であり、近代世界であると。ハイデガーの理解によれば、今日のこの世界は哲学が生み出した世界なのであります。決して政治や経済が生み出した世界なのではありません。政治や経済は哲学の結果でしかありません。政治や経済関係のみで歴史や社会を説明する解説が紙上では一般的ですが、皮相です。近代世界は西洋二五〇〇年の形而上学の帰結なのであります。ある特殊な哲学の結果なのであります。したがってわたしたちは近代世界を理解するためにも世界をゲステルと化した原理の古代世界への出現とその後の動向を見定めねばなりません。その原理の本性を見極めねばならないのであります。

しかし主観性原理（Subjektivität）のギリシア世界への出現はハイデガーがいうよりも早く、すでにソクラテス以前の初期ギリシアにあったとわたしは考えています。ピュタゴラスの魂転生説の導入と共にギリシアに出現した原理、それが主観性（Subjektivität）であったとわたしは思います。このことは、肉食の忌避、神経症を思わせるような潔癖癖、穢れに対する過敏性、アクウスマタと呼ばれるさまざまなタブーによる過剰な自己緊縛、尋常ならざる沈黙と学派の異常な閉鎖性・警戒心・猜疑心、学派内における猛烈ないじめ現象、予知や透視、超常現象の報告など、いずれも主観性の心理学として語りうる現象がピュタゴラスの周辺に多数見られることからも感得されますが、何よりも彼が数学的な理念的世界を出現させたことがそのことを雄弁に物語っています。理念的世界は意識の志向性の先端に開かれる世界であり、その志向性が主観性の超越の構造に基づくそれであることはわたしたちがフッサール現象学から明確に学ぶ認識のひとつであります。したがって、もし哲学が理念的世界の展開とされるなら、哲学はピュタゴラスによって開始されたといって過言でありません。理念的世界の出現は人類を動物類の一種から一挙に神的存在と化すほどの奇跡的な出来事でしたが、そのことはピュタゴラスという主観性の西洋世界への登場なくしてはありえなかったことでありましょう。理念的世界を志向する西洋形而上学の出現は、突き詰めれば、人類はこれをピュタゴラスに負っており、その上に築かれた西洋文化はピュタゴラスをその開祖としているのであります。そういう意味において、もしこれを肯定的に捉えるなら、西洋文化の最大の恩人というべきはピュタゴラスなのであります。この点は曖昧にしてはなりません。そしてこのピュタゴラス主義の上にプラトニズムが構築され、そのプラトニズムの上に西洋近代の科学的知の成立もありました。したがってプラトン以来の西洋形而上学も、カントの超越論的哲学やフッサール現象学を含む西洋近代の認識の諸哲学も、西洋形而上学の孫ともいうべき近代科学もすべて、帰するところ、ピュタゴラス哲学から発しているといって過言でないのであります。ピュタゴラスこそ西洋近代世界の開祖なのであります。近代世界の開祖をデカルトに見る見方がありますが、皮相です。デカルトは結果でしかありません。デカルトはコギトを発見したかも知れませんが、そのコギトの中に潜む主観性（エゴ）こそが近代世界を作り出した原理であり、そのエゴを西洋精神史の中に持ち込んだ人物こそピュタゴラスなのであります。コギトが近代世界を生み出す原理になりえたのは、そのコギタチオ（思惟性）にあったというよりは、その中に潜むエゴにこそあったのであります。

ピュタゴラスによる主観性原理（Subjektivität）のギリシアへの導入は当然ギリシア世界に深刻な葛藤をもたらさずにいませんでした。東西のいずれからであるかは必ずしも定かでありませんが、ピュタゴラスと共に主観性は前六世紀の後半にギリシアに出現したのであって、そのことによってギリシア哲学は存在と主観性の相克と葛藤の修羅場と化しました。存在（ピュシス）と主観性の対立と葛藤の最初の顕在化をわたしたちはピュタゴラス以降の初期ギリシア哲学において見るのであります。その相克と葛藤がいかなるものであったか、またその深度はどうであったか、このことを問うことこそ哲学の最重要課題であります（拙著『ギリシア哲学と主観性』法政大学出版局、二〇〇五年、参照）。存在（ピュシス）と主観性の葛藤こそギリシア哲学の基本的性格ですが、この葛藤がやがて二五〇〇年の西洋形而上学の基本的対立となったことを考えるとき、ピュタゴラスによる主観性原理のギリシア世界への導入こそ決定的事件であったといわねばなりません。ピュタゴラスこそ運命的人物であります。ピュタゴラスを「謎の哲学者」という人がいますが、彼は謎ではありません。彼の原理は明快です。学説誌は彼の哲学の本性を明確に伝えています。

主観性（Subjektivität）はその当時のギリシア世界に衝撃的な原理として受け止められたようであり、多くの知識人がそれに魅入られ、その影響を受けましたが、他面それに対する反撥もまた激しいものがありました。イアンブリコスは二三五名のピュタゴラス学徒の名前を挙げていますが（イアンブリコス『ピュタゴラス伝』267）、これは当時の哲学人口としては驚くべき数であります。主観性が当時のギリシアの知識人層をいかに魅了したか、この数字が雄弁に物語っています。それほどにも主観性のギリシア世界への登場は鮮烈だったのであります。エンペドクレスはピュタゴラス主義に触れた結果、自らの人格を分裂させてしまっています。それだけにそれに対する反撥もまた激しいものがありました。ヘロドトスの根深い嫌悪感、ヘラクレイトスの猛烈なピュタゴラス攻撃に反撥意識の強さを見ることができます。「ピュタゴラス、嘘つきの元祖」（ヘラクレイトス断片B 81）。

当然それはまたギリシア世界一般の伝統的意識からも猛烈な反撃を受けずにいませんでした。その決定的な現れがイタリアにおけるピュタゴラス派大迫害であります。ピュタゴラス派に対する迫害はギリシア伝統社会の反動ということができると思いますが、そういった反動がむしろギリシアの新興の地、南部イタリアのマグナ・グライキアにおいて生起したことが注目されます。新興の地の方がしばしば伝統に対する想いは深く、反動もまた苛烈にならずにいないのであります。このことによってイタリアにおけるピュタゴラス派はほぼ壊滅しましたが、しかしピュタゴラスによってギリシアに植え付けられた主観性がそれによって完全にギリシアから駆逐されるということはなく、それはやがてギリシア中央部に到達し、ソクラテス、プラトンに受容されるところとなりました。ソクラテス・プラトン哲学によって主観性がギリシアの中央部に鎮座することになったのであります。これがソクラテス・プラトン哲学の歴史的意味であります。これはまさに戦慄すべき出来事であって、主観性は一旦植え付けられるや、それを根絶することはもはや不可能なのであります。ここに西洋哲学の運命のいわば発端がありました。さらにいえば、西洋世界、ひいては人類の運命の発端がここにあったことがこの後の歴史の展開から知られます。ソクラテス、プラトンのピュタゴラス主義継承と共にハイデガーのいう主観性の形而上学（die Metaphysik der Subjektivität）が立ち上がったのであります。主観性原理（Subjektivität）の西洋世界への登場こそ西洋の運命（ゲシック）ともいうべき決定的生起であったといわねばなりません。

存在（ピュシス）と主観性の初期ギリシア期における抗争

なぜギリシアはピュタゴラスの出現にあれほど驚愕しなければならなかったのでしょうか。なぜ自ら営々として築いた都市や文化を荒廃に帰すという犠牲を払ってまでもギリシア人はピュタゴラス主義を排除しなければならなかったのか。この激震は、そこにそれまでのギリシア人にとってまったく未知であった原理が出現したことを推測させるに十分であります。しかもそれがギリシア人にとうてい受け入れられないような差異意識を伴うものであったことを推測させるに十分であります。ピュタゴラスが何者であったか、彼が何人であったのかを確かめる術はもはやありませんが、ただ彼の原理がギリシア古来のものでなかったこと、少なくとも当時のギリシア人にヘラス固有のもの、ヘラス人と同じ血筋のものと感じさせなかったことだけは確かであります。このことはヘロドトスの魂転生説への言及に込められた深い嫌悪と軽蔑の響き、ヘラクレイトスの猛烈なピュタゴラス攻撃、ピュタゴラス主義に触れた結果大地が突然「アテ（禍）の歩む喜びなき大地」（断片B 121）に一変してしまったエンペドクレスの原体験などから知られます。ピュタゴラスと共にまったく異質の原理がギリシアに出現したのであります。しかもそれはおそらく東方から現れたのであります。プラトンによればそれはトラキアからであり（プラトン『クラテュロス』400 B‐C）、ヘロドトスによればエジプトからです（『歴史』II 123）。もしシュロスのペレキュデスを経由してであるなら、フェニキアからです（『スーダ』「ペレキュデス」の項）。あるいはヨセフスによれば、ユダヤからであります（『アピオン論駁』I 163）。

ピュタゴラスはその教説の多くをユダヤ人から得ていたと、ユダヤ人作家のヨセフスは主張します。蛇足になるかも知れませんが、誤解を受けないためにヨセフス自身の言を以下に引用しておきます。

ヨセフス（『アピオン論駁』I 163）

さらに彼〔ピュタゴラス〕は次のように付言する。「ピュタゴラスのこのような言行はユダヤ人やトラキア人の思想を真似たもので、これを自分のものに変えたのである」と。実際のところ彼はユダヤ人のところにあった多くの掟を自分の哲学に変えたと伝えられている。

もちろんこれはヨセフスの自民族への牽強付会ともいうべきものでしょうが、しかしわたしはピュタゴラス主義とユダヤの一神教に共通する強い主観性性格を想うとき、ピュタゴラスとユダヤ人の間に何らかの関係を想定することはあながち絵空事ではないのではないかという気がしないわけでもないということだけは付言しておきたいと思います。いずれにせよ、ヨセフスはギリシア哲学の中に存するユダヤ的要素に極めて敏感な著作家でした。ギリシア人には見えないが、また一般に西洋世界の人間には感じ取れないが、ヨセフスには感知できるような要素がギリシア哲学の中にあったとしても不思議でないし、事実ヨセフスの言を聞いていると、そのような要素がなくもないように思われるのであります。しかしこのことについてはここで断定的に語るのは控えておきたいと思います。ギリシア哲学とユダヤ思想の関係の問題は、西洋精神史におけるヘレニズムとヘブライズムの対立の深刻さを思うとき、極めてデリケートな問題といわざるをえず、より精密な研究に基づいてはじめて云々できる問題であろうからであります。また第三者が安易に判定を下せるような問題でもありません。

しかし、もしピュタゴラス主義がヨセフスのいうようにユダヤ起源であったとするなら、ピュタゴラスと共にヘブライ的因子がヘレニズム（ギリシア哲学）の中に植えつけられたことになります。そしてそれが前五世紀の後半にギリシア中央部に到着してソクラテス・プラトンの理念的哲学として立ち上がり（ハイデガーのいう「主観性の形而上学」の立ち上がり）、やがてキリスト教という姿を取って西洋精神史に遅れて登場してきたヘブライズムの本体と合体して、そのようにしてヘブライズムを基幹とする西洋形而上学（die abendländische Metaphysik）が西洋世界全体を席巻するにいたったというヨーロッパ精神史の流れの大きな構図を描くことが可能となるでありましょう。まさにニーチェが告発し、かつハイデガーが対決したのは、このヘブライズムの血脈に対してでありました。

ここでわたしたちがあらためて問わねばならないことは、それでは主観性到来以前のギリシアの基層文化は何であったかということであります。構造的な自然概念（ピュシス）にこそギリシア人の深層意識はあり、それがいわばギリシアの基層ともいうべきものを形成していたとわたしは考えます。それがギリシア人にとっての本来の存在でした。その基層、存在の上に前六世紀の後半にピュタゴラスによって主観性原理が東方オリエントのいずれかの地域からギリシア世界に移植されたのであります。ピュタゴラスによってギリシアに移植された主観性の思想はいわばギリシアの基層という「地」の上に描かれた「図」のごときものでした。この新しい「図」、この新来の原理に基づく知は外国産の知であり、この知は当然ギリシアの基層文化、ギリシア古来の伝統意識との間に葛藤を生じずにいませんでした。否、ギリシア伝来の存在（ピュシス）に根づく伝統意識からの激しい反発を受けずにいませんでした。事実初期ギリシアの世界はこの新しい原理を徹底的に否定しました（ピュタゴラス派大迫害）。しかしそれはギリシアから完全に駆逐されるということはなく、前述のように、ソクラテス、プラトンによって継承されるところとなり、こともあろうに、プラトンによって存在を封じ込める壮麗な形而上学として立ち上がることとなりました。存在（ピュシス）の「地」の上にいずこからか到来した新参の原理が存在を封じる巨大原理として立ち上がったということであります。まさに軒を貸して母屋を取られたという印象です。ここに「ピュシスとイデアの戦い」、「存在と主観性の抗争」という西洋二大原理の戦いの構図が出現しました。これをプラトンは「存在をめぐる巨人闘争」（γιγαντομαχία περὶ τῆς οὐσίας）（『ソピステス』246 A）と呼んでいます。そしてこの対立の構図はギリシアにとどまらず、それがその後の西洋世界を規定しつづけたのであります。西洋世界に生起したあらゆる対立・抗争の背後には必ず「存在と主観性」という西洋二大原理の対立・抗争があります。

ギリシアの主観性

以上、わたしたちは初期ギリシア哲学の諸動向を存在と主観性の対立・相克として見てきたわけですが、それにしてもギリシアの主観性は、ヘブライズムのそれと比較するとき、まだしもおとなしかったということができます。ギリシアにおいては主観性はまだ全体としては構造の中に包まれており、その立ち現れは基本的に構造の枠内でしかなかったということができるでありましょう。もちろんギリシアにおいても、前節の諸例も示すごとく、主観性はすでにその姿を現しており、主観性が自然（ピュシス）に対して立ち勝る機会を窺って身構えている兆候は枚挙にいとまがありません。主観性は、前述のように、ピュタゴラス主義と共にギリシアに出現したのですが、それはいわば千切れ気圧としてギリシアにやってきたようなもので、その本体はキリスト教という姿を取ったヘブライズムの到来と共に西洋世界に登場するのであります。そしてそれとの合体が西洋形而上学（die abendländische Metaphysik）を生み出しました。したがって主観性原理の本格的なギリシア世界、ひいては西洋世界への登場はヘレニズム期以降であったと見て差し支えないでありましょう。そしてこのことが世界を一変させたのでありました。しかし、未だ限定されたものでしかなかったにしろ、ピュタゴラス主義による主観性原理のギリシア世界への出現はギリシアの伝統的な基層文化に深刻な動揺を与えずにいませんでした。その都度それは自然（ピュシス）との厳しい相克の関係に立ちいたっています。主観性が現れれば、それを否定する虚的なエネルギーとして自然（ピュシス）もまた必ず立ち現れてくるのであって（これがソピストという現象です）、このことを一般的法則として確認することもまた哲学の重要な課題であります。そしてそこでは必ず自然（ピュシス）と主観性の相克と葛藤が生み出されずにいないのであります。むしろこの自然（ピュシス）と主観性の相克と葛藤こそギリシア哲学の全体的性格であり、ギリシア哲学史の中で見られる論争や対立はこの相克と葛藤の現象諸形態でしかなかったといって過言でないのであります。わたしたちがギリシア哲学史の中で目にする哲学者間のあれらの論争や抗争の下に存在と主観性という巨大二原理の対立・抗争の構図があったのであります。いわばブラフマンとアートマンの対立・抗争がその根底にあったということであります。ギリシア哲学を真に理解するにはそれら根源層における二大原理の動向を見定めねばなりません。いわば西洋精神史における二大プレートともいうべき原理の動向を見極めねばならないのであります。従来の『哲学史』のように同一精神の発展系としてのみギリシア哲学の記述を終らせるなら、それはギリシア哲学の改竄にならざるをえないでありましょう。

　主観性がこの葛藤から抜け出て立ち上がった哲学がソクラテス、プラトンの理念的哲学ですが、どうしてあのようなことがアテナイにおいて可能となったのでしょうか。それは前五世紀後半期以降のアテナイが脱自然化された都市空間だったからではないでしょうか。アテナイという特殊な環境がイタリアで徹底的に否定されたピュタゴラス主義の復活を、それもより大規模な復活を可能にしたのであります。ペリクレス時代後半期以降のアテナイはまさに大理石を敷き詰めた都市空間であり、脱自然化された都市環境でした。脱自然化という点でアテナイはギリシアにおいても稀有な空間だったのであります。そのような都市環境においては主観性が肥大化し、先鋭化せずにいないのであって、そのことは近代の大都市空間において見られるところであります。都市文化といわれるものはたいていは主観性のラディカルな自己表現であって、そのことはそれらが示すアグレッシブな性格から見紛いようもなく知られます。

脱自然的環境の中にあって肥大化し、先鋭化した主観性のギリシアにおける哲学的表現がソクラテスの道徳哲学であり、プラトンの理念的哲学なのであります。主観性の哲学は都会に咲く徒花なのであります。彼らの哲学は人間中心主義（Humanismus）であり、「正しさ」の観念に付きまとわれています。ソクラテスは自然にまったく興味を示さず、土地や木からは何も学べないといって散歩にもいかなかったといわれています（プラトン『パイドロス』230 D）。彼がもっぱら問題としたのはポリスにおける人間であり、ソクラテスの関心は徳の問題、ポリスにおける「正しさ」の問題に集中しています。彼はもっぱら人間を問題としたのであります。言い換えれば、主観性を問題にしたのであります。主観性は主観性にしか関心を示さないことがソクラテス哲学から確認されます。また脱自然化された環境の中にあって自立した主観性の超越的志向性が現出させた世界、それがプラトンの理念的世界であります。ある哲学が生み出される、その基礎にあるものは環境なのであります。およそ世界に存在するものは環境によって根本的に規定されずにいないのであって、哲学もその例外でありません。ソクラテス、プラトンの哲学はアテナイというギリシアにおいても稀有な空間が生み出した極めて特殊な哲学であったわけであります。ということは、「プラトンの解釈史でしかなかった」（ホワイトヘッド『過程と実在』）と総括されるあのヨーロッパ二〇〇〇年の哲学もまた、人類の哲学という観点から見れば、ある一時期の極めて特殊な哲学であったということになるのかも知れません。わたしたちは西洋形而上学の全体を相対化しなければなりません。

ソクラテス、プラトンの哲学は近代世界から偏愛され、過大に評価されていますが、それは近代世界が主観性を原理とする世界だからであります。しかも極端にまで昂じた主観性の世界ということができます。近代世界はソクラテス・プラトン哲学に同志的な先例を見るのでありましょう。近代世界から見るとき、半ば暗い薄明の古代世界にあって、ソクラテス・プラトン哲学のみが浮かび上がって見えるのであります。存在の思索はどちらかといえば地味であり、くすんで見えます。また寡黙であります。そのような古代世界にあってソクラテス・プラトン哲学は、近代人の目で見るとき、まさに光り輝く哲学なのであります。くすんだ暗がりの中に浮かび上がった灯火のごときものに見えるのでありましょう。このことは古代においても該当しないことではなかったと見えて、プラトンの墓碑銘には「神のごとき人、アリストクレス」と刻まれていたといいます（ディオゲネス・ラエルティオス『ギリシア哲学者列伝』III 43）。「アリストクレス」はプラトンの本名であります。しかしアテナイがギリシアにおいて極めて特殊な環境であったように、ソクラテス・プラトン哲学はギリシアの伝統の中にあって極めて特殊な哲学だったのであります。アテナイは、ギリシア世界の全体から見れば、ひとつの点でしかありません。それと同じように、ソクラテス、プラトンの哲学はギリシア哲学の中の一エピソードでしかないのであって、ソクラテス・プラトン哲学をもってギリシア哲学を代表させてはならないのであります。これは近代の『哲学史』が犯した最大のアナクロニズムであります。

ギリシア哲学の本体はむしろイオニア以来の自然哲学にこそあります。哲学は基本的にイオニア人の営みでした（E・ハッセイ『プレソクラティクス』法政大学出版局、二〇一〇年、参照）。ギリシア哲学をトータルに理解するには、浮かび上がった「図」だけでなく、「図」の下にあって、それを支えていた「地」も共に見なければなりません。学説という「図」を支えていた構造を共に見なければなりません。ギリシア哲学の「地」とは何か。それは、何度もいうように、構造的な自然概念（ピュシス）とその呼び声に呼応した存在の思索とでもいうべきイオニア以来の自然哲学であって、自然哲学こそギリシア哲学の本体なのであります。アリストテレス哲学も基本的にこの系譜の上にあります。近代のギリシア哲学史観はこれを逆転させたものであります。

ソクラテス・プラトン哲学においてとにかくも主観性が自立的な姿を取って立ち現れるのをわたし

たちは見るわけですが（これをヘーゲルは「理性が自立するのが見られる」と喜んでいます。『哲学史講義』参照）、しかしギリシアにおいては主観性は未だ自然（ピュシス）に全面的に対峙しうるほどのものでなかったこともまた事実であって、ましてやそれを圧倒し去るほどのものではありませんでした。自然（ピュシス）の方がなお巨大であり、依然として隠然たる存在であって、その支配力はなお圧倒的でありつづけていたのであります。そしてそれがそうであるのはギリシア的意識がその言語の発生以来持ちつづけた φυ- 語根の呪縛に囚われつづけていたからであります。この呪縛に囚われている限り、主観性はピュシスの支配力のもとにあらざるをえず、それから身をもぎ離して、逆にピュシスを一気に対象化するなどということは思いもよらないことでした。ギリシアにおいては主観性が自然にアクティブに立ち向かい、それに手を加えるという姿勢の稀薄なことがしばしば指摘されてきましたが、実はギリシア人にとってはそういった志向性は基本的に不可能だったのであります。主観性はまだ全体としては自然概念の呪縛の中にあり、主観性はまだ自らを是認するまでにいたっていませんでした。その結果、自然（ピュシス）もまたその前に全面的に身をあらわにする必要に迫られませんでした。自然（ピュシス）はなお全体としては未知の潜在力として伏在しつづけることができたし、事実伏在しつづけたのでありす。ギリシア的知性はより巨大な「無限な存在」（ト・アペイロン）に包まれているという漠然とした意識に囚われつづけ、そしてその中でまどろみつづけ、その中で精々眼前のものを対象としたに過ぎません。これがギリシア自然哲学の基本的性格であります。

「何ものも有らぬものからは生じないし、また有らぬものに消滅していくことはない」、言い換えれば、すべては結局存在の中でのことでしかないというこの論証以前の基本テーゼ、シンプリキオスのいう「ギリシア自然学の共通の公理」（『アリストテレス「自然学」注解』103. 13）がギリシア的意識のありようを端的に示しています。このテーゼは存在の外に飛び出せない、あるいはむしろ飛び出さないギリシア的知性の自己認識の表明ですが、言い換えれば、自己の限界性の認識ですが、しかしその限界にはある種の平安があったのであり、ギリシア的知性はそれを手放そうとは決してしませんでした。ここにギリシアの自然哲学を特徴づけているある種の穏健さと節度のゆえんがあるのでありましょう。ギリシア人は語りうる範囲がどこまでであるかをよく心得た人々であったということができます。要するに、それは自然ないしは存在の内でしかないということを。ソクラテス・プラトン哲学というエピソードにもかかわらず、ギリシア世界はまだ全体としては自然（ピュシス）の呪縛の内にありました。あくまでも自然ないし存在から学び取ろうとするミレトスの哲学者やヘラクレイトス、アナクサゴラスといった初期ギリシアの自然哲学者たちの基本的な探究スタンスの発生根拠はここにあったのであります。彼らはいつも天（自然）を見詰めていました。タレスもアナクサゴラスもひたすら天を見詰めています。タレスはミレトス近くのミュカレ半島から、アナクサゴラスはイオニアのミマス山から見ていたといわれています（『アポロニオス伝』II 5 p. 46. 22）。さすがに当時の人々も「メテオロレスケース」（「ひたすら天を見詰める者」の謂）と揶揄して彼らのことを笑ってはいますが（プルタルコス『ニキアス伝』23）。要するに彼らは人間はほとんど見ていないということであります。ここに人間しか見なくなったソクラテス哲学との差が鮮明に現れています。言い換えれば、近代哲学との差が鮮明に現れ出ています。人間しか見なくなった哲学は卑小です。

ヘブライズムの神（巨大な主観性）の西洋精神史への登場

ギリシア哲学の末期にヘブライの砂漠の彼方から神という名の唯一絶対の主観性が出現したとき、自然（ピュシス）は自然界として、その一切を含めて、一気に対象化されずにいませんでした。ヘブライズムの神の絶対性の要求は、虚的であれ、何であれ、自らを包み込むような存在を許さず、すべてを己の前に置かずにはいないのであって、その正体は他のすべてのものを己の前に立てる巨大な主観性であります。この主観性の前には自然（ピュシス）ももちろん例外であることはできませんでした。今や自然は神という名の巨大な主観性の前に立つ一対象でしかありません。それ以外であることをこの主観性は許さないのであります。その結果、自然（ピュシス）はギリシア的意識を拘束しつづけた呪縛力の一切を喪失せざるをえませんでした。ギリシア自然哲学の世界をトータルに支配していた自然概念の呪縛力はこの瞬間一気に失われることとなったのであります。というのも、今や自然は神によって創られた一個の被造物（ens creatum）でしかないとされたからであって、このような対象物にどのような呪縛力がなお残りうるというのでしょうか。自然は今や極めて明快な対象であり、その上さらにギリシア的知性がそれに加担するにいたって、自然はいよいよもって明確に規定された合理的対象、すなわち物体世界としてその姿を現すことになります。その純化された最終的形態がデカルトの「延長する物体世界」（res corporea extensa）であり、近代的な物理的世界であります。ここに近代のテクノ・サイエンスが己を全面的に展開しうる空間が開かれました。近代のテクノ・サイエンスは何の妨げもなくなったこの空間を爆走することになります。テクノ・サイエンスが暴走化したのは自然（ピュシス）がそれを抑制する力を失ったからであります。ギリシア人を捉えて離さなかった自然概念の呪縛力が自然から剥奪されたからであります。もはや科学を制御することができる原理は存在しませんでした。テクノ・サイエンスの暴走を今や何ものも押し止めることはできません。これが今日の科学技術的状況であり、その先端が原発であります。このことがどのような意味を持つか、わたしたちは最近その意味を痛感させられることになりました。3・11のカタストローフによって近代テクノロジーの癒し難い凶悪性があらわわになりました。

しかしここにおいてももちろん自然（ピュシス）そのものがトータルに姿を現したわけでは決してありません。自然（ピュシス）は虚的存在であり、それ自体としてトータルに姿を現すことなどありえないことだからであります。神の前に対象として立てられたもの、それが自然の統体とされたのであります。そしてこのことを認めないことをヘブライズムの神は許さなかったのであります。ヘブライズムの神の前に認可されるものはその前に立つ対象的存在以外でありえないのであって、したがってその前では自然（ピュシス）も当然その前に立つ一対象とならざるをえません。対象としての近代的自然概念の成立であります。

実は近代的自然概念の成立はヘレニズム期にあったのであって、近代はそれを継承し、先鋭化させたに過ぎないのであります。近代的自然概念（nature, Natur, nature）が古代的自然概念（φύσις）と異なる最大の点は、それらはもはや対象的存在以外でありえないということであります。自然は今や対象であります。ところで、人間がこのような対象物に手を出すことをためらうでありましょうか。対象として己の前に見据え、そのことによって呪縛から醒めた人間が一斉に自然に手を出し始め、遂にはそれに挑みかかりだすのは自明のなりゆきでした。ハイデガーのいうキリスト教とラテン人による科学技術文化の始まりであります。その行き着いた先が世界のゲステルとしての出現である次第は前講に述べた通りであります。近代的自然はもはやゲステルの中にしかありませんが、ゲステルに組み込まれた自然（nature, Natur, nature）が本来の自然（φύσις）でないことを近代人はもうほとんど感じ取れなくなっているという点にこそ、近代文明の問題の深刻さがあります。ここでは文化が文明となってしまっています。シュペングラーによれば、文化の死滅したものが文明でした。大都市空間に出現した文明は死屍累々たる文化の墓場でしかありません。ハイデガーが「ピュシス」というギリシア的概念にこだわりつづけたのは、この対象性の視点から何とか逃れんがためだったのでありましょう。懐古趣味によることではないのであります。ゲステルから自然を解放し、それ本来のあり場所に復帰させるためにハイデガーはピュシス概念にこだわりつづけたのであって、対象性の視点を逃れたところでしか、ピュシスはピュシスとしてあらわにならないことがハイデガーにはよく分かっていたのでありましょう。存在を存在者としてしか捉えてこなかった「西洋形而上学の存在忘却」（『存在と時間』）が、哲学のみならず、西洋文化全体にとっていかに宿命的な事態であったか、今更にして痛感されます。

それにしても人間というこの現存在は何とうす汚い存在であることか。この哀れな主観性は神の前に自らを虚しくすることによって神の主観性に参与し、そしてそのような御位から自己を育んでいる母なる自然に向き直り、それを手にかけるにいたったとは。近代人が自然を操作対象とするとき、実は彼は神の御位から自然を見ているのであります。ここでは事実上人間が神の位置に立っているのであります。恐るべきヒュブリスといわねばなりません。これ以降自然（ピュシス）がヘブライズムの進展の中でどのような運命をたどることになるのか、このことを語るためにはこれ以降の哲学思想史のすべてを物語らねばならないでありましょうが、それが余り幸福な運命でなかろうことだけは容易に想像されます。今日の環境破壊とそれへの自然（ピュシス）からのリアクションはこの不遜の必然的帰結であって、自然（ピュシス）と人間がかくも険悪な関係に立ちいたった今日の世界状況は主観性によって自然（ピュシス）が対象的存在に極限されたことからの当然のなりゆきといわねばなりません。というのも、この文明の根底にあるものは主観性のラディカリズムだからであり、そこに自然（ピュシス）の祝福、自然（ピュシス）との幸福な関係は期待すべくもないからであります。自然はもはやゲステルの中にしかないということが近代文明の基本的性格であり、近代の運命（ゲシック）なのであります。

世界の無からの創造

「世界の無からの創造」（creatio ex nihilo）。これは必ずしも『創世記』に明確に表現された思想ではありませんが、少なくともアウグスティヌスは『創世記』の創造の物語をこのように解釈しているし（アウグスティヌス『創世記注解』参照）、ヘブライズムの神という名の巨大な主観性を前提にすれば当然このテーゼは可能であり、否、むしろ必然的であります。この主観性の前には何ものもその前提とされてはならず、すべてはその制作物でなければならないからであります。言い換えれば、被造物（ens creatum）でなければなりません。ここにハイデガーはMachenschaft（工業性）の地球支配の発端を見ています（『哲学への寄与論稿』参照）。Machenschaftこそ今日の地球にあまねく行き渡った主導原理であり、その結果世界は全体として工場になってしまいました。地球は今や全体として工場ですが（今日では農場すら工場です）、その発生ルーツは、ハイデガーの洞察したように、ヘブライズムの創造説にあったのであります。ヘレニズムのロゴスにあったのではありません。Machenschaftもまたヘブライ的主観性に派生する原理であり、その一帰結なのであります。そしてこのMachenschaftの近代的展開が近代のテクノロジーであります。Machenschaftはヘブライズムの第一命題であり（『モーゼ五書』の第一命題は「神が世界を造った」ということであります）、それゆえMachenschaft、およびそれをベースとするテクノロジーそのものは、決して文化論的ないし技術論的概念ではなく、形而上学的概念であるということです。テクノロジーに係わる諸概念はたしかに技術論的概念と申せましょう。しかしテクノロジーそのものはそうではありません。それは勝れて形而上学的概念であり、それゆえ近代のテクノロジーは西洋形而上学の帰結なのであります。ハイデガーは特に五〇年代にこの形而上学的原理の問題性を問いました（ハイデガー『技術の問題』参照）。

したがってこの「世界の無からの創造」（creatio ex nihilo）のテーゼは自然学的命題の表明ではあり

ません。哲学的命題ですらありません。それは自分を圧倒することを何ものに対しても許さぬという断固たる要求の表明以外の何ものでもなく、すべてを対象として己の前に置かずにいない肥大化した主観性の自己主張なのであります。それゆえこれを認めるかどうかは、いかに声高に真理が叫ばれようとも、認識の問題ではないのであって、ある要求にしたがうかどうかという政治的問題なのであります。ここにあるのは政治的現実であって、認識の局面ではありません。ましてや真理の局面などではありません。ヘブライズムの到来と共にまさに政治の季節が到来したということができるでありましょう。これ以降、キリスト教イデオロギーの進展と共に哲学は基本的にイデオロギーと化します。それらもなお「哲学」と呼びうるとしての話ですが。そしてそれは近代の啓蒙主義の哲学においても基本的に変わらないのであって、近代そのものが主観性のイデオロギーの徹底的かつ大規模な遂行なのであります。近代哲学全体があるイデオロギーの一表現でしかないことをわたしたちは肝に銘じねばなりません。

それにしてもこの「世界の無からの創造」(creatio ex nihilo) というテーゼはギリシア人がいかんとしても説きえなかったテーゼであって、彼らのテーゼ「何ものも有らぬものからは生じないし、また有らぬものに消滅していくことはない」というギリシア自然学の公理とこの「世界の無からの創造」というヘブライズムのテーゼを隔てる深淵の深さはいくら強調してもし過ぎることはありません。ここにこそ西洋文化の断絶があるのであって、この二つのテーゼはヘブライズムとヘレニズムの差異性の根本性をわたしたちにリジッドに告げずにいません。この差異性とは、これを端的にいえば、構造的な自然概念と対象的な自然概念の相違ですが、「世界の無からの創造」のテーゼは自然がトータルに対象化されずしては説きえなかったテーゼであって、その背後には神という名の巨大な主観性があったのでありますす。したがってこの二つのテーゼの対立は構造的自然概念と主観性原理の対立の別表現であったわけであります。一般に語られるヘレニズムとヘブライズムの差異性はその根本は構造的自然概念と主観性の差異性であり、別言すれば、存在と主観性の対立意識なのであります。宗教観の相違、世界観の相違、文化の相違はそれからの結果でしかありません。

ヘブライ的一神教

それにしてもどうしてあのような巨大な主観性がシナイ半島から立ち現れてきたのでしょうか。それは要するにその地が砂漠だったからでありましょう。砂漠であるために自然性が稀薄だったのであります。そのような環境においてはすべては「作るもの」と「作られるもの」の関係において現れざるをえず、自生的な存在といった観念は稀薄にならざるをえません。それでもそこに世界はあるのであり、したがってそれは「作られたもの」（ens creatum）でなければならないことになります。ところで、このような巨大な自然世界を作るものは巨大な主観性である他ないし、主観性である以上、唯ひとつです。換言すれば、唯一の神でなければなりません。そして自然世界も、主観性の対象である以上、ひとつでなければなりません。ここにヘブライ的一神教の発生のメカニズムがあります。「神は唯一である」というテーゼの意味するところは「神は主観性である」ということなのであります。一神教のエネルギーは主観性に発していたのであります。その攻撃性、排他性もまたそうであります。ここではすべてが主観と客観の関係、したがって相克の関係とならざるをえず、すべてが支配するか支配されるかの政治的環境がその一般的状況であります。なぜことさらに「愛」（アガペー）が説かれねばならないのか、その秘密もここにあります。一神教の秘密はまさに主観性の秘密そのものなのであります。一神教は人類の歴史を凄惨なものにしましたが、また今も凄惨なものにしつづけていますが、主観性が滅ばない限り、一神教が滅ぶことはないでありましょう。したがって人類の歴史が凄惨でありつづけることも止むことはないでありましょう。一神教がメシア（救世主）を希求しつづけたゆえん、またしつづけねばならないゆえんを深く理解しなければなりません。

ところでアスファルトとコンクリートに被われた近代都市の環境がこの唯一の神が出現した環境に似ていなくもありません。こういった環境においてもまた巨大な主観性が立ち現れずにいないのであって、そこでは「神」という名は称されないにしても、神以上の権力が揮われるのをわたしたちは目にします。そこでは誰もが「アドラー」にとり憑かれます。そこにあるのはむき出しの野心か失意でしかなく、そこに真の生の充溢はありません。「アドラー」がしばしば生の充溢と取り違えられる誤解はあるにしてもであります。また共感もありません。そしてそれと裏腹に人権や平等、命の尊さや共生がことさらに叫ばれるのであります。それに対して自然味が豊かな土地においては伝統ないしは因習に隠然たる力があって、そこでは個々人は問題ともされませんが、したがって人権主義者、ヒューマニスト、進歩的知識人、フェミニストからは封建的、前近代的、遅れた土地として指弾されずにいませんが、しかしそれでもそこには神々が輪舞し、大地の諸霊が鳴動しているのであります。八百万の神々とその祭礼がそこにはあります。世界の各地に見られるさまざまな祭の祭典は神々の輪舞の多様な現象形態ということができるでありましょう。したがって構造的な自然概念「ピュシス」の現出の多様な姿ということができます。したがってそれらの本質は実は「ディオニュソスの祭典」ではないのであって、むしろその本質は、パトスではなく、存在なのであります。もしあれらがニーチェのいうような意味での「ディオニュソスの祭典」でしかないものであったなら、それらがあれほどの歴史性を示すことはなかったでありましょう。諸民族や諸地域に見られる祭は、現れ方としては多様ですが、それらはおしなべて根強い歴史性を示しています。歴史性は存在性であります。

以上のごとく、多神教の発生母体は自然（ピュシス）であり、一神教の発生根拠は主観性であります。宗教の二大形態においても存在（ピュシス）と主観性が覇を競っていたのであります。

「自然と主体の統合」というテーマについて。

ここで近年よく語られる「自然と主体の統合」（the integration of nature and subject）というテーマについて一言述べておきたいと思います。自然と人間の関係がかくも険悪化した状況に鑑みれば、こういうテーマで語りたくなる気持ちは理解できなくもありませんが、率直に申して「自然と主体の統合」は基本的に不可能なテーマであります。理由は二つあります。

アウシュヴィッツ

第一に自然（ピュシス）も主体（主観性）も原理であるということです。原理に統合も融合もありえません。精々のところ政治的な妥協がありうるのみです。事実この両原理がさまざまな妥協を積み重ねて展開されてきたというのがヨーロッパ二〇〇〇年の歴史の実態でありましょう。それらは決して和合し合うことのない原理であり、事実二〇世紀という高度な文明の時代になってアウシュヴィッツが起こったではありませんか。ヘレニズムとヘブライズムは前掲の両原理の人種的、宗教的、思想文化史的表現であります。ヘレニズムとヘブライズム、存在と主観性に統合や融合はありえず、その対立の妥協と仮装がありうるのみです。したがってそれは時として顕在化してきます。否、時には爆発的に現れてきます。その対立の顕在化を押さえ込もうとする政治が執拗であればあるほど、またその押さえ込みが長期にわたればわたるほど、それだけ歪みが増幅し、遂にはそれは歪みに耐え切れなくなったプレートのように爆発的に反発してきます。それはその対立が根本的だからであり、真の意味での統合や融合は不可能だからであります。哲学において、政治において、歴史において、わたしたちはその対立の顕在化を何度も目にするのであります。

たとえばヘレニズムの伝統の上に立つハイデガーの「存在の哲学」に「無限の哲学」をもってレヴィナスが挑戦しているのもそのひとつの現れです。レヴィナスはフランスの現代哲学の哲学者として注目されていますが、実際は彼はヘブライズムの使徒であり、ユダヤ教のレヴィナスです。彼は何としても「存在の哲学」を破壊しなければなりませんでした。なぜなら「存在の哲学」はギリシア以来のヘレニズムの伝統の上に立つ哲学であり、まさにこの「存在の哲学」が全体主義を生み出したからであります。全体主義を生み出したものはアレントのいうようなモッブではありません。「存在の哲学」なのであります。そしてその全体主義によって両親を含む彼の一族のことごとくが虐殺されました。また必然性と一般性の原理である「思考」(thinking)に対して「判断力」(judgment)という個的偶然性の原理を掲げ、「神は人間を絶対的な開始として造った」というアウグスティヌスの『創世記注解』の命題に跳びつくアレントの哲学も同じ意図を秘めています。「思考」(thinking)の対象は概念であり、概念は類であるがゆえに、そこでは個々の人間は人間という類に埋没せずにいません。この哲学が個人を全体性の中に没し去る全体主義の基礎理論となりました。ナチスの哲学の基礎はアリストテレスのウシアの哲学であり、ヘーゲルの概念の哲学なのであります。ハイデガーの「存在の哲学」のみがナチズムを支える哲学であったわけではありません。ましてやアルフレート・ローゼンベルクの『二〇世紀の神話』などではありません。ヘレニズムの伝統の上に立つ「存在の哲学」や「概念の哲学」の立場に立つ限り、全体主義の哲学、ナチズムの哲学は破壊されません。レヴィナスやアレントは何としてもこの哲学を破壊しなければなりませんでした。いかに政治的に勝利しても、哲学的に勝利しない限り、真の勝利とはならず、全体主義がまた復活してくることは火を見るより明らかだからであります。その根を絶たない限り、息の根を止めることはできません。哲学こそがその根なのであります。そのためにも彼らはヘレニズムの伝統の上に立つ哲学とは異なる別の哲学を作り出さねばなりませんでした。レヴィナスは「存在の哲学」に対して「存在の他者の哲学」を、アレントは「必然性と一般性の哲学」に対して「偶然性と個の哲学」をぶつけることによって全体性の哲学を破壊しようとしました。しかし彼らの試みは結局は成功しなかったとわたしは思います。というのは、そのためには「個体」が確立されねばならないからであります。「普遍」に対する「個」、「必然」に対する「偶然」が哲学的に確証されねばなりません。ところが個体論は実は中世一〇〇〇年の議論をもってしても決着を見なかった議論なのであります。

アリストテレスが問題の口火を切って以来、それを受けて中世期のほぼ一〇〇〇年の歳月をかけて哲学は個体化の原理について議論しました。しかし、ここで詳しく申し上げることはできませんが、この中世一〇〇〇年の個体論をもってしても人類は「個」を哲学的に説明することはできませんでした。結局ドゥンス・スコトゥスは haecceitas（「このもの性」）を神のレヴェルにまで高めています。言い換えれば、神に棚上げしました。要するに哲学的には説明がつかなかったということであります。haecceitas は本性（natura）にも質料（materia）にも形相（forma）にも否定性（negatio）にも現実的存在（esse exsistentiae）にも数的な一（unitas numeralis）にも還元不能なそれ自体独立した絶対的原理なのであります。このことをもってドゥンス・スコトゥスを「個体絶対主義者」、そういう意味において「近代の扉を開いた人」などと評価する人もいますが、これはまさに哲学が個体に到達できなかったということの別表現でしかありません。今日個人の権利とか個人の尊厳といったことが声高に叫ばれ、「個人」が強調されています。人格は常に目的として扱われねばならず、決して手段とされてはならないとカントはいいます。人権は何ものにも代えられないものであるともいわれます。政治的スローガンとしては結構ですが、残念ながら哲学的には無根拠であります。「個」は未だ哲学的に説明できていない原理なのであります。

またレヴィナスは「存在の他者」（l'autre d'être）を語ろうとしていますが、その都度絶えず存在に絡め取られてしまっています。というのは、他者であれ、何であれ、「…である」といってしまえば、それは結局は存在のロゴスだからであり、哲学である限りこの存在のロゴスから逃れることはできません。その結果、彼の哲学は無限に言い換えを繰り返さねばならないことになりました。彼の哲学がC'est-à-dire（「言い換え」）の哲学といわれるゆえんであります。レヴィナスほど存在の執拗さに苦しんだ人はありません。「存在するとは別の仕方で」（autrement qu'être）語ろうとすればするほど存在に絡め取られるのであります（レヴィナス『存在の彼方へ』参照）。存在は単なる抽象概念ではなく、conatus（力）であることを彼ほど思い知らねばならなかった人はなかったでありましょう。彼が本当に存在を脱しえたか、はなはだ疑問であります。またアレントも偶然性の原理として「判断力」（judgment）を掲げましたが、それを論じ切らないまま、タイプ原稿の上にただ一文字"judgment"と書いただけで死にました（アレント『精神の生活』参照）。レヴィナスの「無限の哲学」にしてもアレントの「偶然性の哲学」にしても、いずれも全体主義を生み出したヘレニズムの哲学に対するヘブライズムからの反撃ということができると思いますが、その反撃が成功したとはわたしにはどうしても思えません。存在はそれほどにも執拗なのであります。存在から脱出しようとするものを存在は許しません。「存在」（esse）は、トマスによれば、神でした。「自らによって自存する存在そのもの」（ipsum esse per se subsistens）を神とするテーゼがトマス神学の基礎理論であります（トマス『神学大全』第一部、第四問、第二項参照）。

以上の顚末はわたしたちの身近に見られるごく卑近な例ですが、こういった歴史に根を持つ対立・抗争が「寛容と開明」の時代の今日においても根深く存在するということ、しかもそれはいつでも起こりうるということに目を閉ざしてはなりません。

ピュシスは存在である（ハイデガー）。

　第二に自然（ピュシス）は、ハイデガーもいうように、「存在」（Sein）であって、「存在者」（das Seiende）ではありません（『形而上学入門』参照）。したがって対象とはなりえない原理であるということです。したがってこれらの両原理を対象と対象を結びつけるというような仕方で統合するといったことは原則不可能であります。対象として立てられるなら、それはゲステルに組み込まれた「自然」（nature）ではあるかも知れませんが、もはや本来の自然（ピュシス）ではありません。むしろピュシスはどこからともなくわたしたちに到来しているような原理であり、ピュシスがわたしたちの前に一対象として立つといったことは決してありません。しかしピュシスなり、存在なりが、背後からであれ、どこからであれ、わたしたちに到来してくるというまさにこのことが今日期待できるでありましょうか。もし期待できないとするなら、わたしたちの哲学的努力はまったくの徒労ということになってしまいます。

　それからもうひとつ。「自然と主体の統合」を社会システム論で実現しようとする試みもあるようですが、それも不可能です。システムは論理の一種であり、論理は原理には通用しません。論理実証主義の哲学や分析哲学が、鳴り物入りの喧伝にもかかわらず、結局哲学上の何らの問題の解決にも貢献しなかったゆえんであります。むしろ論理は原理の後についてくるところのものなのであります。論理はゲステルの中でしか通用しません。ゲステルに組み込まれた諸物の布置の中にしかシステム論はその活動の場を見出しえません。ところがそのゲステルそのものを生み出しているものがあり、それが主観性原理であります。したがってシステム論は原理には届きません。システム論で企業経営の諸問題を解決しようとする試みもあるようですが、それはある段階までは有効でありえても、最終的には壁に突き当たらざるをえないでありましょう。というのも、それは最後のところでは「人間」に突き当たらざるをえないからであります。人間は基本的には自然存在であります。人間をロボットのような操作機械とするならその効率的な操作理論としてシステム論はおそらく有効でありましょうが、ところが人間はロボットではないのであります。人間は確かに一方では animal rationale ですが、他方ではどこまでも自然存在であり、自然（ピュシス）は、何度も申しますが、原理であって、他に還元不能な存在なのでありま す。論理によって操作できるような存在ではありません。自然存在の前にシステム論は有効性を持ちえません。繰り返しますが、原理に論理は届きません。一時期もてはやされたハーバード・ビジネス・スクールの経営理論が今日信用を失いつつあるのは当然のなりゆきといわねばなりません。リーマン・ショックによって顕在化した金融危機によって金融工学やビジネス理論はすっかり信用を失ってしまいました。経営理論を大規模に取り入れた結果、経営危機に陥った大企業の例は枚挙にいとまがありません。

いずれにせよ自然（ピュシス）も主体（主観性）も原理であることが省察されるなら、以上のような試みが何とも望みのない行為であることが理解されるでありましょう。対象でないものをどうして論理の中に組む込むことができるでありましょうか。ましてや対象となりえない存在をどうして論理によって操作することができましょうか。問題は自然（ピュシス）なり存在（Seyn）なりがそこに性起しているかどうかということであります。存在のエルアイグニスは主観性が操作しうるようなものではありません。この自明に思われる真理が実は自明になっていなかったのであります。

あとがき

本書の出版に当たっては明石書店編集部の柴村登治氏に大変お世話になった。漠とした講義原稿に小見出しをつけたり、文章に段落を入れてメリハリをつけたりして、書物としての体裁を整えていただいたのである。本書が比較的読みやすい本として仕上がったとするなら、それはひとえに氏の手になることであり、本書に示された氏の献身的な貢献にあらためて感謝申し上げる次第である。

また池田善昭教授にも感謝申し上げねばならない。池田教授の主宰される「現代文明の根本問題研究会」に多年にわたり参加させていただいてきたが、その中で本書の公刊を明石書店に提案され、この度の出版が実現したのである。教授の多年にわたる学恩に感謝申し上げると共に、本講義が書物という形で世に出る機縁をつくっていただいたことにこの場を借りて御礼申し上げる。

最後に私事を語ることをお許しいただきたい。

本講義の底本は『ギリシア哲学と主観性』（法政大学出版局、二〇〇五年）であるが、二〇〇六年であったか、同書をもって学位を申請させていただいた。しかし当初論文の評価はあまり芳しいものではなかった。それもやむからぬことで、厳密な学術論文としての体裁という観点から見れば、はなはだ不備の多い論文といわざるをえなかったのである。しかし論述がそのようなスタイルで書かれたことはむしろ確信的になされていたことで、厳格な学術論文の実証的、対象論理的記述では、記述の全体が主観性の認識構造の内に置かれるため、存在が立ち現れてくることはないという信念のもとにそのような論述が選ばれていたのである。「何がいわれようとしているのかもうひとつよく分からない」とか「日下部君は物語を作っているだけではないのか」といった講評が審査委員会での当初の評価であった。はなはだネガティブなその場の雰囲気にやはり学位論文として理解を求めるのは無理かと沈んでいたところ、突然審査委員のひとりであられた梅原猛先生が怒りだされて、「存在がきたんや、ギリシアを出て、ドイツを経て、今日本に存在がやってきたんや」と叫ばれたのである。その文化勲章の気迫にその場の一同びっくりして（わたしも驚きました）、それで評価が劇的に変わって審査委員会を無事通過したという次第である。日本にも哲学者はいたのか、というのがその時の実感であった。その梅原先生も鬼籍に入られた。今日本のどこに哲学者はいるのかと、はなはだ淋しい気持ちである。

二〇一九年一月

日下部　吉信

クロス主義者）218, 219, 228
レヴィナス, E.（現代フランスの哲学者）324, 378-380
レウキッポス（古代の原子論哲学者）225, 226
レオンティオン（遊女、エピクロス学園の構成員）217
レオンテウス（エピクロス学徒）217
ローティ, R.（現代アメリカの哲学者、ネオプラグマティズムの代表的思想家、プリンストン大学、スタンフォード大学の教授を歴任）322

わ　行

渡邊二郎（日本の哲学者、ハイデガー哲学の研究者、東京大学教授）349

ヘルピリス（アリストテレスの内妻）99
ヘルマルコス（エピクロス学徒）216, 218
ヘルミアス（アタルネオスの支配者、アリストテレスの同学）99
ヘルミッポス（『天文学について』の著者）306
ヘルメス（神名）292
ヘルモゲネス（プラトンの対話篇の登場人物）290
ヘルモティモス（クラゾメナイの）310
ヘルモドロス（エペソスの法律解釈者）37
ペレキュデス（シュロスの）290–292, 361
ヘロドトス（ハリカリナッソス出身の歴史家、「歴史の父」といわれる）45, 177, 290–294, 360, 361
ポセイドニオス（中ストア期のストア哲学者、アパメイア出身）193, 195
ボードリヤール, J.（現代フランスの哲学者、思想家、『消費社会の神話と構造』）の著者 347, 350
ポトーネ（プラトンの姉妹）83
ボーニッツ, H.（ドイツの古典学者、ウィーン大学教授）116
ホメロス（前8世紀のギリシア最大の叙事詩人）297, 299, 302
ポリス（スパルタの使節）86
ポリュアイノス（エピクロス学徒）217
ポリュストラトス（エピクロス学徒、学頭）218
ポルピュリオス（新プラトン派の学者、プロティノスの弟子）273, 286, 287, 290, 292
ポレモン（第四代アカデメイア学頭）191, 257
ホワイトヘッド, A. N.（イギリスの数学者、哲学者、ケンブリッジ大学、ユニバースティ・カレッジ・ロンドンで教える。63歳でハーバード大学に招聘されて後有機体の哲学を提唱）112, 366

ま　行

マルクス・アウレリウス(ローマのストア哲学者、皇帝) 193, 194
マルクス, K.（唯物論哲学者、共産主義を宣言、『資本論』の著者）240, 349
ムナソン（ポキス人の）93
メトロドロス（エピクロス学徒）216, 218
メノン（プラトンの対話篇の登場人物）14, 15
モーゼ（ユダヤ民族指導者）270
モデラトス（ガデスの）268

や　行

ユスティニアヌス一世（東ローマ皇帝）86, 256, 260, 287
ユリアヌス（背教者の、ローマ皇帝）287
ユンガー, E.（現代ドイツの戦争文学者）34
ヨセフス（ユダヤ人作家、『ユダヤ戦記』の著者）290, 292, 361, 362

ら　行

ライプニッツ, G. W.（17世紀ドイツの哲学者、数学者、『モナドロジー』の著者）331, 332
ラッセル, B.（現代イギリスの哲学者、数学者、平和運動家）133, 249, 257
ラ・メトリー, J. O. de（18世紀フランス啓蒙期の唯物論哲学者）240
リュチェル教授(ボン大学、ライプツィッヒ大学教授、ニーチェの師) 46
ルクレティウス・カルス（ローマのエピ

タゴラス教団教祖）50, 56, 69, 76, 91, 110, 118, 152, 267-269, 289-293, 297, 298, 300, 301, 306, 318, 354, 357, 357-364
ピュティアス（アリストテレスの妻）99
ヒューム, D.（英国スコットランドの哲学者、懐疑論者）128, 243, 263
ピュリランペス（プラトンの母の再婚相手）83
ピュロン（エリスの人、懐疑哲学の創始者）254-256, 258, 261
ピロストラトス(『ソピスト伝』の著者) 20
ピロデモス(ローマのエピクロス主義者) 194, 218
ピロラオス（ピュタゴラス派の哲学者、クロトンの人か）76
ピロン（ラリッサの）260, 261
ピロン（アレクサンドリアの）267, 269-272
フィリップス（ゴルディアヌス三世麾下のローマの将軍）273
フィヒテ, J. G.（ドイツ観念論の哲学者、ベルリン大学総長）342
フィリッポス（マケドニア王）99, 100
フィンク, O.（ドイツ現象学哲学者、フッサールの助手、フライブルク大学教授）344
フッサール, E.（ドイツ現象学の創始者、フライブルク大学教授）54, 76, 243, 304, 330-332, 335, 336, 338, 340, 343, 358
プラクシパネス（ロドス島のペリパトス派哲学者）216
プラトン（ギリシア最大級の哲学者、アテナイの人、アカデメイア創立者）14-20, 22, 25, 27, 30-33, 40, 43, 46-49, 52, 54, 58, 60-99, 102, 106-111, 118-120, 123, 126, 128, 132, 133, 136, 147, 152, 155-157, 161, 174, 177, 183, 186, 188-190, 206, 246, 247, 256, 257, 260, 264, 269, 270, 277, 280, 284, 289, 290, 294, 295, 297-304, 317-319, 321, 322, 348, 356-358, 360-363, 365-367, 369
プルタルコス(カイロネイアの、『英雄伝』の著者) 18, 86, 103, 194, 217, 239, 269, 369
ブレンターノ, F.（ドイツ・オーストリア学派の哲学者、ウィーン大学教授）113, 331
プロクセノス（アリストテレスの親戚）98
プロクロス(新プラトン派最大級の学者) 260, 287
プロタゴラス（ギリシア最大級のソピスト）26, 28, 34, 43, 44, 46, 47-50, 55-59, 77, 212
プロディコス（ソピストの）26
プロティノス（新プラトン哲学の体系的完成者）266, 273-280, 284, 286
ヘゲシアス（キュレネの徒、死を勧める人）214
ヘーゲル, G. W. F.（ドイツ観念論の体系的哲学者、ベルリン大学教授）106, 126, 247, 251, 278, 314, 317, 318, 342-346, 368, 378
ヘシオドス（前7世紀の叙事詩人）299, 302
ヘシュキオス（5世紀のギリシア辞典編纂者、アレクサンドリアで活躍）44
ヘラクレイトス（エペソスの哲学者）37, 38, 41, 42, 64, 65, 77, 83, 202, 271, 297, 306-308, 341, 343, 360, 361, 369
ペリクティオーネ（プラトンの母）83
ヘルダーリン, F.（ドイツの国民的詩人）308, 351
ペルディカス（マケドニアのアレクサンドロス大王の後継者）216

デカルト, R.（17世紀フランスの哲学者） 314, 327-329, 333, 335, 358, 370
テミスタ（エピクロス学徒のレオンテウスの妻） 217
デモクリトス（アブデラ出身の原子論哲学者） 43, 44, 216, 223-226, 228, 297, 306, 307, 314
テュラニオン（ペリパトス派の文法家） 104
デリダ, J.（現代フランスのポスト構造主義の哲学者） 46, 54
トゥキュディデス（アテナイの歴史家） 45
ドゥンス・スコトゥス（フランチェスコ会士） 131, 251, 379
トマス・アクィナス（ドミニコ会士、『神学大全』の著者） 123, 124, 131, 296, 304, 380
トラシュマコス（カルケドン出身の弁論家） 26
トレンデレンブルク, A.（ドイツの哲学者、文献学者、ベルリン大学教授） 116, 129
ドロピデス（プラトンの母方の祖） 83

な　行

ナウシパネス（テオスのデモクリトス派の哲学者） 216, 223
ニコマコス（アリストテレスの父） 97
ニコマコス（アリストテレスの息子） 99
ニコマコス（ゲラサの） 268
西田幾多郎（日本の大哲学者、京都大学教授、その哲学は一般に「西田哲学」と呼ばれる） 301, 303
ニーチェ, F. W（現代ドイツの哲学者、古典文献学者、バーゼル大学教授） 18, 20, 33, 42, 46, 82, 203, 318, 322, 324-327, 349, 363, 376
ニュートン, I.（17世紀英国の数学者、天文学者、自然哲学者、ケンブリッジ大学教授、万有引力の法則、微積分法を発見） 145
ネオクレス（エピクロスの父） 215
ネオクレス（エピクロスの兄弟） 215
ネレウス（ペリパトス学徒、テオプラストスの弟子） 103
ネロ（ローマ皇帝） 193

は　行

ハイデガー, M.（20世紀最大の哲学者） 21, 26, 34, 42, 82, 90, 113, 115, 299, 301-304, 316-323, 327, 332, 339-341, 343, 344, 347-350, 352, 353, 355-357, 360, 362, 363, 371-373, 378, 381
ハイニマン, F.（『ノモスとピュシス』の著者） 35
バシレイデス（エピクロス学徒） 218
バタイユ, G.（現代フランスの思想家） 350
ハッセイ, E.（オックスフォード大学、オールソウルズ・カレッジのフェロー） 367
パナイティオス（ロドスの、中ストアの哲学者） 193, 194, 209
バーネット, J.（英国の古代哲学史家、セント・アンドリューズ大学教授） 54, 225, 294
パルメニデス（エレアの） 61, 64, 79, 80, 81, 114, 247, 280, 340, 342
ハンナ・アレント（現代アメリカの女性哲学者、『全体主義の起源』の著者） 240, 378-380
ヒッパルキア（クラテスの妻） 190
ヒッピアス（ソピストの） 26, 27, 29, 30, 35, 36
ヒッポン（サモス出身の自然哲学者） 296
ピュタゴラス（クロトンの哲学者、ピュ

スペウシッポス（プラトンの甥、アカデメイア二代目の学頭）83, 88, 91, 93, 94, 99, 168, 257
ゼウス（神名）203
セクストス・エンペイリコス（新懐疑派の哲学者、医者）24, 194, 222, 261, 262, 306
セネカ（ローマのストア哲学者）193, 194, 239
ゼノン（エレアの）13, 243, 244, 248, 249, 250
ゼノン（ストアの、ストア派の祖）184, 191, 192, 194, 196, 198, 205, 252, 311-313
ソクラテス（アテナイの哲学者、プラトンの師）15-19, 25, 27-34, 38, 40, 43-59, 61, 62, 69-72, 79, 83, 84, 90, 91, 101, 114, 120, 129, 131, 132, 136, 152, 155-157, 160, 167, 170, 186, 188, 189, 201, 211, 214, 215, 245-248, 252, 264, 265, 289, 290, 294, 295, 297, 299-303, 311, 314-320, 322, 356, 360, 362, 363, 365-367
ソシュール, F.（スイスの言語学者）46
ソフォクレス（ギリシア三大悲劇詩人のひとり）181
ソロン（アテナイの立法者）83

た　行

田中美知太郎（ギリシア古典学者、プラトン研究者、京都大学教授）44
ダマスキオス（新プラトン派の学者、アカデメイア最後の学頭）260, 287
タレス（ミレトスの）290, 368
チャーニス, H.（アメリカの古典学者、ギリシア哲学研究者、プリンストン高等研究所研究員、ジョンズ・ホプキンズ大学教授などを歴任）111
ツェラー, E.（ドイツの哲学者、神学者、ギリシア哲学史家）46, 184, 205
ディアレスの息子　153, 154
ディオゲネス（アポロニアの）297
ディオゲネス（シノペの）187, 190
ディオゲネス（オイノアンダの）219, 239
ディオゲネス・ラエルティオス（『ギリシア哲学者列伝』の著者、）37, 44-46, 85, 86, 92, 96, 98, 102, 151, 186-188, 194, 214, 217, 219, 222, 238, 250, 256, 311, 367
ディオドロス（歴史家の）21, 22
ディオドロス・クロノス（メガラ派の）191, 246, 250
ディオニュシオス（エピクロス学徒の）218
ディオニュシオス一世（シュラクゥサイの僭主）85, 86
ディオニュシオス二世（一世の息子）74, 87
ディオニュソス（神名）290, 376,
ディオン（ディオニュシオス一世の娘婿）85, 86, 87
ディドロ, D.（18世紀フランスの哲学者、唯物論者、百科全書の編纂に参画）240
ティモン（懐疑派の哲学者、プレイウス出身）254, 255
テイラー, A. E.（英国の観念論哲学者、オックスフード大学フェロー、セント・アンドリューズ大学、エディンバラ大学の教授を歴任）54
ディールス, H.（ドイツの古典文献学者、ベルリン大学教授）352
テオドロス（無神論者の、キュレネの徒）214
テオプラストス（ペリパトス派の学者、リュケイオン第二代目の学頭）101, 103, 216

ガリエヌス（ローマ皇帝）274
カリクレス（ソピストの）26
カリッポス（ディオンの同志）87
カリッポス（天文学者の）140
ガリレオ・ガレリイ（16～17世紀イタリアの物理学者、天文学者、哲学者、地動説を支持したため異端審問にかけられる）144
カルネアデス（懐疑哲学者、キュレネ出身）258
カルミデス（プラトンの母の兄弟）83, 84
ガレノス（ペルガモン出身の医者）194
カント, I.（ドイツの哲学者）117, 121, 131, 143, 211, 243, 312, 328-331, 335, 336, 338, 340, 358, 379
キケロ, M. T.（ローマの雄弁家、政治家）15, 16, 88, 102, 103, 184, 193, 194, 208, 209, 239, 260
キルケゴール, S.（デンマークの実存主義哲学者）29, 317, 326
クセノクラテス（アカデメイア第三代学頭）91, 93, 94, 99, 216, 257
クセノポン（アテナイの軍人、『ソクラテスの思い出』の著者）32,191
グラウコン（プラトンの兄）83
クラテス（キュニコス派の、ティーバイ出身）190, 191
クラテス（第五代アカデメイア学頭）257
クラテュロス（アテナイの哲学者、ヘラクレイトス哲学のながれをくむ）83
クランツ, W.（ドイツの古典文献学者、ハレ大学、ボン大学の教授を歴任）352
クリティアス（アテナイの政治家、３０人政権の頭目、プラトンの母の従兄弟）83, 84, 297
クリュシッポス（ストアの）192, 194, 196, 201, 313
クレアンテス（ストアの）192, 194, 196, 205, 313
クレメンス（アレクサンドリアの）312
ゴクレニウス, R.（17世紀ドイツの辞典編集者、アリストテレス主義者）114
ゴルギアス（ソピストの）13-24, 26, 186, 244
ゴルディアヌス三世（ローマ皇帝）273
コロテス（エピクロス学徒）217

さ　行

サティ, E.（フランスの作曲家）302
サルトル, J. P.（フランスの実存主義哲学者）17, 20
サロニナ（ローマ皇帝ガリエヌスの妃）274
シェリング, F. W. J.（ドイツ観念論の哲学者）326, 346
ジャンケレヴィッチ, V.（現代フランスの哲学者、パリ大学教授）301, 302, 303
ジャン・ブラン（フランスのギリシア哲学研究者、ディジョン大学教授）149
シュペングラー, O.（『西洋の没落』の著者）184, 209, 293, 371
ショウペンハウアー, A.（ドイツの生の哲学者、『意志と表象としての世界』の著者）346
シンプリキオス（新プラトン派学者、アリストテレス注釈家）96, 189, 224, 260, 287, 310, 368
スッラ（ローマの独裁官）104
スティルポン（メガラ派の）191, 246, 250, 251, 252
ストバイオス（『精華集』の著者）308, 312
ストラボン (ポントスのアマシア出身の人文地理学者) 37, 103, 193

アンティオコス（アスカロンの）260, 261
アンティステネス（キュニコス派の創始者）186, 187, 188, 189, 190, 211, 214, 252
アンティパトロス（マケドニアの駐アテナイ総督）100
アンティポン（ソピストの） 26, 36
アンティポン（プラトンの異父兄弟）83
アンドロニコス（ロドスの、ペリパトス派最後の学頭）101, 104
アンニケリス（キュレネの）86
アンモニオス・サッカス（アレクサンドリアの哲学者、プロティノスの師）272, 273
イアンブリコス（新プラトン派、シリア派の哲学者）287, 359
イエーガー, W.（ドイツの古典学者、アリストテレス研究者、ベルリン大学、シカゴ大学、ハーバード大学の教授を歴任）98, 100, 111, 133, 147
イエス（救世主の）271, 326
イソクラテス（アテナイの弁論家）16
イドメネウス（エピクロス学徒）217
梅原猛（日本の哲学者）14, 96, 302, 303
ウォトケ, K.（『エピクロスの勧め』の発見者）219
ウォリス・バッジ（『死者の書』の著者）293
ヴラストス, G.（アメリカの分析派の哲学者、古代哲学研究者、プリンストン大学、カルフォルニア大学の教授を歴任）110, 111, 112
ウンベルト・エーコー（イタリアの小説家、古典研究者、『薔薇の名前』の著者）181
エウクレイデス（メガラ派の創始者）84, 245-248
エウデモス（ペリパトス派の）310
エウドクソス（天文学者の）140
エウドクソス（快楽主義哲学者の）168
エウブリデス（メガラ派の）246, 248
エウメネス二世（ペルガモン王）103
エディット・シュタイン（現象学者、カルメル会修道女、フッサールの弟子）303, 304
エピクテトス（ローマのストア哲学者）193, 194
エピクロス（快楽主義哲学者、エピクロス派の祖）44, 182, 183, 185, 208, 210, 213, 215-240, 245, 253, 265
エレクトラ（悲劇の登場人物、アガメムノンの娘）249
エンペドクレス（アクラガスの哲学者）91, 146, 354, 360, 361
オイディプス王(悲劇の登場人物、ティーバイの王）179, 181
オーエン, G. E. L.（ケンブリッジ大学の古代哲学教授）110, 111, 112
オリュンピオドロス（『賢者の石による聖なる術について』の著者）21
オルペウス（神話上の人物、オルフィック教の祖といわれる。）291, 306, 307
オレステス（悲劇の登場人物、エレクトラの弟）249

か　行

カイレストラテ（エピクロスの母）215
カイレデモス（エピクロスの兄弟）215
カエサル, G. J.（ローマの独裁官、『ガリア戦記』の著者）218
ガッサンディ, P.（１７世紀フランスの物理学者、数学者、哲学者）240
カトー, M. P. C.（ローマの政治家、元老院議員、大カトー）239, 259
カドモス（ミレトスの）291
カリアス（アテナイの政治家）62, 129, 131

人名索引

あ 行

アイタリデス（神話上の人物）292
アイネシデモス（新懐疑派の哲学者） 256, 261, 262
アイリアノス（『ギリシア奇談集』の著者） 92, 93, 98, 101
アヴェロエス（イブン・ルシュド、コルドバのイスラム哲学者、アリストテレス注釈家）155, 295
アウグスティヌス, A.（キリスト教教父、ヒッポレギウスの司教）373, 378
アエティオス（学説誌家）194, 306
アグリッパ（新懐疑派の哲学者） 261,262
アデイマントス（プラトンの兄）83
アテナイオス（『食卓の賢人たち』の著者） 44
アナクサゴラス（クラゾメナイ出身の自然哲学者、アテナイで活躍）297, 306, 308, 309–311, 369
アナクサルコス（アブデラ出身の哲学者、アレクサンドロスの東征に従軍）254
アナクシメネス（ミレトスの哲学者） 297
アナトール・フランス（フランスの詩人、小説家、ノーベル文学賞受賞）239
アペイリコン（テオス出身の商人）104
アーペルト, O.（ドイツの古典文献学者） 116
アポロドロス（エピクロス学徒、学頭） 218
アポロニオス（テュアナの）268, 269, 292
アミュンタス（マケドニア王）97
アメリオス（プロティノスの弟子）273, 286
アリスティッポス（キュレネ派の創始者） 211, 212, 213, 214, 233
アリスティッポス（孫の）214
アリストクレス（プラトンの本名）367
アリストテレス（マケドニア・スタゲイラ出身の大哲学者、ペリパトス派の祖） 44, 51, 53, 54, 60, 63, 80, 82, 87, 89–181, 183, 189, 199, 200, 201, 216, 225, 243, 257, 260, 287, 289, 294–297, 303, 305–307, 309–312, 314, 318, 367, 368, 378, 379
アリストブロス（エピクロスの兄弟） 215
アリストン（プラトンの父）83
アリュアッテス（リュディアの王）290
アルキュタス（タラスの、ピュタゴラス派の哲学者）85, 87
アルケシラオス（第六代アカデメイア学頭、懐疑哲学者）257, 258, 259
アルケラオス（アテナイの、アナクサゴラスの弟子）296
アルテモン（プロタゴラスの父）44
アルニム, H. von（ドイツ・オーストリアの古典文献学者、フランクフルト大学、ウィーン大学の教授を歴任）194
アルフレート・ローゼンベルク（ナチスドイツの哲学者、『20 世紀の神話』の著者）378
アレクサンドロス（アプロディシアスの、アリストテレスの大注釈家）96, 154, 194, 295
アレクサンドロス（大王）99, 100, 103, 176, 182, 183, 190, 215, 216, 254, 314
アレクシノス（メガラ派の）246, 250
アレテー（アリスティッポスの娘）214
アレント → ハンナ・アレント

【著者紹介】
日下部吉信（くさかべ・よしのぶ）
1946年京都府生まれ。立命館大学名誉教授。1969年立命館大学文学部哲学科卒。75年同大学院文学研究科博士課程満期退学。87-88年、96-97年ケルン大学トマス研究所客員研究員。2006-07年オックスフォード大学オリエル・カレッジ客員研究員。著書に『ギリシア哲学と主観性——初期ギリシア哲学研究』（法政大学出版、2005）、『初期ギリシア哲学講義・8講（シリーズ・ギリシア哲学講義1）』（晃洋書房、2012）、 編訳書に『初期ギリシア自然哲学者断片集』①②③（訳 ちくま学芸文庫 2000-01）など。

ギリシア哲学30講 人類の原初の思索から（下）
「存在の故郷」を求めて

二〇一九年三月二一日 初版第一刷発行
二〇二二年四月一〇日 初版第二刷発行

著 者――日下部吉信

発行者――大江道雅
発行所――株式会社 明石書店
〒一〇一-〇〇二一 東京都千代田区外神田六-九-五
電 話 〇三-五八一八-一一七一
ＦＡＸ 〇三-五八一八-一一七四
振 替 〇〇一〇〇-七-二四五〇五
https://www.akashi.co.jp
装幀――明石書店デザイン室
印刷――モリモト印刷株式会社
製本――モリモト印刷株式会社
（定価はカバーに表示してあります）
ISBN 978-4-7503-4815-5